2020
长江航运发展报告

交通运输部长江航务管理局　编

人民交通出版社股份有限公司
北　京

图书在版编目（CIP）数据

2020长江航运发展报告 / 交通运输部长江航务管理局编. — 北京：人民交通出版社股份有限公司, 2021.6

ISBN 978-7-114-17382-0

Ⅰ. ①2… Ⅱ. ①交… Ⅲ. ①长江—航运—研究报告—2020 Ⅳ. ①F552.75

中国版本图书馆CIP数据核字（2021）第101393号

2020 Changjiang Hangyun Fazhan Baogao

书　　名：**2020长江航运发展报告**

著 作 者：交通运输部长江航务管理局

责任编辑：钱悦良

责任校对：刘　芹

责任印制：张　凯

出版发行：人民交通出版社股份有限公司

地　　址：（100011）北京市朝阳区安定门外外馆斜街3号

网　　址：http：//www.ccpcl.com.cn

销售电话：（010）59757973

总 经 销：人民交通出版社股份有限公司发行部

经　　销：各地新华书店

印　　刷：北京盛通印刷股份有限公司

开　　本：880 × 1230　1/16

印　　张：14.25

字　　数：313千

版　　次：2021年6月　第1版

印　　次：2021年6月　第1次印刷

书　　号：ISBN 978-7-114-17382-0

定　　价：238.00元

主编单位

交通运输部长江航务管理局

参编单位

上海市港航事业发展中心
江苏省交通运输厅
浙江省港航管理中心
安徽省交通运输厅
江西省高等级航道事务中心
山东省交通运输厅
河南省交通事业发展中心
湖北省交通运输厅港航管理局
湖南省水运事务中心
重庆市港航海事事务中心
四川省交通运输厅航务管理局
贵州省地方海事（航务管理、通航管理）局
云南省航务管理局
陕西省水路交通事业发展中心
长江海事局
江苏海事局
长江航道局
长江口航道管理局
长江三峡通航管理局
长江航运公安局
上海海事局
上海组合港管理委员会办公室
舟山市港航和口岸管理局
武汉新港管理委员会
上海航运交易所
重庆航运交易所

编 委 会

编辑人员

主　　编： 付绪银

副 主 编： 邱健华

执行主编： 阮成堂　彭书华

常务编辑： 刘　涛　易巧巧　胡　裕　姜丰怡　欧阳帆
邓中辉　於　龙　翟　静　胡　勋　胡　方

编　　辑： 邹　宇　刘柏平　付昌辉　刘　勇　付　俊
周永盼　李慧毓　马　静　陈红梅　方　超
王晓明　陈德蔚　赵　刚　刘冬冬　胡安羚
郭　龙　黄　颖　翁　扬　朱晶晶　潘　杰
林青涛　杨泽慧　俞韶华　陈海珠　王海虹
黎　智　杨　洋　姜鸿燕　郭　锐　孙　娜
张旭东　刘　铿　祝耀侦　马　奕　陆　薇
刘尊稳　殷惠广　冯　凯　陈淑媚　张海泉
李　恒　董鸿瑜　谢　静　刘海嵩

校核专家： 胡利民　沈友竹

前　言

2020年是极不平凡的一年，是“十三五”规划收官之年，也是决胜全面建成小康社会、决战脱贫攻坚之年。面对严峻复杂的经济形势、突如其来的新冠肺炎疫情、长江全流域特大洪水严重冲击，长江航运系统各单位深入学习贯彻习近平新时代中国特色社会主义思想和习近平总书记关于推动长江经济带发展的系列重要讲话精神，全面贯彻落实党中央、国务院决策部署和交通运输部工作要求，沉着冷静应对风险挑战，坚持高质量发展方向不动摇，精心谋划部署，统筹做好长江航运疫情防控、安全生产、服务保障、保通保畅等各项工作，有效阻断疫情水上传播路径，全力保障重点物资运输和物流供应链稳定畅通，全力当好复工复产“先行官”，持续提升常态化疫情防控精准性，为打赢疫情防控人民战争、总体战、阻击战做出长江航运的贡献。谋划做好长江航运全面服务国家重大战略实施的系统设计，统筹落实加快建设交通强国和推进长江航运高质量发展的各项任务。绿色航运发展稳步推进，重大水运基础设施加快建设，运输结构调整取得阶段性成效，市场主体信心和活力不断增强，安全保障能力持续提升，创新能力建设进一步加强，发展物质基础更加雄厚，发展方式实现重大转型，长江航运高质量发展迈出新步伐。

为全面反映2020年长江航运在决战决胜脱贫攻坚、全面建成小康社会的历史征程中，在加快建设交通强国、建设人民满意交通的生动实践中，在统筹推进新冠肺炎疫情防控和长江航运高质量发展等重大任务中取得的发展成就，交通运输部长江航务管理局（简称“长航局”）组织编写了《2020长江航运发展报告》。报告由综合篇、省域篇、专题篇、附录篇组成，涉及范围为上海、江苏、浙江、安徽、江西、山东、河南、湖北、湖南、重庆、四川、贵州、云南、陕西等14省市行政区域。报告全面回顾总结了2020年长江航运在基础设施、航运服务、安全发展、绿色发展、创新发展和行业治理等领域取得的成效，展望了2021年长江航运发展趋势和工作重点方向，并从交通强国建设进展、新冠肺炎疫情对长江航运的影响、航运市场运行状况和市场监测、三峡枢纽通航形势、航运中心建设等方面进行了专题分析，对长江航运要素基础数据进行了系统梳理。

2020年，各单位统筹疫情防控和航运发展，着力补短板、锻长板，着力拓展存量、创造增量，航运经济运行逐季改善、逐步恢复常态，航运高质量发展成效明显。基础设施提档升级，武汉至安庆6米水深航道整治工程等一批重大港航工程有序推进，全年完成内河建设固定资产投资648.8亿元，年末内河航道通航里程达9.65万公里、内河港口散货（件杂）货物年综合通过能力达到39.3亿吨、集装箱年综合通过能

前　言

力达到2936万TEU。运输服务能力持续提升，全年完成水路客运量1.1亿人、旅客周转量21.8亿人公里，水路货运量54.8亿吨、货物周转量64213.0亿吨公里，港口货物吞吐量87.1亿吨，水路货运量和港口货物吞吐量均实现正增长；长江干线货物通过量30.6亿吨、港口货物吞吐量33.0亿吨，三峡枢纽货物通过量1.38亿吨。安全发展基础进一步夯实，水上安全管理体制机制不断健全，安全监管和应急救助能力有效提升，航运安全生产形势保持稳定。科技创新引领作用不断强化，积极推动先进前沿技术与长江航运融合发展，数字化、智能化应用体系不断拓展。绿色航运发展有序推进，船舶和港口污染防治完成阶段性目标，污染物接收处置设施、岸电等绿色服务基础设施不断完善，绿色航道、绿色港口、绿色船舶、绿色运输组织方式等绿色长江航运体系建设积极推进。行业治理能力持续提升，行业制度体系建设深入推进，航运营商环境不断优化，监管执法更加精确、精准、精细，公共服务更加规范、便利、精心。

2021年是中国共产党建党100周年，是实施“十四五”规划、向第二个百年奋斗目标进军的开局之年，也是全面加快建设交通强国的第一年。长江航运将坚持以习近平新时代中国特色社会主义思想为指导，全面贯彻落实党中央和交通运输部决策部署，大力发扬孺子牛、拓荒牛、老黄牛精神，坚持稳中求进工作总基调，立足新发展阶段，贯彻新发展理念，服务构建新发展格局，以加快建设交通强国为统领，以推动高质量发展为主题，以深化供给侧结构性改革为主线，以改革创新为根本动力，以满足人民日益增长的美好生活需要为根本目的，坚持系统观念，统筹发展和安全，突出规划引领，加强协同配合，完善市场机制，引导更多资源配置到长江航运发展的重要领域和薄弱环节，着力提升长江黄金水道功能，着力打造“国内大循环的主要通道、国内国际双循环的战略要道和交通强国建设先行区、内河水运绿色发展示范区、高质量发展样板区”，确保“十四五”开好局，为加快建设交通强国和长江经济带高质量发展当好先行，为构建新发展格局和全面建设社会主义现代化国家提供有力支撑。

本报告编制工作由长航局长江航运发展研究中心具体组织，长江水系14省市交通港航管理部门和长江海事局、江苏海事局、长江航道局、长江口航道管理局、长江三峡通航管理局、长江航运公安局、上海海事局、上海组合港管理委员会办公室、舟山市港航和口岸管理局、武汉新港管理委员会、上海航运交易所、重庆航运交易所等单位参与编撰。

交通运输部长江航务管理局

2021年5月

目　录

综　合　篇

目 录

省 域 篇

目　录

专　题　篇

附　录　篇

2020年

长江航运发展回顾与展望

综 合 篇

第1章 发展环境

1.1 宏观经济形势与政策

1.1.1 宏观经济发展与政策

世界经济严重衰退。2020年，受新冠肺炎疫情全球大流行冲击，叠加逆全球化、贸易保护主义等影响，贸易和投资大幅萎缩，人员、货物流动严重受阻，全球产业链供应链遭受冲击，全球经济陷入第二次世界大战结束以来最严重的衰退。各国为应对疫情防控和经济衰退压力，采取了一系列组合政策，随后国外经济重启，全球下半年进入缓慢修复期，但年底欧美疫情二次爆发再次冲击全球经济。受疫情影响，2020年上半年全球货物贸易大幅下滑，自第三季度开始，受亚洲出口提升及北美、欧洲进口增加拉动，全球货物贸易量从低谷开始反弹，据克拉克森预计2020年全球海运贸易量下降3.6%。国际货币基金组织（IMF）发布的《世界经济展望报告》（2021年4月6日）估计，2020年全球经济萎缩3.3%。

中国经济在全球主要经济体中唯一实现经济正增长。2020年，面对严峻复杂的国际形势和艰巨繁重的国内改革发展稳定任务，特别是新冠肺炎疫情的严重冲击，以习近平同志为核心的党中央统揽全局，统筹推进疫情防控和经济社会发展，我国经济运行逐季改善、逐步恢复常态，在全球主要经济体中唯一实现经济正增长。国家统计局数据显示，全年国内生产总值达到101.6万亿元，同比增长2.3%。分季度看，一季度同比下降6.8%，二季度增长3.2%，三季度增长4.9%，四季度增长6.5%，见图1.1-1。全年居民消费价格上涨2.5%，低于2019年2.9%的涨幅。从产业角度来看，第一、二、三产业增加值占国内生产总值比重分别为7.7%、37.8%、54.5%，第一、二、三产业GDP累计同比贡献率分别为9.5%、43.3%、47.3%。

统筹疫情防控和经济社会发展。面对历史罕见的冲击，围绕市场主体的急需制定和实施宏观政策，加大宏观政策应对力度，在“六稳”工作基础上，明确提出“六保”任务，特别是保就业保民生保市场主体，以保促稳、稳中求进。建立并不断完善全国疫情信息发布机制，充分发挥宏观政策协调机制和重点省市“六稳”“六保”会商机制作用，中央与地方之间、部门之间的政策联动协调不断增强。抗疫斗争取得重大战略成果，常态化疫情防控精准性持续提升，疫情防控国际合作深入推进，有效保障生产生活秩序恢复及企业正常生产和居民正常生活。创新宏观政策实施方式，有效实施减税降费、降低融资成本、降低物流成本、减免缓降社保费以及阶段性降低企业用电、用气和运输成本等助企纾困政策。加大减负、稳岗、扩就业支持力度，帮扶受疫情影响的重点行业、中小微企业和个体工商户等市场主体纾困，扩大有效投资增加就业。启动实施健康中国行动。进一步完善社会保障体系，加强困难群众兜底保障。推动出台国家基本公共服务标准，深入推进公共服务补短板、强弱项、提质量。

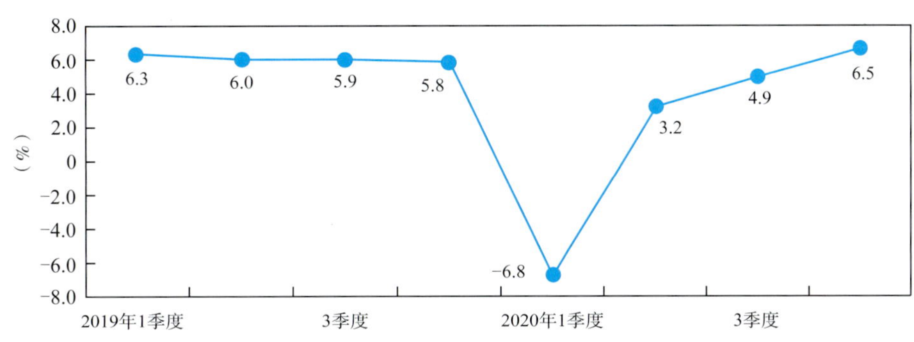

图1.1-1　中国国内生产总值增长速度（季度同比）

三大攻坚战主要目标任务如期完成。脱贫攻坚战取得全面胜利，决胜全面建成小康社会取得决定性成就。实施挂牌督战，项目资金向深度贫困地区倾斜，加大产业扶贫和就业扶贫力度，强化产销对接和科技帮扶，开展消费扶贫行动，出台易地扶贫搬迁后续扶持若干政策措施，统筹基本医保、大病保险和医疗救助等制度保障，建立防止返贫监测和帮扶机制。污染防治攻坚战，持续实施重点区域秋冬季大气污染综合治理，有序推进钢铁行业超低排放改造、柴油货车污染治理、“公转铁”“公转水”，长江等大江大河重点流域环境质量加快改善，深入实施国家节水行动，全面开展“无废城市”建设试点，实现全国固定污染源排污许可全覆盖，推进国家生态文明试验区建设和创建绿色产业示范基地。防范化解重大风险，持续推进结构性去杠杆，逐步建立多元化的债券违约处置机制，初步建立系统重要性金融机构、金融控股公司、金融基础设施等统筹监管框架。

创新驱动发展深入推进。创新在我国现代化建设全局中的核心地位不断增强，全国研究与试验发展经费投入强度为2.4%，科技进步贡献率提高至60%以上。探索完善社会主义市场经济条件下关键核心技术攻关新型举国体制，加快解决“卡脖子”问题。深入实施国家战略性新兴产业集群发展工程，稳步推进5G、数据中心、工业互联网等新型基础设施建设，有序发展集成电路产业，推动产业数字化智能化改造，推进国家数字经济创新发展试验区建设，开展数字化转型伙伴行动、中小企业数字化赋能专项行动、数字经济新业态培育行动。

内需对经济增长的拉动力稳步提升。实施扩大内需战略，着力畅通供需循环，强大国内市场加快形成。积极支持新型消费加快发展，稳定和扩大汽车等大宗消费；全年社会消费品零售总额达39.2万亿元，下降3.9%，其中网上零售额达11.8万亿元，增长10.9%，消费基础作用进一步增强。出台推动基础设施高质量发展的意见、推动都市圈市域（郊）铁路加快发展的意见，加大“两新一重”领域投资力度，重点支持公共卫生等疫情暴露的短板弱项和铁路、公路、水运、机场、重大水利、重大科技和能源基础设施、城镇老旧小区改

造等领域建设，支持国家重大战略项目建设，支持民间投资参与重大工程建设，启动基础设施领域不动产投资信托基金（REITs）试点，深化投资审批制度改革；全年固定资产投资52.7万亿元，增长2.7%，其中基础设施投资增长0.9%，投资关键作用进一步发挥。加快建设现代流通体系，新布局建设22个国家物流枢纽，面向特色农产品优势产地、集散地布局建设17个国家骨干冷链物流基地，推动加快形成“通道+枢纽+网络”的现代物流运行体系，鼓励“互联网+”货运物流新业态健康规范发展，促进物流业制造业深度融合、创新发展，统筹降低流通领域制度性交易成本、技术性成本。

供给侧结构性改革持续深化。推进制造业高质量发展，实施增强制造业核心竞争力工程，开展先进制造业集群培育试点示范，完善工业互联网平台赋能体系，引导企业开展智能化、绿色化、服务化改造，优化煤炭、钢铁、石化等重大生产力布局，推动智能汽车创新发展。高技术制造业和装备制造业较快增长，中国制造业采购经理指数（PMI）自3月份以来持续高于50%的荣枯线，见图1.1-2。积极构建优质高效、竞争力强的服务产业体系，出台进一步推进服务业改革开放发展的指导意见，组织首批先进制造业和现代服务业融合发展试点。保障粮食安全和农副产品市场供应，进一步完善粮食储备调控体系，完善粮食“产购储加销”协同保障机制，优化储备品种结构和区域布局，建立政府储备规模动态调整机制，加强动物防疫基础设施建设。持续提升能源安全保障能力，积极推进煤电油气产供储销体系建设，加强油气储备能力和重大电力工程建设。

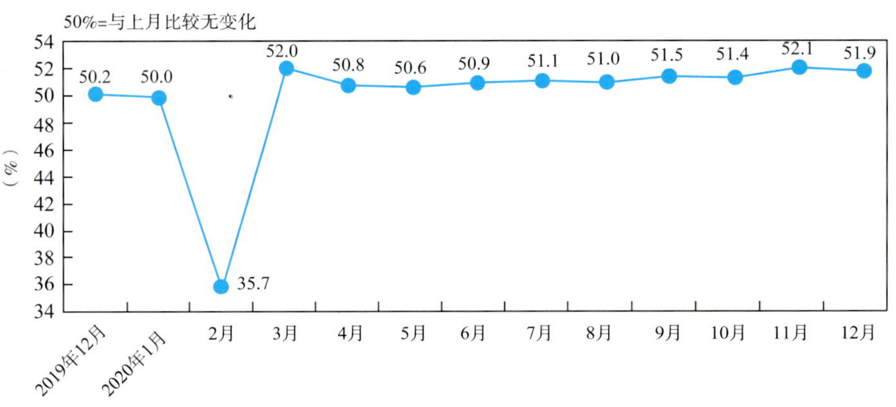

图1.1-2　中国制造业采购经理指数（PMI）（经季节调整）

区域发展格局进一步优化。中央经济工作会议提出，要加快落实区域发展战略，完善区域政策和空间布局，发挥各地比较优势，构建全国高质量发展的新动力源。更加注重发挥区域比较优势，着力促进城乡融合发展，区域优势互补、协调发展的格局持续优化，主体功能区战略稳步推进，“多规合一”的国土空间规划体系正在形成。推进京津冀协同发展、长三角一体化发展、粤港澳大湾区建设，打造世界级创新平台和增长极；扎实推进雄安新区建设，落实长江经济带共抓大保护措施，推动黄河流域生态保护和高质量发展，区域重大战略深入实施，长江保护法正式出台。持续推进西部大开发形成新格局，支持东北地区全面振兴，促进中部地区加快崛起，出台实施支持湖北省经济社会发展一揽子政策，继续推动东部地区率先发展，区域协调发展战略落细落实。

社会主义市场经济体制加快完善。推进土地、劳动力、资本、技术、数据等要素市场化配置体制机制改革，开展改革试点，完善制度机制。大力实施国企改革三年行动，深化重点行业改革。持续改善民营企业发展环境，在放宽市场准入、加强金融支持、营造公平竞争环境、保护企业和企业家合法权益等方面出台一系列政策举措。深入推进“放管服”改革，全面实施优化营商环境条例，深入开展工程建设项目审批制度改革，全面推行公共资源全流程电子化交易，修订印发《市场准入负面清单（2020年版）》。财税、金融、价格等重点领域改革步伐加快。印发实施生态环境、公共文化、自然资源、应急救援等领域中央与地方财政事权和支出责任划分改革方案，进一步加大服务业改革开放发展力度。

对外开放取得新成效。加快构建开放型经济新体制，对外开放范围、领域和层次持续拓展，扩大出口信用保险覆盖范围，增设46个跨境电子商务综合试验区，全国和自贸试验区进一步放宽服务业、制造业、农业领域外资准入，出台2020年版鼓励外商投资产业目录，制定海南自由贸易港外资准入负面清单；稳步推进共建“一带一路”，深入推进互联互通项目和健康丝绸之路、绿色丝绸之路、数字丝绸之路建设；海南自由贸易港、自贸试验区、综合保税区等对外开放高地建设政策制度框架加快建立和完善，增设北京、湖南、安徽等3个自贸试验区，推动浙江自贸试验区扩区，新设12个综合保税区；签署区域全面经济伙伴关系协定（RCEP），完成中欧投资协定谈判，提出《全球数据安全倡议》；全年货物进出口额达32.2万亿元，同比增长1.9%；其中，出口17.9万亿元，增长4.0%，进口14.2万亿元，下降0.7%；吸引外资1444亿美元；中欧班列开行数量超1.2万列，增长50%，综合重箱率达98.4%。

1.1.2 区域经济发展

加快落实区域发展战略。2020年，本报告涵盖的上海、江苏、浙江、安徽、江西、山东、河南、湖北、湖南、重庆、四川、贵州、云南、陕西等14省市，按照党中央、国务院决策部署，沉着冷静应对风险挑战，坚持高质量发展方向不动摇，统筹疫情防控和经济社会发展，扎实做好“六稳”工作，全面落实“六保”任务，全面贯彻落实国家区域重大战略，在新冠肺炎疫情冲击下全面回升也成为了2020年区域经济的主趋势。以人为核心的新型城镇化扎实推进，成渝地区双城经济圈建设规划纲要编制实施，南京、长株潭等都市圈同城化水平持续提升。以新经济引领产业转型升级，生产要素趋于活跃，数字经济快速成长，制造业加快转型升级，创新驱动、资源节约、环境保护、民生保障等领域指标继续改善。14省市全年完成地区生产总值62.59万亿元，同比增长2.8%，占全国的比重上升到61.6%；固定资产投资同比增长2.8%；社会消费品零售总额同比增长3.0%；货物进出口额同比增长7.2%；见表1.1-1。

长江经济带高质量发展。全面推动长江经济带发展座谈会强调，要坚定不移贯彻新发展理念，推动长江经济带高质量发展，谱写生态优先绿色发展新篇章，打造区域协调发展新样板，构筑高水平对外开放新高地，塑造创新驱动发展新优势，绘就山水人城和谐相融新画卷，使长江经济带成为我国生态优先绿色发展主战场、畅通国内国际双循环主动脉、引领经济高质量发展主力军。长江经济带生态环境系统性保护修复扎实推进，城镇污水垃

14省市主要经济指标数据

表1.1-1

地区	地区生产总值初步核算数（亿元）	同比增速（%）	第一产业增加值（亿元）	第二产业增加值（亿元）	第三产业增加值（亿元）	固定资产投资（亿元）	同比增速（%）	社会消费品零售总额（亿元）	同比增速（%）	货物进出口总额（亿元）	同比增速（%）	居民消费价格指数（CPI）同比增速（%）
14省市合计	625889	2.8	67281	245560	333236	448759	2.8	254194	3.0	181970	7.2	
上海	38701	1.7	104	10289	28308	8837	10.3	15933	0.5	34828	2.3	1.7
江苏	102719	3.7	4537	44226	53956	59251	0.3	37086	−1.6	44501	2.6	2.5
浙江	64613	3.6	2169	26413	36031	39393	5.4	26630	−2.6	33808	9.6	2.3
安徽	38681	3.9	3185	15672	19824	3756	5.1	18334	2.6	5406	13.6	2.7
江西	25692	3.8	22429	11085	12365	28991	8.2	10372	3.0	4010	14.3	2.6
山东	73129	3.6	5364	28612	39153	54534	3.6	29248	0	22000	7.5	2.8
河南	54997	1.3	5354	22875	26768	54183	4.3	22503	−4.1	6655	16.4	2.8
湖北	43443	−5.0	4132	17024	22288	32181	−18.8	17985	−20.8	4294	8.8	2.7
湖南	41781	3.8	4240	15938	21603	41647	7.6	16258	−2.6	4874	12.3	2.3
重庆	25003	3.9	1803	9992	13207	20608	3.9	11787	1.3	6513	12.5	2.3
四川	48599	3.8	5557	17571	25471	33990	9.9	20825	−2.4	8082	19.0	3.2
贵州	17827	4.5	2540	6212	9075	18713	3.2	7834	4.9	547	20.6	2.4
云南	24522	4.0	3599	8288	12635	24694	7.7	9793	−3.6	2680	15.4	3.6
陕西	26182	2.2	2268	11363	12552	27981	4.1	9606	−5.9	3772	−7.3	2.5

数据来源：各省市2020年国民经济和社会发展统计公报。

坝、化工污染、农业面源污染、船舶污染以及尾矿库治理“4+1”工程加快实施，全面启动长江流域重点水域“十年禁渔”，深入开展绿色发展试点示范。全年长江经济带地区生产总值47.2万亿元，同比增长2.7%。

长三角一体化发展。扎实推进长三角一体化发展座谈会强调，要深刻认识长三角区域在国家经济社会发展中的地位和作用，紧扣一体化和高质量两个关键词抓好重点工作，率先形成新发展格局，勇当我国科技和产业创新的开路先锋，加快打造改革开放新高地，全面塑造创新驱动发展新优势。长三角一体化发展扎实推进，重大平台建设和跨区域合作积极探索，协同创新网络体系加快构建，生态环境共保联治持续深化，基础设施互联互通水平、公共服务便利共享水平进一步提升。全年长三角地区生产总值24.5万亿元，同比增长3.3%。

1.2 交通运输形势与政策

1.2.1 交通运输发展与政策

加快推进交通强国建设。贯彻落实交通强国建设战略部署，交通运输部制定印发了《关于大力推进海运业高质量发展的指导意见》《内河航运发展纲要》等文件，完成《国家综合立体交通网规划纲要》编制工作，“十四五”综合交通运输发展规划和各行业规划、专项规划编制工作稳步推进。《关于大力推进海运业高质量发展的指导意见》明确了2025年、2035年和2050年分阶段加快形成海运业高质量发展体系的目标，提出6方面18项具体任务。《内河航运发展纲要》明确了2035年、2050年建设现代化内河航运体系的发展目标，提出8方面28项发展任务。《关于深化改革推进船舶检验高质量发展的指导意见》明确了2025年、2035年构建船舶检验高质量发展体系的目标，提出7方面23项具体任务。根据开展交通强国建设试点工作的要求，交通运输部相继批复了各试点地区交通强国建设试点任务实施方案。

支持物流业发展。国家发改委会同有关方面，针对制约物流业复工复产和长远发展的突出问题，从支持物流业企业有序复工复产、加大财税金融支持力度、降低物流相关行业收费负担、加快健全应急物流体系建设、深入推进货物运输结构调整、提升现代供应链水平等方面，提出12条政策措施。交通运输部《关于进一步降低物流成本的实施意见》，从制度、要素、税费、信息、联运和综合成本等6个方面推出24条35项政策举措。《推动物流业制造业深度融合创新发展实施方案》重点聚焦企业主体、设施设备、业务流程、标准规范、信息资源等5个关键环节，以及大宗商品物流、生产物流、消费物流、绿色物流、国际物流、应急物流等6个重点领域综合施策，对促进物流业制造业深度融合创新发展作出全方位安排。交通运输部、国家发改委印发《关于阶段性降低港口收费标准等事项的通知》《关于延续阶段性降低港口收费标准有关事项的通知》，明确2020年3月1日至12月31日，对实行政府定价的货物港务费、港口设施保安费两项港口经营服务性收费标准降低20%。《清理规范海运口岸收费行动方案》提出清理规范海运口岸收费，减轻进出口企业负担，促进贸易便利化。国家发改委、交通运输部联合发布2020年22个国家物流枢纽建设名

单，长江水系14省市有苏州、芜湖、武汉、岳阳等入选港口型国家物流枢纽。

推进交通运输治理体系和治理能力现代化。交通运输部印发《关于推进交通运输治理体系和治理能力现代化若干问题的意见》，明确了2025年、2035年和2050年分阶段推进交通运输治理体系和治理能力现代化的目标，提出了推进交通运输治理体系和治理能力现代化的目标以及交通运输法治体系、行政管理体系、市场治理体系、社会协同共治体系、基础设施高质量发展政策体系、出行保障政策体系、现代物流供应链体系、安全与应急管理体系、科技创新体系、绿色发展体系、高素质人才体系等11个方面体系建立、健全和完善的要求。《关于完善综合交通法规体系的意见》明确了综合交通法规体系目标和框架结构。交通运输部印发《关于加强和规范事中事后监管的指导意见》，提出5方面17项工作措施。《国内水路运输管理规定》等规章经修订后颁布。完善水路运输统计调查体系，加强内河水运统计工作，推进常规统计调查和大数据应用相结合，规范完善内河运输统计方法，自2021年起，内河客运统计将由行业管理部门获取企业数据报送调整为内河客运企业通过一套表联网直接报送，内河货运统计由抽样调查调整为利用海事船舶进出港报告信息（船籍港等静态信息、装卸货量等动态信息）直接产生。

推动交通运输领域新型基础设施建设。交通运输部印发《推动交通运输领域新型基础设施建设的指导意见》，明确到2035年交通运输领域新型基础设施建设取得显著成效，提出3方面14项主要任务。相关省市人民政府相继出台推进新型基础设施建设的方案，明确包括智慧交通基础设施建设的重点任务。江苏省出台交通运输新型基础设施建设行动方案，为全国首个交通运输领域新基建行动方案，围绕信息基础设施、智慧交通基础设施、智慧运输服务、行业创新基础设施4大领域，聚焦新网络、新设施、新集群、新平台、新应用5大方向，部署了7大专项行动。长航局印发关于落实新基建和"云上长航"统筹实施要求、加快和规范信息化项目建设的意见，提出构建以新基础、新设施、新平台、新终端为支撑的新基建体系。

服务国家重大决策部署。交通运输部印发《关于做好交通运输促进消费扩容提质有关工作的通知》，提出5方面16项具体举措。国家发改委印发《关于支持民营企业参与交通基础设施建设发展的实施意见》。国家发改委、交通运输部印发《长江干线过江通道布局规划（2020—2035年）》《长江三角洲地区交通运输更高质量一体化发展规划》。

统筹疫情防控和交通运输高质量发展。2020年，交通运输系统全力打好交通运输疫情防控阻击战，决战决胜交通运输脱贫攻坚，交通运输高质量发展稳步推进，行业创新发展迈向新台阶。交通基础设施投资稳步增长，全年固定资产投资完成3.5万亿元，比上年增长7.1%。水路完成投资1330亿元，增长17.0%；其中，内河完成704亿元，增长14.8%；沿海完成626亿元，增长19.5%。2020年初，受疫情影响，国内外需求疲软，交通运输需求呈现负增长。随着国内疫情好转，运输需求迎来复苏，且呈现加速趋势。全年完成货物运输量463.4亿吨，货物运输周转量196618亿吨公里，旅客运输量96.7亿人次，旅客周转量19251亿人公里，见表1.2-1。完成港口吞吐量145亿吨、同比增长4.3%，其中外贸货物吞吐量45亿吨、增长4.0%；集装箱吞吐量26430万TEU，增长1.2%。物流降本增效深入推进，大宗货物"公转铁""公转水"取得新进展，累计完成水路货运增量5.7亿吨，沿海港口大宗货物公路运输量减少约3.7亿吨。三批70个多式联运示范工程完成集装箱多式联运量480万TEU，全国港口集装箱铁水联运量同比增长30%。继续推进减税降费，全年可量化降低物流成本超1300亿元。推进智慧交通建设，一批交通运输新型基础设施加快建设。绿色交通建设成效显著，船舶大气污染排放区政策全面实施，五类专业化码头岸电覆盖率达到75%。全国各种运输方式完成运输量及其增长速度（2020年）见表1.2-1。

全国各种运输方式完成运输量及其增长速度（2020年） 表1.2-1

指标	货物			旅客		
	单位	绝对数	同比增速（%）	单位	绝对数	同比增速（%）
运输量	亿吨	463.4	−0.5	亿人次	96.7	−45.1
铁路	亿吨	44.6	3.2	亿人次	22.0	−39.8
公路	亿吨	342.6	−0.3	亿人次	68.9	−47.0
水运	亿吨	76.2	−3.3	亿人次	1.5	−45.2
民航	万吨	676.6	−10.2	亿人次	4.2	−36.7
周转量	亿吨公里	196618.3	−1.0	亿人公里	19251.4	−45.5
铁路	亿吨公里	30371.8	1.0	亿人公里	8266.2	−43.8
公路	亿吨公里	60171.8	0.9	亿人公里	4641.0	−47.6
水运	亿吨公里	105834.4	−2.0	亿人公里	33.0	−58.0
民航	亿吨公里	240.2	−8.7	亿人公里	6311.2	−46.1

数据来源：中华人民共和国2020年国民经济和社会发展统计公报。

1.2.2 区域交通运输发展

区域交通运输发展。14省市交通运输系统以习近平新时代中国特色社会主义思想为指导，统筹做好疫情防控和交通运输服务保障工作。系统谋划、强力推动高水平交通强省建设，以超常规力度狠抓交通投资和重大项目，沿江高铁成都至达州至万州段、重庆至万州段、武汉至宜昌段开工建设，14个长江铁水联运项目加快建设，长三角城市群城际铁路加快推进，加快推动G5515张家界至南充、G4216成都至丽江等国家高速公路待贯通路段建设，持续加大内河水运基础设施补短板力度，加快推进港口基础设施建设，成都天府机场新建以及贵阳等机场改扩建工程加快推进。整体性、系统性谋划实施一批重点改革，强化综合运输保障，扎实推进长三角交通高质量一体化发展，加强创新引领和法治保障。区域交通基础设施网络日趋完善，运输服务能力水平持续提升，安全监管能力显著增强，创新发展稳步推进，法治政府部门建设不断完善，交通运输事业实现跨越式发展，逐步转向“先行引领”，在经济社会发展中的先行地位进一步凸显。

交通运输经济运行情况。2020年，14省市铁公水3种运输方式累计完成客运量59.5亿人次、旅客周转量7694.7亿人公里，同比分别下降44.8%、46.2%，铁公水客运量比重为21.7：76.5：1.8、旅客周转量比重为66.1：33.6：0.3；铁公水3种运输方式累计完成货运量280.9亿吨、货物周转量109916.7亿吨公里，分别增长2.2%、2.8%，铁公水货运量比重为

5.1：75.4：19.5、货物周转量比重为10.1：31.5：58.4。14省市铁公水交通运输经济运行情况见表1.2-2。

14省市交通运输经济运行情况

表1.2-2

指标	货物			旅客		
	单位	绝对数	同比增速（%）	单位	绝对数	同比增速（%）
铁公水运输量	亿吨	280.9	2.2	亿人次	59.5	-44.8
铁路	亿吨	14.4	5.1	亿人次	12.9	-37.1
公路	亿吨	211.7	1.5	亿人次	45.5	-46.7
水运	亿吨	54.8	4.2	亿人次	1.1	-42.1
铁公水周转量	亿吨公里	109916.7	2.8	亿人公里	7694.7	-46.2
铁路	亿吨公里	11062.8	-2.7	亿人公里	5083.3	-42.0
公路	亿吨公里	34641.4	2.3	亿人公里	2589.2	-52.7
水运	亿吨公里	64212.5	4.1	亿人公里	22.2	-58.7

数据来源：根据各省市2020年国民经济和社会发展统计公报整理。

第2章 基础设施

2.1 总体状况

2.1.1 内河航道

内河航道里程。14省市内河航道是指区域内长江干流、支流和湖泊等内陆水域中可以供船舶通航的通道，涉及长江水系、淮河水系、黄河水系、珠江水系及西南诸河、钱塘江水系等。截至2020年末，14省市内河航道通航里程9.65万公里，与上年持平，总里程占全国的76%；等级航道里程4.94万公里，比上年增加485公里，占全国的73%。其中，长江水系航道通航里程64736公里（长江干线云南水富至长江口通航里程2838公里），京杭运河1438公里，合计占14省市内河航道总里程的68.6%，基本形成了以长江干线为主轴，以京杭运河、长江三角洲高等级航道网[❶]和岷江、嘉陵江、乌江、沅水、湘江、汉江、江汉运河、赣江、信江、合裕线等高等级航道为主体，干支衔接、局部成网的长江水系航道发展基本格局。淮河水系以淮河、沙颍河为核心的航道网络通航里程17472公里。14省市内河航道通航里程各等级结构及区域分布情况见图2.1-1。

高等级航道里程。内河高等级航道建设有序推进，到2020年底基本达到规划标准。14省市Ⅲ级及以上高等级航道里程达到9711公里，比上年增加218公里，占内河航道通航总里程的10%，核心骨干作用日趋凸显。部分省市高等级航道里程情况见图2.1-2。

通航建筑物。2020年，14省市内河航道拥有通航建筑物257座，其中船闸239座、升船机18座。各省市内河航道通航建筑物基本情况见图2.1-3。

2.1.2 港口情况

泊位能力。截至2020年底，14省市港口共拥有生产用码头泊位17554个，比上年增加126个，占全国80%；散货、件杂货物年综合通过能力63.6亿吨，集装箱年综合通过能力9223万TEU。其中，内河港口共拥有生产用码头泊位15117个，占全国内河港口90%，散货、件杂货物年综合通过能力39.3亿吨，集装箱年综合通过能力2936万TEU；沿海港口共

❶ 长江三角洲高等级航道网由“两纵六横”组成，两纵：京杭运河-杭甬运河（含锡澄运河、丹金溧漕河、锡溧漕河、乍嘉苏线）、连申线（含杨林塘）；六横：长江干线（南京以下）、淮河出海航道-盐河、通扬线、芜申线-苏申外港线（含苏申内港线）、长湖申线-黄浦江-大浦线、赵家沟-大芦线（含湖嘉申线）、钱塘江-杭申线（含杭平申线）。

拥有生产用码头泊位2437个，占全国沿海港口44%，散货、件杂货物年综合通过能力24.3亿吨，集装箱年综合通过能力6287万TEU。14省市内河港口拥有生产用码头泊位数及能力情况见图2.1-4、图2.1-5。

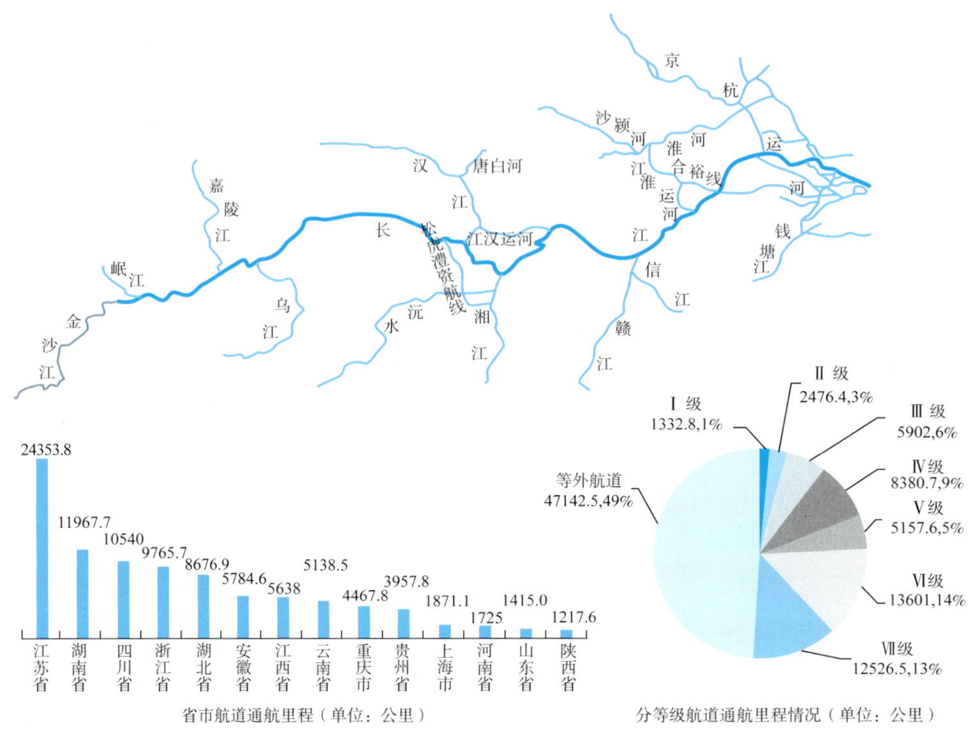

图2.1-1　14省市内河航道通航里程及构成（2020年）

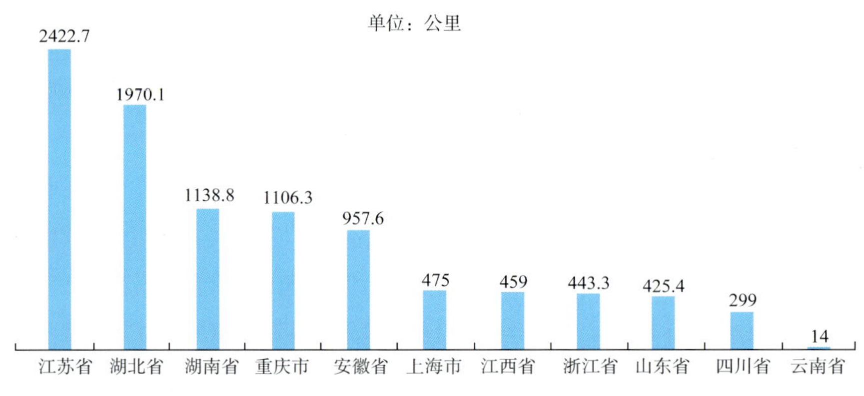

图2.1-2　部分省市高等级航道里程情况

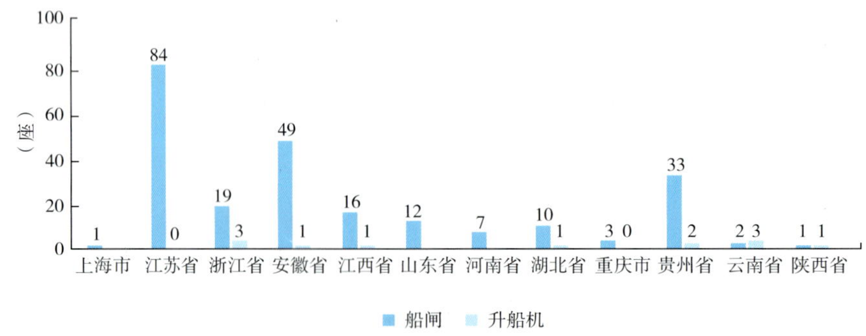

图2.1-3　长江水系通航建筑物情况

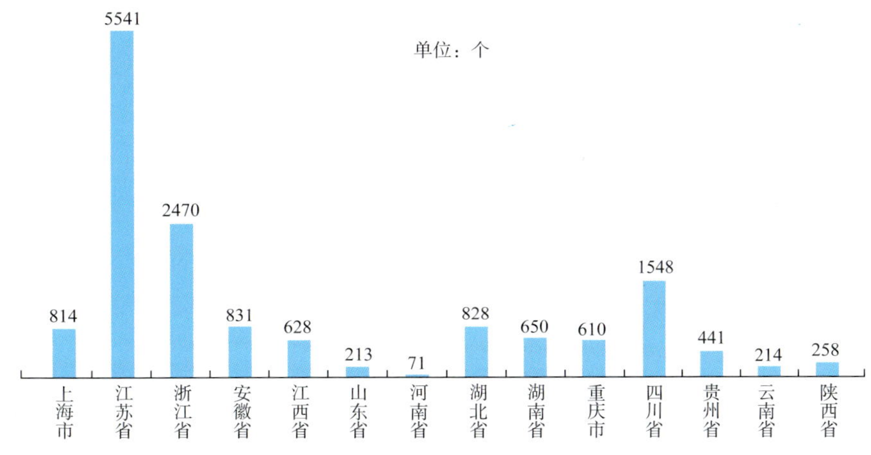

图2.1-4　14省市内河港口生产用码头泊位数

图2.1-5　14省市内河港口散装件杂货物年通过能力

泊位结构。据不完全统计，14省市内河港口生产用码头泊位中，按泊位等级划分，500吨级以下占54%，500~1000吨级占22%，1000吨级以上占24%，千吨级以上泊位主要分布在长江干线，支流以中小泊位和自然岸坡泊位为主；按泊位用途划分，客运/客货泊位占12.7%，多用途泊位占1.8%，通用件杂货泊位11.4%，通用散货泊位占45.6%，专业化泊位占12.8%。14省市内河港口码头泊位结构情况见图2.1-6、图2.1-7。

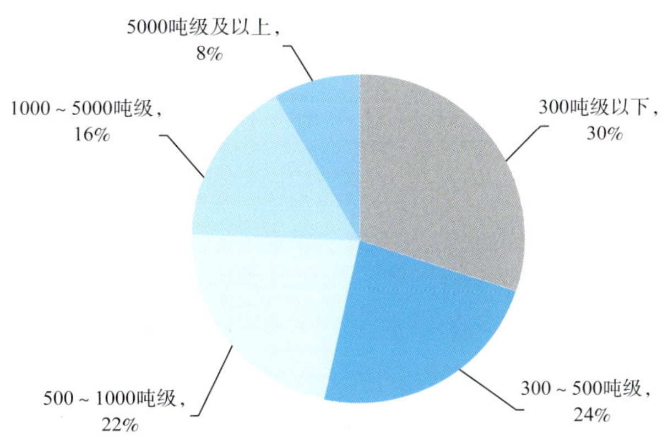

图2.1-6　14省市内河港口码头泊位能力结构

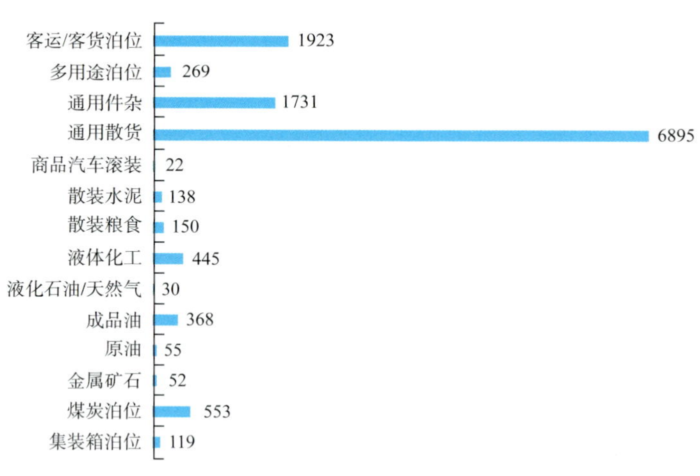

图2.1-7　14省市内河港口码头泊位用途结构

长江干线码头泊位。截至2020年底，长江干线港区拥有生产用码头泊位2786个，比上年增加17个；散货、件杂货物年综合通过能力20.5亿吨，增长5.2%，集装箱年综合通过能力2444万TEU，增长8.9%。其中，长江干线万吨级及以上泊位442个（江苏426个，安徽16个），比上年增加7个。长江干线港口生产用码头泊位情况见表2.1-1。

长江干线港口生产用码头泊位和能力基本情况　　表2.1-1

省市	泊位长度（米）	泊位个数（个）	泊位设计年通过能力					
			散装件杂货物	集装箱		旅客	滚装汽车	
			万吨	万TEU	万吨	万人	万标辆	万吨
合计	347351	2786	205430.6	2444.2	19588.9	7036.0	457.9	5497.0
江苏省	167823	1169	110055.7	1101.6	8701.9	11.0	79.7	797.0
安徽省	37992	364	35186.0	63.6	552.0	290.0	14.0	140.0
江西省	16088	144	11396.0	104.0	1109.0	250.0		
湖北省	66638	560	32077.0	487.0	3513.0	1932.0	136.2	2117.0
湖南省	4251	41	3295.0	33.0	265.0	407.0	8.0	80.0
重庆市	45508	434	11457.9	505.0	3848.0	3996.0	190.0	2325.0
四川省	8811	71	1933.0	150.0	1600.0	100.0	30.0	38.0
云南省	240	3	30.0			50.0		

2.2 规划建设

2.2.1 固定资产投资

固定资产投资完成情况。14省市交通运输系统贯彻交通强国建设部署，认真落实2020年交通运输固定资产投资计划，持续加大内河水运基础设施补短板力度，统筹推进水路交通行业受疫情影响的项目复工复产达产，开工建设一批港航基础设施重大工程，全年完成水运建设投资907.8亿元，占全国70%。其中，内河建设投资648.8亿元，同比增长14.1%；沿海建设投资259.0亿元，下降0.1%。全年完成支持系统及其他建设投资（含公路水路）914.5亿元，下降65.3%。长航局全年落实中央固定资产投资16.5亿元。14省市内河建设投资完成情况见图2.2-1。

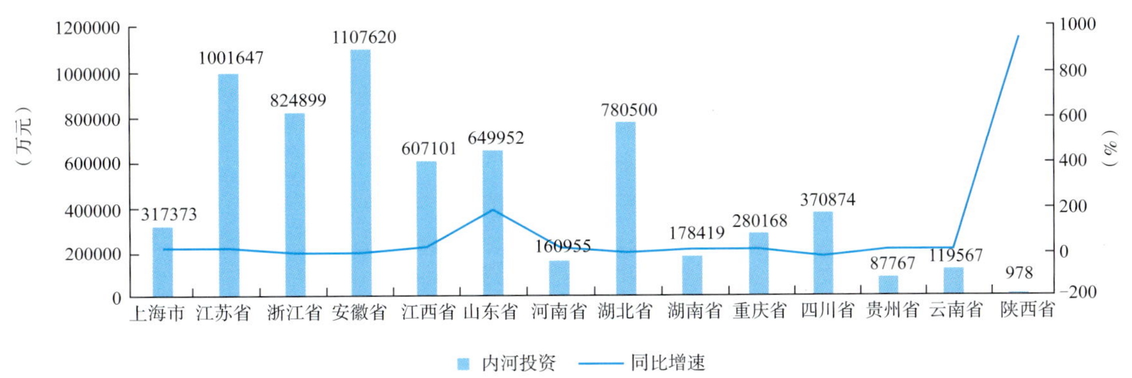

图2.2-1　14省市内河建设投资（2020年）

2.2.2　航道规划建设

（1）长江干线航道规划建设

航道规划。《长江干线航道发展规划（2035年）》通过交通运输部组织的专家审查，此次规划是在“2003年原交通部批复《长江干线航道发展规划》”和“2009年交通运输部会同国家发展改革委、水利部、财政部批复《长江干线航道总体规划纲要》”的基础上开展的修编，形成了“1+3+1”规划报告主体框架（即1个规划主报告，航道治理、航道信息化、支持保障3个附件，1个规划环评报告），提出到2035年，建成畅通、安全、优质、智慧、绿色的长江干线航道高质量发展体系的总体发展目标，明确了大幅提升航道绿色发展水平、稳步提升航道通过能力、强化提升航道养护管理水平、全力提升航道支持保障能力、持续提升航道公共服务信息化水平等五大发展任务及保障措施。此外，长江航道局“十四五”发展规划、长江口航道“十四五”发展规划以及“十四五”生态航道、船舶建设、生产设施建设等专项规划完成编制工作，《长江口综合整治开发规划》开展修编工作。

航道项目前期工作。长江南京以下12.5米深水航道后续完善工程等前期工作加快推进，长江上游涪陵至丰都航道整治项目工可完成，长江中游荆江河段航道整治二期工程（昌门溪至城陵矶段）工可通过交通运输部审查，长江上游羊石盘至上白沙河段航道整治工程工可获批。三峡枢纽水运新通道和葛洲坝航运扩能工程相关项目前期工作持续推进，新通道航运关键技术比较研究继续深化，三峡枢纽水运新通道与铁路运输方案比选研究完成，三峡枢纽水运新通道葛洲坝三江航道通航尺度及布置专题工作展开。

航道建设。长江干线武汉至安庆6米水深航道整治工程主体工程完工、长江下游江心洲至乌江河段航道整治二期工程有序推进、长江上游朝天门至涪陵河段航道整治工程开工建设、长江口南槽航道治理一期工程试运行、长江下游黑沙洲水道航道整治二期工程竣工验收，等等。2020年长江干线航道整治项目基本情况见表2.2-1。

长江干线航道整治项目基本情况 表2.2-1

序号	项目名称	开工时间	项目进展
1	三峡水库变动回水区碍航礁石炸除二期工程	2016.12	竣工验收
2	长江下游黑沙洲水道航道整治二期工程	2016.12	竣工验收
3	长江中游宜昌至昌门溪河段航道整治二期工程	2017.12	交工验收，试运行
4	长江上游朝天门至九龙坡段航道整治工程	2016.2	交工验收，试运行
5	长江中游蕲春水道航道整治工程	2017.11	交工验收，试运行
6	长江中游新洲至九江河段航道整治二期工程	2018.9	交工验收，试运行
7	长江口南槽航道治理一期工程	2018.12	交工验收，试运行
8	长江口12.5米深水航道减淤工程南坝田挡沙堤加高完善工程	2019.12	交工验收，试运行
9	长江干线武汉至安庆段6米水深航道整治工程	2018.10	主体工程完工
10	长江下游芜裕河段航道整治工程	2018.9	主体工程完工
11	长江下游江心洲至乌江河段航道整治二期工程	2019.12	续建
12	长江上游朝天门至涪陵河段航道整治工程	2020.12	开工建设

（2）支流航道建设

金沙江。云南省深入推进金沙江水运“提级延伸”，加快推进金沙江中游库区航运基础设施综合建设项目、向家坝—溪洛渡高等级航道建设等项目建设，溪洛渡至水富高等级航道建设工程开工。持续推进金沙江下游翻坝转运系统建设，乌东德、白鹤滩、溪洛渡水电站翻坝转运系统建设稳步推进，向家坝升船机稳定运行。

岷江。四川省稳步推进岷江港航电综合开发项目，包括老木孔、东风岩、犍为、龙溪口4级航电枢纽和龙溪口至宜宾合江门航道整治、乐山港建设；3个在建项目稳步推进，犍为航电枢纽进入建设收尾阶段，龙溪口航电枢纽进入主体工程施工高峰期，下游81公里（龙溪口枢纽至合江门）航道整治一期工程已开展临时工程建设；2个项目加快项目前期工作，老木孔航电枢纽取得初步设计批复、正在项目环评新增专题报告编制，东风岩航电枢纽初步设计工作已启动。此外，虎渡溪枢纽完成右岸堤防工程建设，汤坝枢纽完成船闸土建和机电设备安装调试，尖子山枢纽完成冲沙闸水下部分、船闸上引航道基础部分施工。

嘉陵江。四川段梯级渠化全部完成，相关航运配套工程加快实施；重庆段利泽航运枢纽进入船闸施工阶段。支流渠江航道整治工程、涪江双江航电枢纽主体工程开工。

乌江。乌江渡库区航运工程、构皮滩水电站500吨级通航设施建设工程基本建成。索风营库区航运工程、白马航电枢纽建设加快推进，沙沱二线1000吨级通航设施建设工可完成评审。

湘江。湘江二级航道二期工程（衡阳至株洲）建成，永州至衡阳三级航道建设一期工程有序推进、二期工程开工。

沅水。常德至鲇鱼口2000吨级航道建设工程获批，上游清水江平寨、旁海航电枢纽工程加快推进，支流辰水上源贵州铜仁锦江航运建设工程竣工验收。

汉江。陕西段安康旬阳、蜀河、白河等水电枢纽有序推进，洋县至安康航运建设工程基本完工。湖北段孤山、新集、雅口、碾盘山等在建的航道梯级开发枢纽中，孤山水利枢纽两台机组试运行，雅口航运枢纽船闸试通航；碾盘山至兴隆段航道整治工程竣工，兴隆至蔡甸段2000吨级航道整治工程开展工可研究。支流唐白河（唐河）航运开发工程（唐白河河口—两河口及唐河湖北段、河南省界至马店段）开工。

江汉平原航道网。江汉平原航道网水网联通工程开展工可研究。

赣江。石虎塘至神岗山三级航道整治工程基本完工，万安枢纽二线船闸、井冈山航电枢纽、龙头山水电站枢纽建设稳步推进。

信江。八字嘴东大河船闸建成，双港航运枢纽建设加快推进，界牌至双港渠化航道整治、双港至褚溪河Ⅲ级航道整治有序推进。

合裕线。合裕线裕溪一线船闸、巢湖一线船闸扩容改造工程继续推进。店埠河航道升级改造工程竣工。

京杭运河。山东济宁段“三改二”升级改造、湖西航道（二级坝至苏鲁界）改造工程加快实施，大清河航道工程开工，韩庄复线船闸交工验收。京杭运河湖西航道整治一期工程和苏南运河三级航道整治工程镇江市区段、吴江段竣工，苏南运河三级航道整治工程常州段（中天钢铁段和西段）、苏州市区段完善工程交工验收，施桥船闸至长江口门段航道整治工程有序推进。浙江段三级航道整治工程湖州段、嘉兴段、杭州段“四改三”交工验收，京杭运河浙江段二通道全面建设。

长江三角洲高等级航道网。长三角区域航道建设项目有序推进，详见表2.2-2。

长江三角洲高等级航道网建设情况 表2.2-2

航道		建设进度
两纵	杭甬运河（含锡澄运河、丹金溧漕河、锡溧漕河、乍嘉苏线）	锡澄运河新夏港船闸建设项目竣工验收。丹金溧漕河老丹金船闸闸室完成拆除，丹阳段312国道桥改建工程启动
	连申线（含杨林塘）	灌河西段航道整治工程合同段交工验收，东台段航道整治工程竣工验收。海安北段航道整治工程通过竣工档案专项验收。杨林塘航道整治工程通过竣工环保验收
五横	通扬线	泰州段姜堰段及海陵先导段、兴化至海陵段航道整治工程交工验收，南通市区段、海安段航道整治工程有序推进，通吕运河段航道整治工程开工
	芜申线—苏申外港线（含苏申内港线）	安徽境内水阳江航道整治工程水阳江船闸通航运营，航道低水活动坝开工。江苏境内溧阳城区段航道整治工程开工，高溧段航道整治工程河定大桥合龙，苏申外港线江苏段航道整治工程稳步推进。上海市境内苏申外港线基本建成，苏申内港线上海市西段建设有序推进
	长湖申线—黄浦江—大浦线	长湖申线上海市境内基本建成
	赵家沟—大芦线（含湖嘉申线）	赵家沟东段航道整治工程稳步推进，东沟船闸复航工程有序推进。上海市境内大芦线一期、大芦线二期基本建成。湖嘉申线航道嘉兴段二期工程建设用地获批

续上表

航道		建设进度
五横	钱塘江—杭申线（含杭平申线）	杭申线上海市境内基本建成。杭平申线浙江境内交工验收
其他		江苏境内宿连航道（京杭运河至盐河段）整治一期剩余航道和陆运河船闸工程开工，溧梅河航道整治工程交（竣）工验收，申张线张家港复线船闸工程竣工。浙江境内浙北高等级航道网集装箱运输通道建设工程、绍兴曹娥江上浦船闸及航道工程、清风船闸及航道工程开工，丁诸线航道整治工程交工。安徽境内秋浦河航道整治工程稳步推进

淮河干流及重要支流。淮河淮滨至息县航运工程淮滨段基本完工，淮河干流（安徽段）航道整治工程主体工程基本完工，临淮岗复线船闸工程开工，淮河出海航道高良涧船闸扩容工程竣工。淮河干流（安徽段）航道附属工程、淮河出海航道（江苏段）航道整治工程前期工作加快推进。沙河漯河至平顶山航运工程平顶山段基本建成，沙颍河周口至省界航道升级改造工程船闸主体工程完工。

（3）跨水系航运沟通工程

跨水系航运工程规划研究。《内河航运发展纲要》提出打通南北向跨流域水运大通道，建设新大运河，统筹推进长江、珠江、淮河等主要水系间的京杭运河黄河以北段复航工程以及平陆运河等运河沟通工程，形成京杭运河、江淮干线、浙赣粤通道、汉湘桂通道纵向走廊。《关于珠江水运助力粤港澳大湾区建设实施意见》中提出推进湘桂运河、赣粤运河研究论证，开工建设平陆运河，形成干支衔接、区域成网、江海贯通、连接港澳、沟通水系的高等级航道网络。湘桂运河、赣粤运河处于规划研究中，浙赣运河项目正在规划调研阶段。江西完成《浙赣运河（江西段）规划研究》《赣粤运河（江西段）规划研究》工作。广西启动湘桂运河技术性课题研究工作。

引江济淮航运工程。引江济淮工程（安徽段）2020年度共完成投资161亿，累计完成投资610亿元；其中水运部分7个船闸全部开工，东淝河船闸主体工程完工，江淮沟通段II级航道156.2公里、引江济巢段菜子湖线III级航道113.2公里等3个湖区航道全部开工。引江济淮二期工程可研报告上报水利部、交通运输部，14项专题报告全部启动；先行开工项目前期工作稳步推进，蜀山复线船闸开工。

2.2.3 港口规划建设

港口规划及前期工作。《长江三角洲地区交通运输更高质量一体化发展规划》以专节内容提出要推动港口群更高质量协同发展，布局形成以上海、宁波舟山港为核心，南京、杭州、苏州、镇江、芜湖、南通、徐州、无锡、淮安、连云港、温州、嘉兴内河、湖州、合肥、马鞍山、安庆为骨干，其他港口共同发展的总体格局，规划建设南通通州湾长江集装箱运输新出海口。上海港洋山深水港区小洋山北作业区规划方案和沈家湾作业区规划调整方案通过部省市联合审查，浙江省完成大榭、穿山港区等一批沿海港口规划调整工作。各地加快港口总体规划修订与调整工作，进一步明确港口发展的战略定位和功能、总体发展目标，南京港、合肥港、南昌港、岳阳港等港口总体规划获部省联合批复，泸州港、宜宾港等港口启动绿色智慧港口建设整体规划研究，宿迁港、扬州内河港、盐城港滨海港区、南通内河港海门港区、鹰潭港、宜春港、上饶港、赣州港等港口总体规划获省级政府批复，衢州港衢江港区二期项目初步设计获批。

港口基础设施建设。各地区继续加快重点港口及其配套设施建设，见表2.2-3。

各省市港口工程建设动态 表2.2-3

地区	建设动态
上海市	上港集团和浙江海港集团共同推进小洋山综合开发，小洋山北侧开发Ab区成陆工程有序推进，黄浦江首个新建游船码头“时尚中心游船码头”开工
江苏省	中交（兴化）港开港运营。南通港天生港区横港沙作业区新世界内河码头3~4号泊位改造工程、南京港龙潭港区汽车滚装码头工程、扬州港扬州港区六圩作业区5号泊位和宿迁港中心港区国电煤码头改扩建工程等竣工验收。南通洋口港“能源岛”液化码头二期、通州湾新出海口吕四起步港区“2+2”码头工程开工
浙江省	建成穿山港区1号集装箱码头等万吨级以上泊位14个，宁波舟山港梅山港区6~10号集装箱码头工程（一阶段）、大榭港区宁波大榭中油二期油品码头5万吨级泊位等竣工验收。舟山金塘大浦口集装箱码头工程、金华港婺城港区罗洋作业区、诸暨市店口综合港区工程加快建设
安徽省	合肥派河国际综合物流园港区项目一期工程、芜湖港朱家桥外贸综合物流园区一期项目码头工程、安庆港长风一期陆域改造项目等开工
江西省	九江红光国际港（一期）建成，吉安港泰和沿溪综合货运码头等11个项目加快建设，九江彭泽矶山园区公用码头、九江九宏综合码头、宜春港樟树港区河西作业区综合码头、丰城尚庄货运码头、鄱阳角子口作业区综合码头、余干菱塘作业区综合码头一期、赣县港区五云作业区综合枢纽码头一期工程等开工
山东省	青岛港董家口30万吨级原油码头二期工程交工验收，青岛港前湾港区集装箱自动化码头二期工程、日照港石臼港区南区25万和30万吨级通用泊位工程等项目完工；青岛港前湾港区泛亚集装箱码头工程、日照钢铁精品基地配套成品码头工等项目有序推进。济南港按照“一港二港区”的总体发展格局加快建设
河南省	沙颍河周口中心港区建设工程基本完工
湖北省	荆州港煤炭铁水联运储备基地码头5号、6号泊位和李埠港区一期综合码头工程（李埠砂石集并中心）竣工验收。宜昌三峡国际游轮中心码头工程和宜昌港枝江港区姚家港作业区煤炭专用码头工程加快推进
湖南省	城陵矶港环保提质改造项目主体工程“全封闭胶囊散货大棚”竣工，岳阳港城陵矶港区（松阳湖）二期有序推进
重庆市	万州新田港一期工程开港，荣昌无水港建成，忠县新生一期工程等加快建设
四川省	广元港张家坝作业区一期工程泊位基本建成
贵州省	完成16座便民码头主体建设
云南省	“两出省、三出境”水运通道及港口配套基础设施加快建设，水富港一期扩能工程中嘴作业区开港试运行
陕西省	完成府谷县墙头客货运码头、佳县泥河沟客运码头、神木县盘塘客货运码头、岚皋县4个渡口改造、岚皋县大道河和江北客运码头等建设任务

港口集疏运系统建设。各地区继续推进完善港口集疏运网络，推进重点港区铁路专用线和疏港公路规划建设，结合实际向堆场、码头前沿延伸，铁水、公水联运设施不断完善，枢纽港口基本实现重要港区与铁路、高等级公路高效衔接。江苏省南京港西坝港区铁路专用线建成、龙潭港区铁路支线加快建设，苏州“内河集装箱中心（ICT）”项目“海铁联运”试运行，吕四港疏港公路开工，通州湾平海公路快速化改造项目有序推进，洋口港区至吕四港区铁路联络线工可获批，通海港区至通州湾港区铁路专用线一期工程前期工作进展顺利，徐州港疏港铁路开通。浙江省湖州港德清县国际物流园疏港大道等疏港公路加快建设。安徽省马鞍山郑蒲港区铁路主体工程建成，安庆港长风港区铁路专用线配套工程开工，铜陵港江北港区、池州港东至经开区铁路专用线开展征地拆迁和工程建设。江西省沙山作业区疏港公路、环山公路至神灵湖作业区疏港公路、湖口县三里至屏峰作业区疏港公路、都昌城区作业区疏港公路、彭泽县矶山作业区疏港通道项目等有序推进。山东省潍坊港疏港铁路、日照港石臼港区南区煤炭进港铁路项目加快推进。湖北省已建成武汉阳逻、鄂州三江、黄石棋盘洲、宜昌白洋、宜昌云池、宜昌姚家、荆州盐卡等疏港铁路，华中最大的煤炭铁水联运项目——荆州煤储基地开港试运营，江陵疏港一级公路、黄石河口至大冶大箕铺段、阳新县棋盘洲至富池段疏港公路持续推进。湖南省岳阳港城陵矶港区（松阳湖）进港铁路专用线有序推进，陆城港区南洋洲煤炭储备基地铁路专用线加快开展前期工作；岳阳城陵矶国际集装箱港无轨站投入使用，实现了岳阳海进江集装箱货物水铁联运无缝衔接。重庆市主城果园、江津珞璜、万州新田、涪陵龙头等铁公水多式联运枢纽港后续工程稳步实施，万州新田、涪陵龙头集疏运铁路专用线加快建设。四川省广元港红岩作业区、张家坝作业区进港公路和自贡至泸州大件公路、城区至遂宁港通港大道等疏港公路加快建设。

江海河联运配套设施建设。统筹推进以长江干线及长三角地区至上海洋山、宁波—舟山江海直达运输系统为重点的江海直达和江海河联运发展。加强沪浙杭州湾港口分工合作，以资本为纽带深化沪浙洋山开发合作，小洋山北侧支线码头开发建设准备工作就绪，舟山江海联运服务中心加快江海河联运枢纽港、航运服务基地和国际大宗商品储运加工交易基地建设。江苏省通州湾新出海口一期通道工程开工。优化整合长江南京以下江海联运港区布局和功能，加强安徽、江苏沿江港口江海直达、江海联运相关码头技术改造和锚地建设；上海海事局优化调整长江口通航资源，研究划设了长江口南门和堡镇两个临时锚地，支持吴淞口0号锚地开发；江苏沿江投入使用的海轮锚地18块，高资锚地完成前期工作并加快建设；安徽省马鞍山港小黄洲海船锚地完成扩容，铜陵港开展汀洲锚地迁建，芜湖港开展锚地专用航标维护和三山危险品锚地建设前期工作。

农村渡口升级改造工程。各地强化沿江、库（湖）区周边人民群众安全便捷出行，改善渡口渡运设施条件，提升水运公共服务均等化水平。浙江省完成渡埠渡船提升改造108个，建成美丽渡口（含撤渡）22个，提升改造陆岛码头泊位40个，全省正常营运的152个内河渡口全面完成创建任务。河南省对漯河市、信阳市、固始县等7道农村渡口实施升级改造。四川省2020年建成渡改人行桥15座。贵州省完成12座渡改桥、16座便民码头主体建设。云南省完成渡口改造325道，建设渡口监控系统102套。

2.2.4 新型基础设施规划建设

水运新基建布局。长航局加快推进新基建和“云上长航”统筹融合，出台关于落实新基建和“云上长航”统筹实施要求、加快和规范信息化项目建设的意见。各地贯彻关于推动交通运输领域新型基础设施建设的指导意见精神，建立健全推动交通运输领域新型基础设施建设的实施机制，统筹布局谋划水路运输领域新型基础设施项目，稳妥有序推进项目落地实施，具体情况见表2.2-4。

各地水运新基建规划布局　　表2.2-4

省市	水运新基建布局
上海市	建设长江口航道数字管理平台，探索内河高等级航道管理数字化转型。应用互联网、快速网间数据交换等技术，提升海事、航道管理服务智能化水平。研究构建先进的海上数据通信系统，推动海上大数据分析平台和数据开放服务平台等基础设施建设。推进外高桥码头自动化升级改造，提升江海直达、江海联运配套港口自动化水平
江苏省	加快智慧航道建设，建设航道水文气象、船舶动态、货物状态、交通流量等感知基础设施，推进京杭运河智能航运试点示范工程，推动刘老涧三线、谏壁、魏村等智慧船闸建设。推动港区内部集卡自动驾驶运营，加快推进南京港、镇江港、苏州港、太仓港四期场堆自动化码头等智慧港口试点工程，大力推广港口无纸化作业，推进港口粉尘监测和智能管控技术应用。加快货物多式联运信息化建设，全面推进港口EDI建设，协作建设电子口岸“单一窗口”，合力推进实现货运“一单制”服务
浙江省	推进港口智慧化，实施梅山港区等一批大型集装箱码头自动化改造。加快智慧物流信息系统建设，推动物流园区、大型仓储基地等智慧化改造。开展智慧物流园区建设试点，完善提升园区全方位感知基础信息化设施。加快建设嘉兴港独山港区、梅山绿色智慧能源物联网综合试验区等项目
安徽省	推动长距离、大挖深的人工运河建设工程技术创新。研发水下机器人，运用智能无人船。建设芜湖港智慧港口，探索无人道口、智慧堆场建设，提升码头智慧化水平
江西省	依托九江港彭泽港区红光作业区加快建设智慧港口。依托信江高等级航道整治工程打造感知航道。探索建设公务船智能感知模块、智能通信模块及智能预警模块。依托信江航运枢纽项目建设智慧船闸。建设智能航运大数据系统。建立赣鄱黄金水道智能航运服务监督管理一体化平台
山东省	推进港区5G建设和应用，实现智能导引、精确停车、集装箱自动装卸等无人化作业，建设智能化无人码头。依托小清河复航工程、京杭运河山东段，推进智慧航道（过闸）、智能仓储等建设
湖北省	升级扩容交通数据中心，打造危化码头港口智能监管平台。推进网络货运信息监测系统建设
四川省	建设长江上游区域大数据中心，在嘉陵江、岷江开展智慧航道建设，依托泸州港、宜宾港推动港口基础设施数字化。依托成都国际铁路港临港服务业功能区、中国（四川）自由贸易试验区川南临港片区、内江国际物流港，打造“一带一路”智慧国际区域物流基地
云南省	构建全光纤网络的数字化交通网，在重点地区、水域、航道、港口等推进北斗、5G、天地一体化信息网络等建设。逐步实现重点航道、重点库湖区电子航道图100%全覆盖

信息基础设施建设。长江航运数据中心等“云上长航”核心项目加快推进，北斗卫星地基增强系统工程有序推进，无线宽带、海事CCTV、三峡通航综合指挥、网络安全等工程前期工作加快推进。山东省港口建成5G基站超过50座，展开基于5G的应用场景测试。湖北省阳逻港集装箱码头、多式联运海关监管中心、阳逻综保区、铁水联运基地等14座5G基站

开通使用，武汉港阳逻港区在长江中上游港口中率先实现5G信号全覆盖。

基础设施智慧化建设。京杭运河、湘江、金沙江等电子航道图应用加快推广，信江航道整治工程信息化支撑保障系统开展前期工作。苏北运河刘老涧船闸智慧船闸系统、京杭运河船闸智慧通航系统（山东）等建成，江西省船闸智能调度系统开展招标，浙江省长三角航道网及京杭运河水系智能航运信息服务（船联网）应用示范工程建成。南京港智慧港口试点工程完成自主产权的TOS（码头管理系统）研发，并推广至太仓港北三期；完成江北集装箱码头岸桥、台门机等智能识别技术改造；龙潭集装箱码头开展基于5G的龙门吊和岸桥智能化改造。苏州港智慧港口试点工程对卸船机、斗轮堆取料机、装船机等进行智能化改造，实现设备智能控制、系统自动监测、生产智慧操作。太仓港区四期建成无人驾驶、堆场全自动化的集装箱码头。芜湖港集装箱码头三期工程建成全自动化集装箱堆场。郑蒲港、铜陵长江外贸码头等港口云端作业系统基础框架基本建成。阳逻国际港集装箱水铁联运二期按照智慧港口和一类口岸标准加快项目建设。重庆果园港拓展融入智慧物流、智慧口岸、智慧通关、智慧政务、智慧招商、智慧生活等业务模块。

2.3 运营维护

2.3.1 航道养护

（1）长江干线航道养护

航道养护。航道管理部门强化长江干线航道及船闸日常养护，加强航道探测观测和航标优化配布，合理开展维护疏浚，及时发布航道信息，保障了干线航道畅通安全。统筹做好疫情防控与航道保畅工作，长江全线33艘疏浚船舶驻守9个浅险水道施工作业，日均170余艘航道工作船、1300多名职工坚守岗位。加强航道常规养护，宜宾至浏河口段全年最大设标5827座，完成航标养护209.7万座天；各信号台实际开班5622台天，指挥各类船舶16.8万艘次；完成航道测绘4.5万换算平方公里；浏河口以上河段35处水道（河段）实施航道养护疏浚施工3302万立方米，长江口完成疏浚施工5432万立方米；完成航道整治建筑物检查6378座次，观测14940换算平方公里和6处航道整治建筑物维修工程，完成长江口南槽航道96座导助航标志调整和设置、航道治理一期工程第一阶段航海保障工程等工作。长江干线航道全年航标维护正常率、信号揭示正常率、信息发布准确率均达到100%。

航道尺度维护。长江干线航道全年航道水深保证率达到100%，长江干线航道周预报尺度精准度全面提升。做好长江口南槽航道一期工程试运行，6米航道维护通航深度保证率达到100%。继续按照“两充分一加强”的思路提升部分重点河段的航道维护尺度，自2020年1月1日起正式提高城陵矶至武汉河段枯水期、芜湖高安圩至芜湖长江大桥河段枯水期，以及武汉至芜湖河段中洪水期航道维护尺度；7月1日起试运行提高福姜沙中水道航道维护尺度，航道宽度由400米拓宽至420米；12月1日起，三峡常年库区（涪陵李渡长江大桥至宜昌庙河段）在蓄水运行期航道水深试运行提高至5.5米。

海轮航道上延保障。长江中游武汉至城陵矶河段海轮航道开放期为5月1日至9月30日，安庆（钱江嘴）至武汉河段海轮航道开放期为4月1日至11月15日。长江干线海轮航道分月维护水深情况见表2.3-1。

2020年长江干线航道城陵矶至安庆海轮航道分月维护水深计划表 表2.3-1

河 段	分月养护水深（米）											
	1月	2月	3月	4月	5月	6月	7月	8月	9月	10月	11月	12月
城陵矶—武汉长江大桥					5.0	6.0	6.5	6.5	6.0			
武汉长江大桥—安庆吉阳矶				5.5	6.5	7.0	7.5	7.5	7.0	6.0	5.0	
安庆吉阳矶—安庆钱江嘴				6.5	7.5	8.5	9.0	9.0	8.0	7.0	6.5	
安庆钱江嘴—芜湖高安圩	6.0	6.0	6.0	6.5	7.5	8.5	9.0	9.0	8.0	7.0	6.5	6.0

（2）其他重点内河航道养护

支流航道养护。各省市港航管理机构按照年度计划，加大资金投入，规范养护管理，确保内河重点航道安全畅通。上海市完成7个沿海航道、3个内河航道疏浚项目，疏浚航道121公里，疏浚791万立方米，全年航标维护正常率100%。江苏省安排航道绿化和环境整治、航道船闸设施改造专项等82项，完成泗阳一号、淮安一号船闸等大修工程，连申线海安船闸上游十字河口应急疏浚工程竣工验收，启动苏南运河局部疏浚工程（一期工程）。浙江省重点开展了京杭运河等航段例行养护、专项养护工程投资和标准化航道养护工作，完成嘉兴市环城河航道养护工程、湖嘉申线一期航道生态养护工程等省重点专项养护项目，年通航保证率达98%，内河航标维护正常率95%以上。江西省强化航标维护管理，全年疏浚178万立方米，赣江、鄱阳湖干线航道等重点水域通航保证率达95%。山东省开展京杭运河航道疏浚，南四湖至东平湖两湖段全线畅通。湖北省强化航道航标巡查，布置视频监控系统，实现信号台现场无人值守、远程实时监控调度，及时开展浅滩的应急保通和损毁航标、整治建筑物的修复，汉江、江汉运河标位正常率分别达到99%、100%。湖南省加强湘资沅澧四水中下游和洞庭湖区澧湘航线、松虎航线等省管航道养护管理，完成湘江西支关门滩等19处浅滩应急抢通，全省航标维护工作量99万座天，维护正常率超过99.5%。重庆市拓展航道、通航建筑物信息发布渠道，做好嘉陵江、乌江等支流航道养护工作，实现航道维护尺度、通航保证率、航标正常率“三达标”。四川省全年完成12个高等级航道专项养护项目。贵州省省管航道航标维护正常率达95%，赤水河航道维护水深保证率达88%以上，乌江航道维护水深正常率均达94%以上。

（3）枢纽运行养护

三峡船闸/升船机运行维护。长江三峡通航管理部门制定实施30项重点任务、72项具体措施，实行“六个一”精细管理，通过“应检尽检”“应修尽修”“能修快修”，累计完成两坝船闸预检预修302项、专项检查监测289项、应急抢修75项、其他维保1067项，主要设备完好率99.8%。三峡南、北线船闸闸室面积平均利用率分别为73.6%、73.2%，葛洲坝一、二、三号船闸闸室面积平均利用率分别为70.3%、72.7%、66.2%，升船机船厢面积平均利用率62.3%；三峡工程通过整体竣工验收，航运管理部门做好升船机运行接管准备工作。

其他通航建筑物运行养护。上海市大治河西枢纽二线船闸试运行，安全运行2121闸次，设施设备安全运行率100%，过船21149艘、通航1076万吨。江苏省做好张家港、盐灌等船闸大修工作，完成丹金船闸信息化系统设备升级改造专项工程。江西省推进万安水利枢纽、峡江水利枢纽、龙头山水电站船闸统一调度管理。贵州省优化乌江构皮滩、思林、沙沱水电站通航设施运行维护管理模式。

2.3.2 港口运营

推进港航资源一体化。深入推进港口资源整合，促进区域港口资源利用集约化、运营一体化。长三角区域三省一市均成立了省级港口（航）集团，一体化运营水平不断提升。上海国际港务集团、浙江省海港集团、江苏省港口集团和安徽省港航集团签订合作协议，共同推进江海联运发展和港口资源集约利用。上海港持有宁波舟山港20%股权，共同加快小洋山北侧码头合作开发。沪苏签订江苏通州湾新出海口开发建设战略合作框架协议。淮河沿线港口企业共建淮河生态经济带港口联盟，签订《淮河生态经济带港口联盟（蚌埠）宣言》，在公水联运、铁水联运、水水转运、物流仓储、信息服务、供应链金融等方面开展深度合作。江苏省推进沿江集装箱码头一体化整合，打造以南京区域性航运物流中心为核心的宁镇扬江海中转综合枢纽；太仓港、安吉港成为上海港支线集装箱业务转运平台。江西省港口集团挂牌，精准施策、分类推进全省港口资源整合，整合港口码头60座，注册成立集团权属全资、控股、参股码头企业17家。山东省港口集团获得青岛港、日照港49%和100%的股权，吸纳莱州港。川渝两地港口创新水陆联动新机制，在宜宾—万州水水联运、达州—万州陆水联运、新田港联建联营等方面开展合作，泸州、宜宾、广元等港口与重庆港口签订合作协议，成立长江上游航运联盟，建立航运资源共建共享共商平台，推进川渝长江干线重要港口一体化运营。

推进港口物流融合。各省市加快整合物流要素，创新组织、服务模式，推进港口物流转型升级。上港集团内河集装箱中心在苏州正式运行，将上海港的服务延伸到苏州白洋湾。江苏省港口集团成立集装箱公司、盐城港控股集团，加快推进专业化物流产业链发展。安徽省推进合肥乾龙现代物流产业园、芜湖中桩港后物流园建设。江西省九江市推进“物流园区+航运服务”产业协同发展。河南省沈丘港口物流园区和商水县临港产业园建设有序推进。重庆市新田港口物流开港运营。四川省成立西部陆海新通道物流产业发展联盟、西部陆海新通道物流枢纽联盟，明确泸州、宜宾、乐山港口发展定位。苏州、芜湖、武汉、岳阳等依托港口型国家物流枢纽建设，加快构建“通道+枢纽+网络”的现代物流运作体系，重庆市果园港国家物流枢纽重点口岸功能和重点基础设施系列项目开工。

第3章 航运服务

3.1 运输服务

3.1.1 运力总体状况

运力总规模。截至2020年底，14省市拥有水上运输船舶10.53万艘，同比减少3.0%；净载重量2.03亿吨，增加5.2%；载客量54.20万客位，减少1.3%；集装箱箱位224.4万TEU，增加43.8%。其中，机动船9.7万艘，减少2.0%；驳船0.86万艘，减少10.4%。14省市水上运输船舶运力情况见图3.1-1。

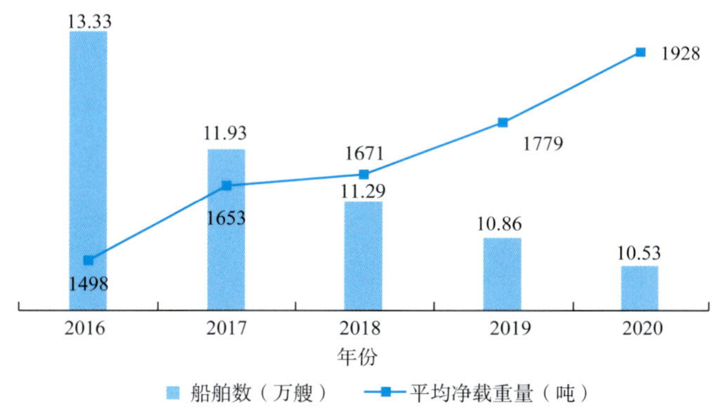

图3.1-1　14省市水上运输船舶运力发展情况（2016—2020年）

按航行区域分，内河运输船舶9.80万艘、载客量44.0万客位、净载重量1.18亿吨，同比分别减少3.2%、2.0%、增加3.5%；沿海运输船舶6567艘、载客量9.24万客位、净载重量0.5亿吨，分别减少2.6%、增加2.2%、8.7%；远洋运输船舶762艘、净载重量0.36亿吨，分别增长29.2%、9.1%。2020年分地区内河船舶艘数见图3.1-2。

客运船舶。客运船舶（包括客船、客货船，不含客运驳船）艘数为1.0万艘，与上年持平，载客量为53.9万客位，同比减少1.8%。其中，内河客船1.0万艘、43.7万客位，分别同比增加0.5%、减少2.7%。内河客运船舶艘数超过1000艘的省份有湖南、四川、浙江和云南。14省市内河客运船舶运力情况见图3.1-3。

货运船舶。货运船舶（包括货船、驳船）艘数、净载重量分别为9.31万艘、2.0亿吨，同比分别减少3.3%和增加3.6%。其中，内河货船8.64万艘、净载重量1.18亿吨，分别减少

4.3%、增加3.5%。内河货运船舶艘数超过5000艘的省份有江苏、安徽、浙江和山东。14省市内河货运船舶运力情况见图3.1-4。

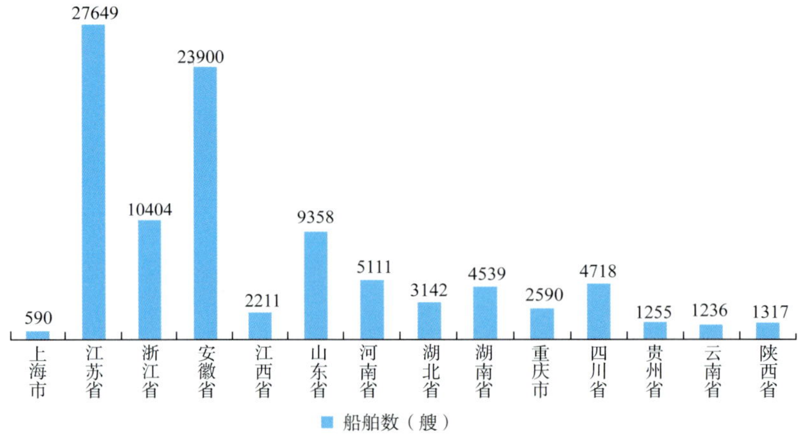

图3.1-2　分地区内河船舶艘数（2020年）

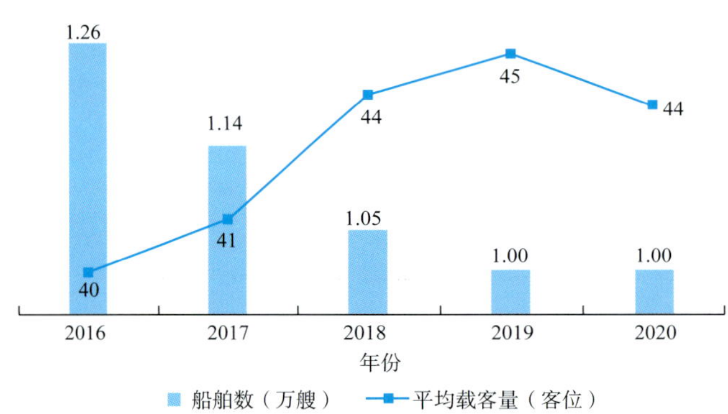

图3.1-3　14省市内河客运船舶运力情况（2016—2020年）

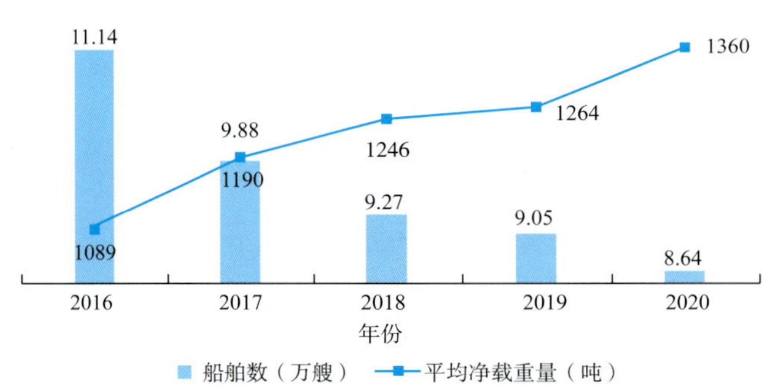

图3.1-4　14省市内河货运船舶运力情况（2016—2020年）

集装箱船舶。集装箱运输船舶（不包含驳船）1311艘，标准箱位202.61万TEU；其中，内河集装箱运输船舶825艘，标准箱位13.36万TEU。14省市内河集装箱船舶运力情况见图3.1-5。

船舶吨位结构。2020年，14省市货运船舶（包括货船、驳船）平均吨位2178吨，同比增长8.6%；集装箱船舶（不包含驳船）平均箱位1545TEU。其中，内河货运船舶平均吨位

1360吨，增长7.4%，内河集装箱船舶平均箱位162TEU。长江干线货船平均吨位1960吨，同比增长4.3%。内河货运船舶平均吨位超过1000吨的有安徽省、江西省、山东省、河南省、湖北省、湖南省、重庆市。分地区内船舶平均吨位见图3.1-6。

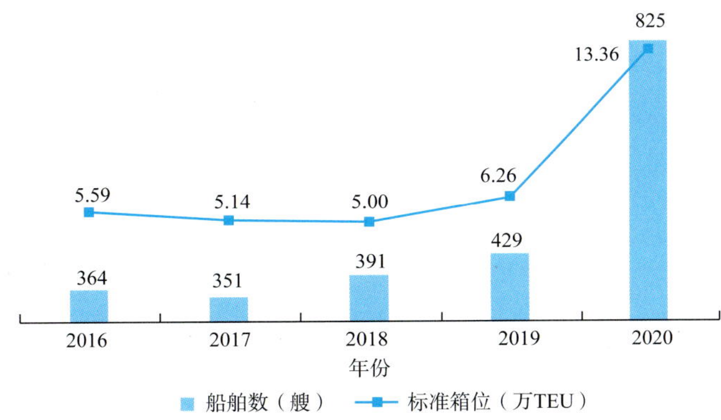

图3.1-5　14省市内河集装箱船舶运力情况（2016—2020年）

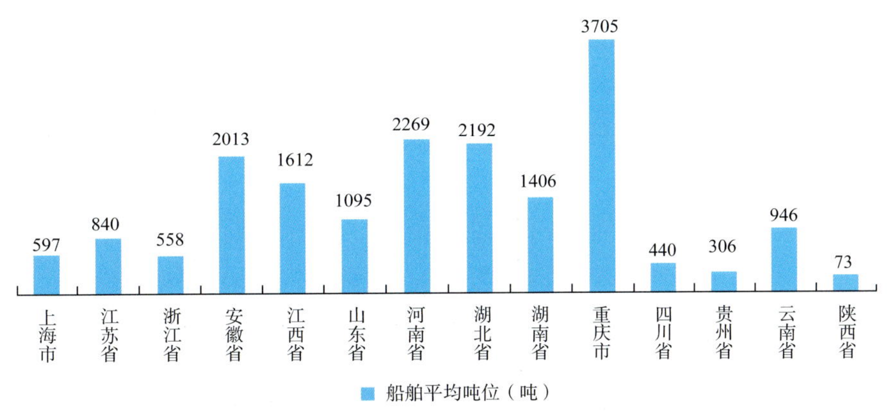

图3.1-6　14省市内河船舶平均吨位

江海河直达船舶。各地加强江海直达船型研发与应用。苏州高新港至洋山深水港124TEU河海直达集装箱船投运。浙江省研发完成2万吨散货船、1.35万吨散货船、738TEU集装箱船、1500车位商品车滚装船等特定航线江海直达船型，正在打造一批1.4万吨江海直达散货船。浙江宁波建造的江海直达型船舶“新金增1”“新金增2”货船在杭甬运河投运。湖北省江海直达1140TEU集装箱示范船第5艘“汉海5号”交付运营。湖南省建造的国内首艘特定航线江海直达双燃料（LNG/柴油）集装箱船“湘水运26”轮投入“岳阳—上海洋山”集装箱班轮航线运营。

3.1.2　市场经营主体

经营主体基本情况。2020年，长江水系14省市内河水路运输企业共4828家，同比增长4.2%；其中，沿海运输企业1271家，增长6.7%；内河运输企业3557家，增长3.3%；个体工商户9358家，减少5.0%。长江水系14省市水路运输辅助业企业共1199家，同比增长24.5%；其中，船舶管理业266家，增长22.6%；船代500家，增长10.4%；客货代433家，增长47.8%。各省市水路运输企业总体情况见表3.1-1。

各省市水路运输企业总体情况　　表3.1-1

省份	运输企业		个体工商户	辅助业企业			
	总计	内河		总计	船舶管理	船代	客货代
总计	4828	3557	9631	1199	266	500	433
上海市	202	61	5	44	44		
江苏省	968	748	4	261	68	106	87
浙江省	723	175	5660	357	84	142	131
安徽省	803	720	1335	66	9	45	12
江西省	174	162	32	68	4	48	16
山东省	498	261	273	273	33	113	127
河南省	124	124					
湖北省	313	288	238	58	17	13	28
湖南省	252	248	461	34		21	13
重庆市	281	280	200	29	6	7	16
四川省	333	333	926	9	1	5	3
贵州省	83	83	303				
云南省	11	11	9				
陕西省	63	63	185				

内河运输企业运力规模。14省市内河运输企业运力总规模为6630万总吨，安徽省、江苏省、山东省排前三位，合计占总规模的63.8%。企业平均运力规模排名前三的分别是河南省、安徽省和山东省。内河运输企业运力规模情况见表3.1-2。

内河运输企业运力规模情况　　表3.1-2

省市	企业运力总规模（总吨）	占比	排名	省市	企业平均运力规模（总吨）	排名
安徽省	22603108	34.1%	1	河南省	42210	1
江苏省	12640375	19.1%	2	安徽省	31393	2
山东省	7010558	10.6%	3	山东省	26860	3
重庆市	6009199	9.1%	4	重庆市	21461	4
河南省	5234085	7.9%	5	江苏省	16899	5
湖北省	4062213	6.1%	6	湖北省	14105	6
湖南省	3156621	4.8%	7	浙江省	12848	7
浙江省	2248336	3.4%	8	湖南省	12728	8
江西省	1837925	2.8%	9	江西省	11345	9
四川省	926339	1.4%	10	上海市	6469	10
上海市	394595	0.6%	11	云南省	6063	11
贵州省	86613	0.1%	12	四川省	2782	12
云南省	66695	0.1%	13	贵州省	1044	13
陕西省	22191	0.0%	14	陕西省	352	14

3.1.3 运输规模

（1）总运输量

客运完成情况。14省市全年完成水路客运量1.1亿人、旅客周转量21.8亿人公里，为2019年的55.2%、43.0%，分别占全国的71.0%、66.0%；平均运距21.7公里，同比减少6.2公里。其中，内河客运量0.7亿人、旅客周转量13.9亿人公里，分别减少41.7%、50.8%；平均运距18.8公里，下降15.7%。内河客运量超过1000万人次的有江苏省、贵州省。2020年分地区内河客运量见图3.1-7。

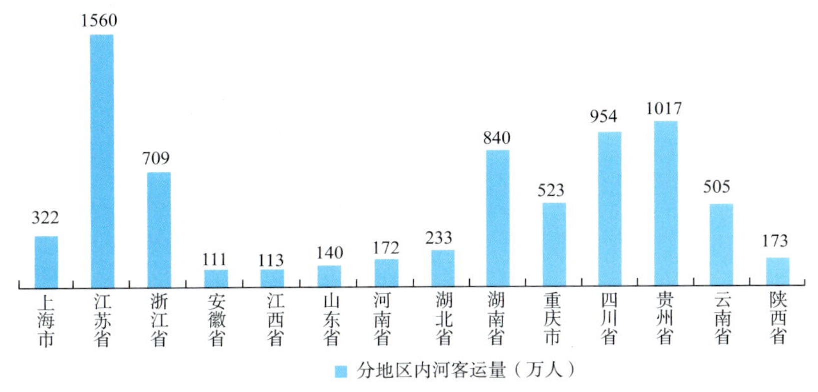

图3.1-7　分地区内河客运量

分月度数据看，受疫情影响，14省市水路客运量2月锐减至193万人，相比1月下降75.4%。随着疫情缓解，客运量逐步回升，10月达到高峰至1429万人。随着冬季到来，疫情形势严峻，11~12月，水路客运量又呈下降趋势，12月相较10月下降了44.6%。14省市分月度水路客运量见图3.1-8。

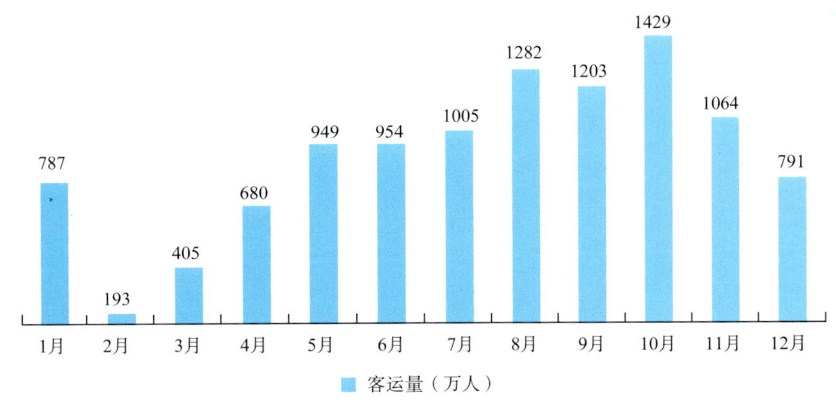

图3.1-8　分月水路客运量

货运完成情况。14省市全年完成水路货运量54.8亿吨、货物周转量64213.0亿吨公里，为2019年的103.1%、103.4%，分别占全国的72.0%、61.0%；平均运距1171.8公里，同比增加4.3公里。其中，内河货运量31.2亿吨、货物周转量14236.7亿吨公里，分别下降3.4%、2.9%；平均运距555.4公里，增长20.3%。内河货运量超过1亿吨的有江苏省、浙江省、安徽省、江西省、河南省、湖北省、湖南省和重庆市。2020年分地区内河货运量见图3.1-9。

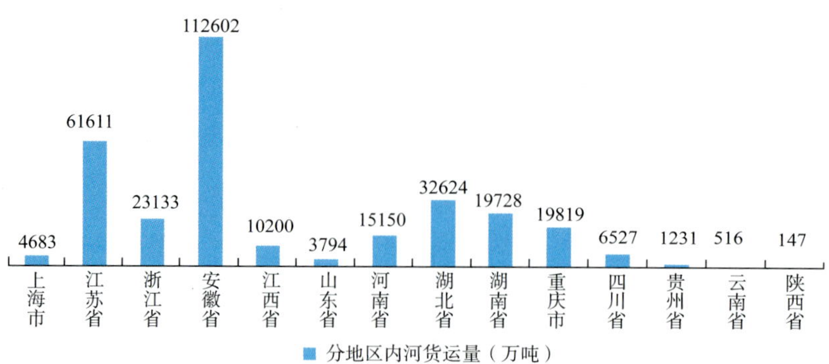

图3.1-9　分地区内河货运量（2020年）

分月度数据看，受疫情影响，2月水路货运量最低为3.0亿吨，比1月下降22.0%；随着疫情形势好转，水路货运量逐月上升，11月达到最大为5.3亿吨，相较2月上升73.7%。14省市分月度水路货运量见图3.1-10。

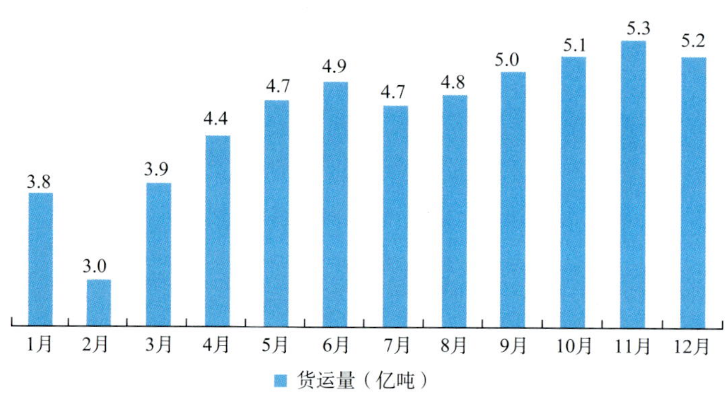

图3.1-10　分月水路货运量（2020年）

（2）长江干线货物通过量及断面流量

货物通过量。2020年，长江干线完成货物通过量30.6亿吨，同比增长4.4%。其中，干干通过量12.1亿吨，干支通过量6.2亿吨，江海通过量10.2亿吨，支干支通过量2.1亿吨。矿建材料、煤炭及制品、金属矿石、石油天然气及制品和非金属矿石等五类货种占总量的71.2%，钢铁、水泥、粮食三类货种占13.1%，集装箱占0.9%。2009—2020年长江干线货物通过量情况见图3.1-11。

图3.1-11　长江干线货物通过量（2009—2020年）

船舶流量。长江干线航道宜宾至长江口段年平均日船舶流量616艘，同比下降6.8%。其中，上游江津至三峡大坝段年平均日船舶流量127艘，减少45%；中游枝城至黄石段年平均日船舶流量222艘，减少19.6%；下游九江至芜湖段年平均日船舶流量812艘，减少13.2%；南京以下深水航道年平均日船舶流量1453艘，增长24.8%。长江南京以下12.5米深水航道5万吨级及以上海轮进出港2.3万艘次，增长27.8%。全年通过长江口深水航道船舶约32万艘次。长江干线主要断面日均交通流量统计见图3.1-12。

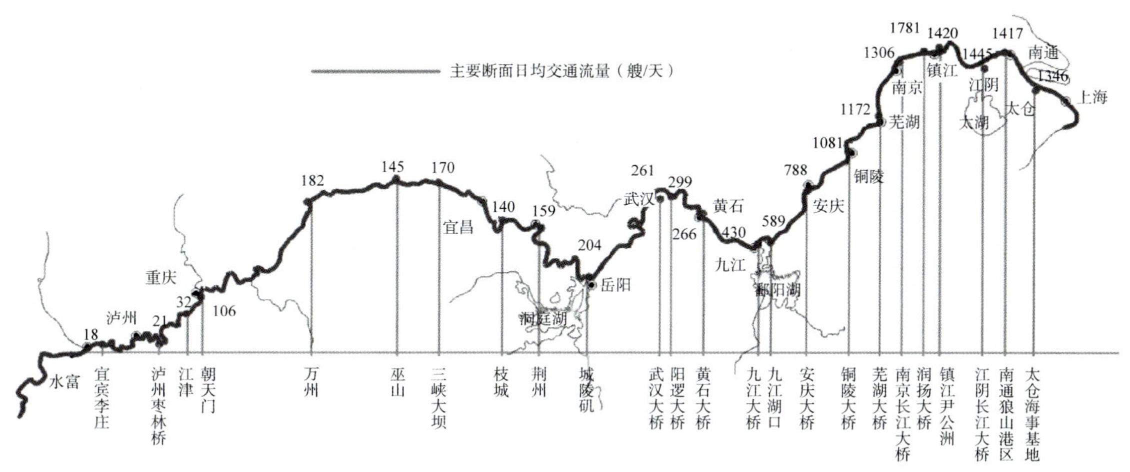

图3.1-12　长江干线主要断面日均交通流量统计

三峡枢纽通过量。2020年，三峡枢纽通过量1.38亿吨，同比下降6.8%。其中三峡船闸通过量1.37亿吨，下降6.5%；三峡升船机通过量87.2万吨、旅客通过量3.1万人，下降42.3%、79.1%。葛洲坝船闸通过量1.41亿吨，下降8.1%。三峡枢纽船舶交通流量、通过量见表3.1-3、图3.1-13。

三峡枢纽船舶交通流量状况　　表3.1-3

三峡枢纽		上行	下行	合计	同比变幅（%）
三峡船闸	艘次	19540	19906	39446	-8.8
	通过量（万吨）	6784.1	6907.0	13691.1	-6.5
三峡升船机	艘次	1018	561	1579	-46.1
	通过量（万吨）	47.0	40.2	87.2	-42.3
	客运量（万人）	1.6	1.5	3.1	-79.1
葛洲坝船闸	艘次	21100	21049	42149	-12.2
	通过量（万吨）	6979.3	7114.4	14093.7	-8.1

（3）重要支流

上游地区。主要包括金沙江、岷江、嘉陵江、乌江等。向家坝枢纽断面船舶通过量550.81万吨，其中升船机完成货运量130.03万吨、翻坝货运量420.78万吨。上游地区主要支流通航建筑物船舶通过量见表3.1-4。

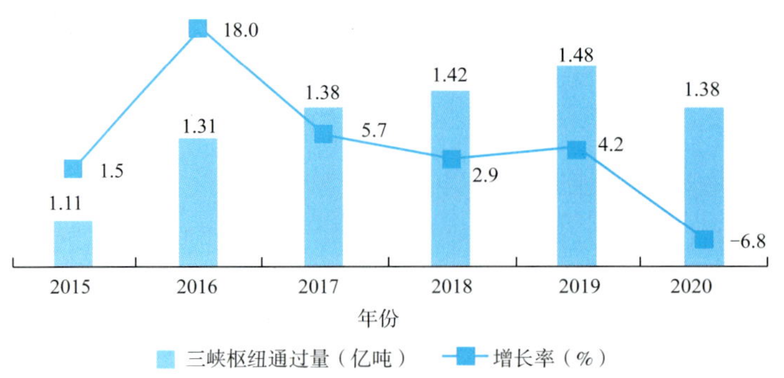

图3.1-13　三峡枢纽通过量情况

上游地区主要支流通航建筑物船舶通过量（2020年）　表3.1-4

航道	通航建筑物	通过船舶数量（艘次）			船舶通过量（万吨）		
		合计	上行	下行	合计	上行	下行
金沙江	向家坝升船机				130.03		
嘉陵江	草街船闸	460	244	216	21.14	12.75	8.40
乌江	彭水	54	36	18	0.09		0.09
	银盘	18	13	5	0.1		0.1

中游地区。主要包括湘江、沅水、汉江、江汉运河、赣江、信江等。江汉运河全年完成通航船舶6852艘次、船舶总吨573万吨，同比增长20%、29%。赣江各船闸过闸总计449次，通航船舶1005艘次，船舶总吨83万吨，货物通过量21万吨。信江界牌至褚溪河口共布置3座枢纽，八字嘴、双港正在建设中，界牌船闸正在改建，全年无船舶过闸。中游地区主要支流通航建筑物船舶通过量见表3.1-5。

中游地区主要支流通航建筑物舶通过量（2020年）　表3.1-5

航道	通航建筑物	通过船舶数量（艘次）			船舶通过量（万吨）		
		合计	上行	下行	合计	上行	下行
汉江	丹江口水利枢纽	22	10	12	0.4	0.3	0.1
	王甫洲船闸	25	12	14			
	崔家营船闸	136	66	70	3.6	1.8	1.8
	兴隆水利枢纽	7052	3524	3528	407	178	229
	雅口航运枢纽	318	163	155	1.2		1.2
江汉运河	高石碑船闸	3430	2063	1367	288	177	111
	龙洲垸船闸	3422	2058	1364	285	175	110
湘江	长沙枢纽船闸	47645	23495	24150	7286	6164	1122
	近尾洲枢纽船闸	124	60	64	4	2	2
赣江	新干枢纽	57			0		
	石虎塘枢纽	23			0		
	龙头山枢纽	857			21.3		

下游地区。主要包括京杭运河、长江三角洲航道网、合裕线、杭甬运河及钱塘江等。杭甬运河全线货运量2830万吨，同比减少3.7%；钱塘江全线货运量5283万吨，增长18.4%。下游地区部分船闸通过量见表3.1-6~表3.1-8。

京杭运河船闸船舶通过量（2020年） 表3.1-6

航道	通航建筑物	通过船舶数量（艘次）			船舶通过量（万吨）		
		合计	上行	下行	合计	上行	下行
枣庄段	台儿庄（二线、复线）	80457	37567	42890	12820.26	5933	6888
	万年闸（含复线）	74245	34497	39748	7803.52	3718	4086
济宁段	微山（一、二线）	77100	38512	38588	7857	3951	3906
	韩庄二线	68866	33045	35821	7213	3455	3758
苏北段	施桥	179489	83326	96163	33432	16013	17420
	邵伯	170848	79057	91791	31160	14914	16246
	淮安	201411	102718	98693	30275	15363	14912
	淮阴	142547	69724	72823	19614	9550	10064
	泗阳	120535	58621	61914	17384	8304	9081
	刘老涧	135978	67304	68674	19134	9492	9642
	宿迁	133435	65985	67450	18753	9291	9462
	皂河	133883	66181	67702	18790	9311	9480
	刘山	48573	27003	21570	7730	4032	3698
	解台	43842	24799	19043	6946	3658	3288
镇江段	谏壁一线	119064	57966	61098	9858	4761	5097
	谏壁二线	95087	45274	49813	9535	4470	5065
浙江段	三堡船闸	76024	37921	38103	5416	2731	2685

长江三角洲航道网江苏境内船闸船舶通过量（2020年） 表3.1-7

航道	通航建筑物	通过船舶数量（艘次）			船舶通过量（万吨）		
		合计	上行	下行	合计	上行	下行
常州	丹金	72448	34847	37601	5754	2677	3077
南通	海安	67407	37376	30031	3868	2171	1697
	吕四	18703	9353	9350	1067	549	518
	焦港	86199	50792	35407	4953	2887	2066
	九圩港	105706	47214	58492	6405	2748	3656
	南通	45368	27323	18045	3967	2303	1664
泰州	周山河	82035	43729	38306	3291	1715	1576
	口岸	94367	47983	46384	3833	1909	1923
徐州	沙集	3160	2573	587	236	195	42
	刘集	5552	3695	1857	568	424	144
	蔺家坝船闸	33058	19460	13598	4185	1505	2680

续上表

航道	通航建筑物	通过船舶数量（艘次）			船舶通过量（万吨）		
		合计	上行	下行	合计	上行	下行
南京	秦淮河	5753	2893	2860	657	331	326
宿迁	成子河	14325	9156	5169	1909	1456	452
扬州	宝应	4467	2310	2157	317	163	154
	运西	15249	8131	7118	1164	529	635
	运东	25453	14390	11063	2230	1279	951
	芒稻	64768	35814	28954	4813	2717	2095
无锡	江阴	217479	85480	131999	17176	7133	10044
苏州	张家港	101709	46607	55102	7845	3604	4240
	虞山	53048	27974	25074	2654	1430	1223
	杨林	45421	19188	26233	3990	1557	2434
	刘庄船闸	40211	19381	20830	3227	1536	1692
盐城	阜宁船闸	30674	16530	14144	1982	1081	901
	滨海船闸	415	52	363	8	1	7

合裕线船闸船舶通过量（2020年） 表3.1-8

航道	通航建筑物	通过船舶数量（艘次）			船舶通过量（万吨）		
		合计	上行	下行	合计	上行	下行
合裕线	巢湖船闸（含复线）	37582	18823	18759	6603	3303	3300
	裕溪船闸（一线、复线）	46027	23216	22811	7864	3967	3899

淮河水系。淮河是豫皖两省矿产资源、农作物、工业原料输往华东最经济的运输线，基本形成以煤炭运输为主的水运格局。主要包括淮河、盐河、沙颍河等，相关船闸船舶通过量见表3.1-9。

淮河水系船闸船舶通过量（2020年） 表3.1-9

航道	通航建筑物	通过船舶数量（艘次）			船舶通过量（万吨）		
		合计	上行	下行	合计	上行	下行
淮河（含盐河）	蚌埠（含复线）	37852	18671	19181	6596	3400	3196
	临淮岗	4738	2369	2369	476	238	238
	高良涧	100629	54351	46278	5377	2958	2419
	朱码	42035	20619	21416	1810	883	927
	杨庄	37705	18229	19476	1684	810	874
	盐灌	4059	117	3942	284	7	277

续上表

航道	通航建筑物	通过船舶数量（艘次）			船舶通过量（万吨）		
		合计	上行	下行	合计	上行	下行
沙颍河	沈丘	6280	3152	3128	559	280	279
	郑埠口	4348	2024	2324	456	195	260
	周口	966	471	495	78	37	41
	耿楼	12036	6040	5996	1102	631	471
	阜阳	10731	5671	5060	975	696	279
	颍上复线	20105	10339	9766	2496	1302	1194

3.1.4 细分市场

干散货运输市场。2020年，长江干线干散货船舶进出港装卸货量同比增长4.7%，运输需求逐步改善，运价前低后高，矿建材料、非金属矿石是维持增长的主要支撑货种，煤炭、金属矿石通过量增速有较大程度下滑。煤炭方面，上半年受疫情影响导致下游工业用电需求疲软，海进江煤炭运输量同比大幅下滑，疫情中后期随着经济稳健复苏，海进江煤炭运输量有所增长。金属矿石方面，大量海船采用直接减载进江的模式，江苏南通、江阴、泰州、镇江等港口成为长江内河重要的外贸铁矿石中转港。矿建材料方面，在基建需求强劲增长带动下，以砂石为主的矿建材料运输量较大幅度增长。非金属矿石方面，以磷矿为主的运输量较大幅度增长。从运价情况看，长江干散货综合运价指数全年维持在684.9~846.4点之间呈平缓波动走势，全年均值760.0点，同比下跌4.2%。长江干线主要货种平均运输价格：煤炭0.025~0.059元/吨公里，金属矿石0.025~0.057元/吨公里，矿建材料0.025~0.072元/吨公里。

液货危险品运输市场。2020年，长江干线液货危险品船舶进出港装卸货量同比下降4.1%，化工原料是维持增长的主要支撑货种，石油、天然气及制品基本稳定，原油运输量较大幅度下滑，运力供给相对稳定。液货危险品不同种类和不同航区的运输价格存在较大差别，散装化学品0.09~0.25元/吨公里，成品油0.11~0.30元/吨公里，原油0.20~0.32元/吨公里。长江植物油运输主要由华东区域运往中上游地区，受植物油运输船舶运力下降影响，运输价格上涨幅度较大。

集装箱运输市场。2020年，长江干线集装箱船舶进出港装卸货量同比下降1.4%。长江集装箱运输渡过疫情暴发以来的低谷阶段后，海外订单转移推动的出口高速增长为市场带来需求增量。在双循环新发展格局下，我国经济恢复向好势头不断巩固，长江沿江地区制造业复苏步伐有所加快，行业增长动能增强，集运需求超预期，内贸集装箱成为新增长点，加之“散改集”持续推进，运输需求稳步回升。从运价情况看，长江集装箱综合运价指数（YCFI）全年维持在978.1~1057.4点之间，全年均值1006.3点，同比下跌5.9%；其中12月为987.2点，下降6.5%。全年平均运输价格0.56元/标箱公里，下降3.1%。

滚装汽车运输市场。2020年，长江干线商品汽车滚装船舶进出港装卸货量同比下降22.7%。从运价情况看，武汉航运交易所12月31日发布的中国长江商品汽车滚装运输综合运价指数（CARFI）为872.5点，较2019年（12月25日）下跌13.5%。商品汽车滚装上水平均运价为0.40元/车公里，下水平均运价为0.37元/车公里。

旅客运输市场。受疫情影响，2020年1月23日以来，长江干线省际旅游客运停航，至7月底陆续复航，全年共运行1333航次，比2019年减少4432航次，接待游客16.7万人，减少84.7%。邮轮方面，1月26日起，吴淞口国际邮轮港暂停运营。重庆航运交易所发布的2020年度三峡邮轮旅游大数据显示，长江三峡游船共计发班1837艘次，为2019年的31.1%，其中豪华邮轮962艘次、经济型游船875艘次；共计完成客运量24.1万人，为2019年的21.7%，其中豪华邮轮15.3万人、经济型游船8.8万人。各地夯实“水运+旅游”发展基础，上海市黄浦江上首个新建游船码头“时尚中心游船码头”开工，浙江省推进浙东唐诗之路人文精品线、大运河文化遗产线、钱塘江“水上诗路”线等内河品航线建设，江西省推动“文旅+航运”产业融合发展，重庆市鼓励黄金游轮、冠达游轮公司等航运企业依法开展短途航线等多业态经营，四川省推进嘉陵江山水人文旅游试点项目。

3.2 港口生产

3.2.1 港口吞吐量

货物吞吐量。14省市全年完成港口吞吐量87.1亿吨，同比增长4.2%，占全国港口的59.9%。其中，沿海港口40.8亿吨、内河港口46.3亿吨，分别增长3.6%、5.2%，分别占全国的43.0%、91.3%。14省市内河港口货物吞吐量见图3.2-1。

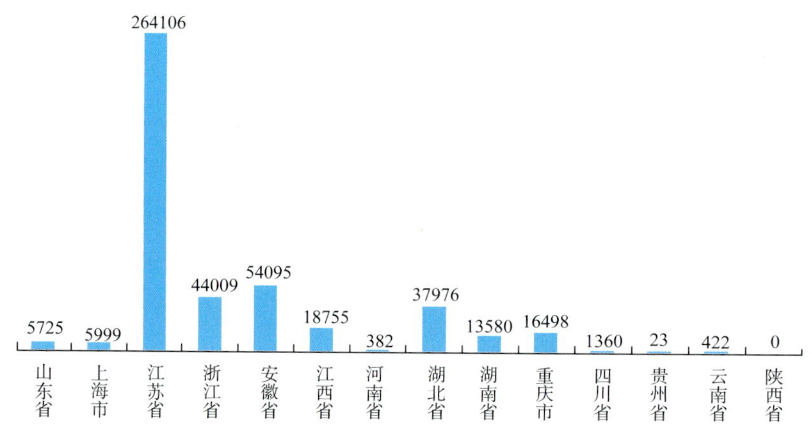

图3.2-1 14省市内河港口货物吞吐量（万吨）

外贸吞吐量。14省市全年完成外贸吞吐量25.0亿吨，同比增长4.2%，占全国的55.3%。其中，沿海港口20.4亿吨、内河港口4.6亿吨，分别增长3.6%、7.0%，分别占全国的51.0%、93.9%。

集装箱吞吐量。14省市全年完成集装箱吞吐量13470万TEU，同比增长3.0%，占全国的51.0%。其中，沿海港口完成11267万TEU、内河港口完成2203万TEU，分别增长3.3%、1.6%，分别占全国的48.1%、73.3%。部分省市内河港口集装箱吞吐量见图3.2-2。

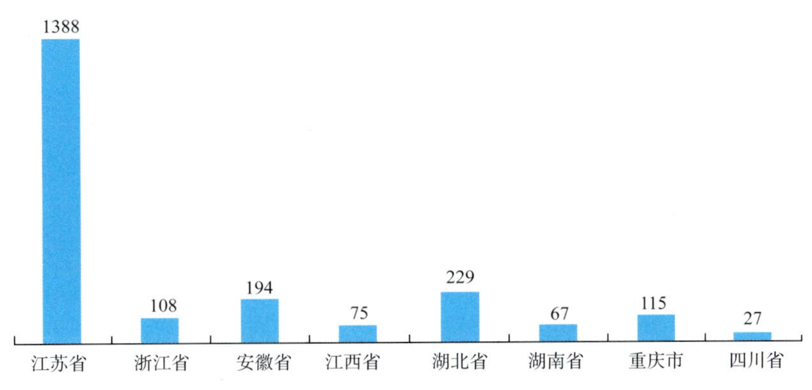

图3.2-2　部分省市内河港口集装箱吞吐量（万TEU）

分区域港口吞吐量。分区域看，14省市港口货物吞吐量东部地区（包括上海市、江苏省、浙江省和山东省）达72.7亿吨、中部地区（包括安徽省、江西省、河南省、湖北省和湖南省）为12.5亿吨、西部地区（包括重庆市、四川省、云南省、贵州省和陕西省）为1.8亿吨，分别占83.6%、14.3%和2.1%；港口外贸吞吐量东部地区达24.4亿吨、中部地区为4336万吨、西部地区为639万吨，分别占98%、1.7%和0.3%；集装箱吞吐量东部地区达到12763万TEU、中部地区为565万TEU、西部地区为142万TEU，分别占94.8%、4.2%和1.0%。内河港口货物吞吐量东部地区、中部地区和西部地区分别为32.0亿吨、12.5亿吨和1.8亿吨，分别占69%、27%和4%。2020年东、中、西部地区内河港口吞吐量见图3.2-3。

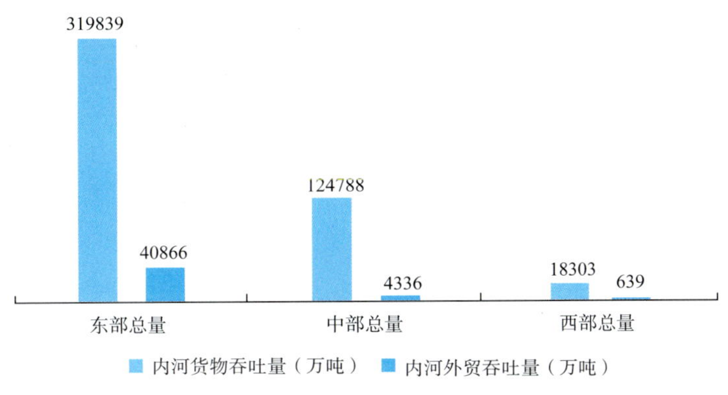

图3.2-3　东中西部地区内河港口吞吐量

分月港口吞吐量，受疫情影响，2月港口货物吞吐量、外贸吞吐量和集装箱吞吐量均较1月大幅下降，随后逐渐保持平稳上升态势至10月。随着11月、12月进入冬季，疫情防控加强，港口吞吐量有所下降。2020年14省市分月港口吞吐量见图3.2-4、图3.2-5。

3.2.2　分货类吞吐量

货类结构。14省市港口吞吐量主要货类包括矿建材料、煤炭及制品、金属矿石、集装箱、钢铁、石油及制品、粮食、滚装汽车等，2020年占港口吞吐量的比重分别为36.4%、21.9%、20.9%、8.1%、6.5%、3.3%、2.5%、0.3%。14省市内河港口主要货类吞吐量情况见图3.2-6。

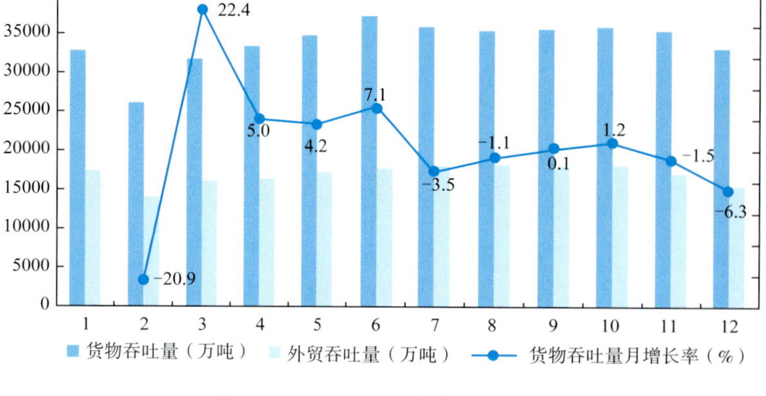

图3.2-4　14省市分月港口吞吐量

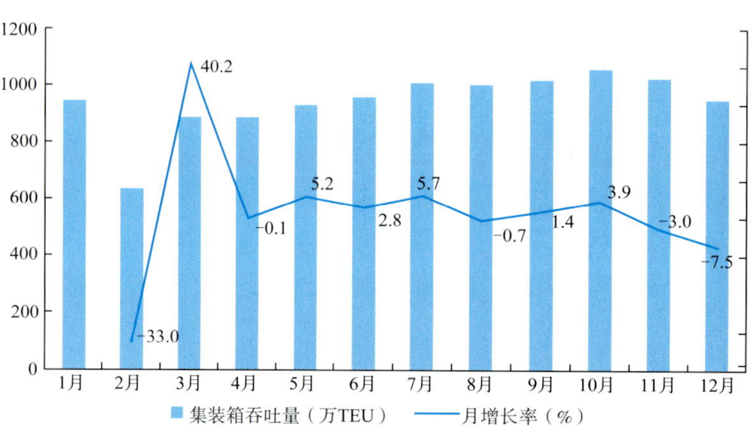

图3.2-5　14省市分月港口集装箱吞吐量

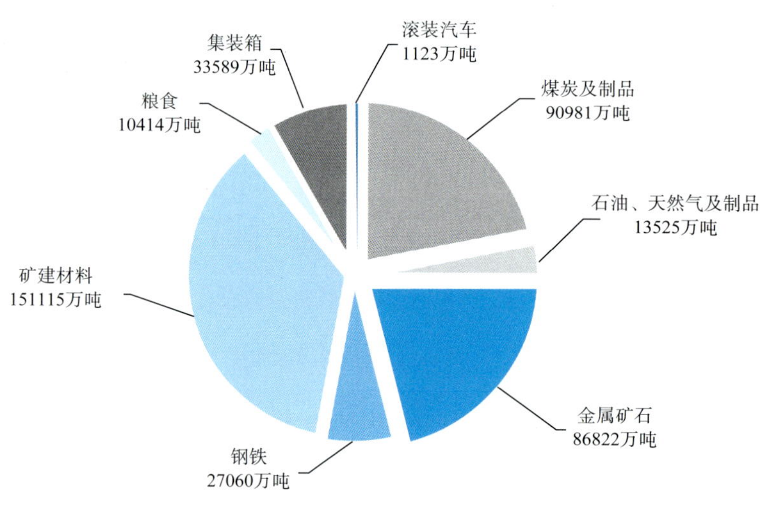

图3.2-6　14省市内河港口主要货类吞吐量

3.2.3　重点港口吞吐量

沿海港口。14省市沿海港口主要包括山东的滨州、东营、潍坊、烟台、威海、青岛、日照，江苏的连云港、盐城，上海，浙江的嘉兴、宁波舟山、台州、温州等港口。上海

港（不含内河）全年完成货物吞吐量达到6.5亿吨，同比下降1.5%；集装箱吞吐量4350万TEU，比2019年增长0.5%，连续十一年保持全球第一；其中，国际中转完成超过530万TEU，增长超14%；内贸吞吐量突破600万TEU，增长15%。宁波舟山港完成货物吞吐量11.7亿吨，增长4.5%，连续十一年居世界首位，集装箱吞吐量2872万TEU，增长4.3%，连续三年保持全球前三。主要沿海港口吞吐量完成情况见图3.2-7。

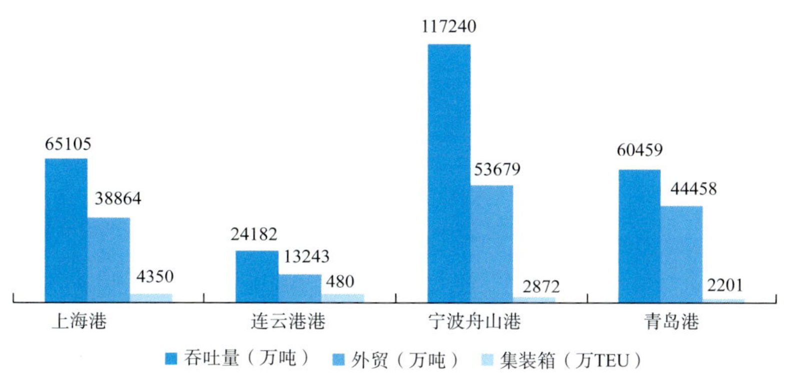

图3.2-7　主要沿海港口吞吐量完成情况

长江干线港口。长江干线港口完成货物吞吐量33.0亿吨，同比增长2.2%；外贸吞吐量4.5亿吨，同比增长7.1%；集装箱吞吐量1963万TEU，增长1.1%。吞吐量过亿吨的港口有12个。2020年长江干线各港口吞吐量完成情况见图3.2-8。

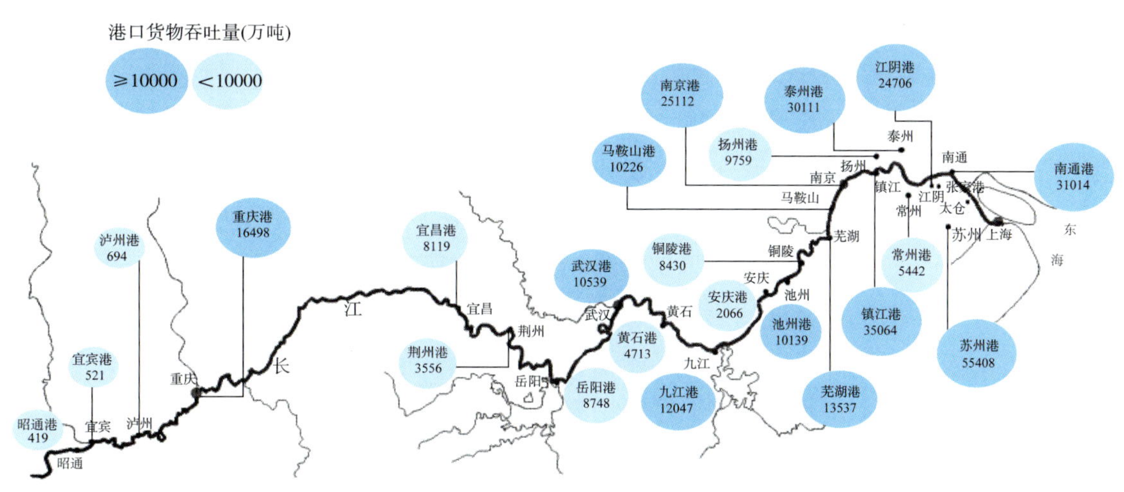

图3.2-8　长江干线港口吞吐量

支流港口。杭州、嘉兴内河、湖州等港口吞吐量均过亿吨；宿迁、苏州内河、常州内河、宁波内河、南昌、株洲等港口增长较快，均超过15%；扬州内河、合肥、乐山等港下降幅度较大。集装箱吞吐量除合肥港、南昌港、长沙港外均呈增长态势。2020年支流重点港口吞吐量完成情况见图3.2-9。

浙台海运直航。宁波—舟山港、温州港、嘉兴港、台州港等浙江沿海港口开展浙台海运直航业务，全年完成集装箱吞吐量29万TEU，同比持平；其他货物吞吐量22.9万吨，减少91%；旅客吞吐量740人次；进出港船舶合计939艘，减少14%。

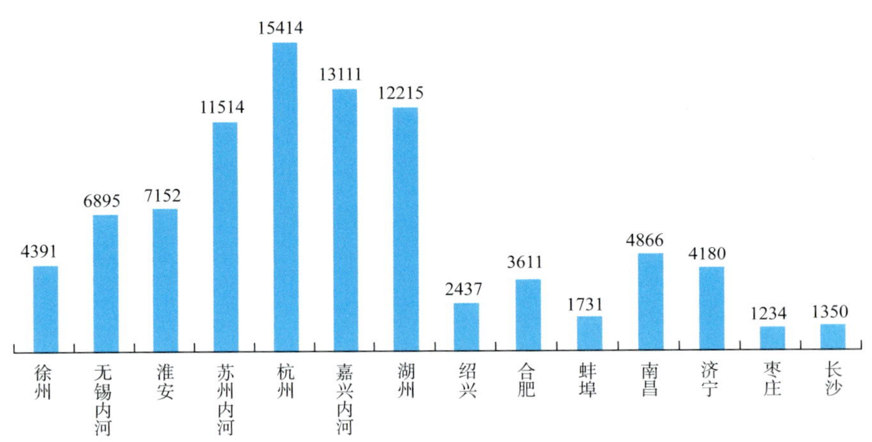

图3.2-9　支流重点港口吞吐量（万吨）

3.3 多式联运发展

3.3.1　水陆联运

多式联运示范工程建设。各省市有序推进三批次国家多式联运示范工程建设，加快培育多式联运工程项目。江苏省推动连云港“江苏新亚欧大陆桥集装箱多式联运示范工程”、南京“连长江、通欧亚、对接沿海、辐射中西部多式联运示范工程”、苏州“苏南地区集装箱公铁水多式联运示范工程”等22个部省多式联运示范项目建设运营。安徽省推进2个国家级和10个省级多式联运示范工程创建项目建设。江西省推动赣州港“一带一路”多式联运示范工程建设，已开发32个多式联运项目。山东省多式联运项目库共有33个省级示范工程项目，形成了胶黄小运转、前港后站、鲁辽轮渡滚装联运和甩挂运输、公铁两用牵引车研发等典型经验。湖北省5个国家多式联运示范工程中的4个已实现常态化运营，武汉市“一带一路、长江经济带发展集装箱铁水联运示范工程”通过交通运输部验收，武汉金控粮食供应链示范工程在建，武汉阳逻港铁水联运二期工程开工。湖南省城陵矶新港水公铁集装箱、传化智联商品车及集装箱铁水公等联运示范工程有序推进。贵州省“渝黔联动公铁水集装箱多式联运示范工程”遵铁物流园区铁路专用线前期工作加快推进。

水陆联运组织模式创新。各港口积极破除“陆转水”“散改集”瓶颈，强化物流网络体系和信息平台建设，探索组建多式联运专业化经营主体，推动实施多式联运“一单制”全程物流服务模式，提高联运组织和物流服务一体化水平。上海市聚焦芦潮港中心站功能作用发挥和上海港集疏运体系优化，大力推进海铁联运新点新班列开行，完成与江苏、安徽、湖北等8省21市的业务对接，形成9条海铁联运线路，实现湖州、常州、苏州、海安、长兴5条固定循环天天班列。江苏省连云港港以集装箱铁路运单为载体，在“嘉峰站—连云港—宁波港”“西安—连云港—泉州”“蚌埠—连云港—东南亚”三条联运通道上，携手中铁集推出集装箱铁水联运“一单到底”创新模式，推动实现铁路、港口、船公司、客户之间的“大互联”；推进苏州、无锡、淮安、海安等城市至上海芦潮港、宁波港的海铁联运班列发展，开通“扬州—连云港港”集装箱铁水联运班列。浙江省宁波舟山港新开拓安庆、海安等16个海铁联运业务点，新开通海安、芜湖两条海铁联运班列，全港海铁联运班列达19条，业务辐射全国15个省（区、市）、56个地级市。安徽省芜湖港引入焦炭业务，拓展砂石铁水联运业务，探索建立粮食集散中心，加强与上海、南京路局对接，开展粮食、铁精矿“散改集”水陆联运业务。江西省拓展上饶、鹰潭等地开行中欧班列，新增向塘、横岗至北仑港多式联运普快班列，联合九江港、中远海开辟九江北—乐化水铁新通道。山东省港口先后在省内淄博、济南、泰安、昌乐及省外兰州、南阳、焦作等地市新开通集装箱班列8条，总数达72条；推进内陆区域与青岛港铁路多式联运物流通道建设，山东世纪阳光纸业集团采用“内陆港多式联运一单制”作业模式转关进入潍坊申易海关监管作业场所。湖北省武汉阳逻港铁水联运示范基地，已开辟“上海—武汉—川渝”“上海—武汉—陕西/新疆”及省内十堰、襄阳、荆门流向等联运通道，打造“云上多联”智慧供应链综合服务平台；开行“北粮南运班列”，打通东北—武汉—云贵川的“北粮南运”战略通道；开通“孝感（至阳逻）—（太仓至）东北”铁水联运专列，打通“南肥北运”铁水联运通道；花山港首次承揽纸浆“散改集”“铁水联运”业务。重庆果园港实现“中欧班列+江海联运”新模式，中国铁路成都局集团有限公司联合民生轮船股份有限公司、重庆港务物流集团公司开展的联合承运人模式下的铁江联运“一单制”集装箱国内首次试点。四川已建成攀枝花等无水港7个，开通铁水联运班列11条。

水陆联运业务发展。各地加大运输结构调整力度，强化多式联运扶持政策落实，进一步发挥水运优势，着力优化运输网络结构、提升运输整体效能，加快发展以港口为节点的集装箱和散货公铁水多式联运业务。长三角等地区的沿海主要港口和唐山港、黄骅港等17个港口煤炭集港全部改为铁路和水路运输，矿石、焦炭等大宗货物疏港加快向铁路和水路转移，为多式联运提供增长空间。由于中欧班列大量开行，通道、货源、补贴竞争形势加剧，加上内陆枢纽节点线路等影响，沿海港口国际联运货源产生了一定分流。全国沿海港口集装箱铁水联运量共完成668.5万TEU，同比增长30.1%。其中，上海港完成集装箱海铁联运量26.8万TEU，增长80.1%，芦潮港铁路中心站海铁联运完成23.1万TEU，增长146.1%；宁波舟山港集装箱海铁联运量首次突破100万TEU，增长24.2%，宁波北仑第一集装箱码头有限公司以超44万TEU的海铁联运规模占据全国第一；江苏省连云港港集装箱海铁联运量完成62.8万TEU，增长63%；山东省港口集装箱海铁联运量突破200万TEU，增长25%。全国内河港口集装箱铁水联运量完成20.0万TEU，增长12.4%。其中，长江干线沿江内河港口集装箱铁水联运量完成19.9万TEU，增长14.7%；安徽、江西、湖北、重庆、四川等沿江港口集装箱铁水联运量分别完成2.3万TEU、2.2万TEU、5.0万TEU、6.1万TEU、4.3万TEU。前三季度受疫情和汛期影响，内河港口集装箱铁水联运量普遍出现大幅下降。但从10月开始，随着经济复苏和相关扶持政策的推出，武汉等港口集装箱铁水联运量呈现爆发式反弹，后劲十足。

国际联运业务发展。区域港口铁水联运不断与中欧班列等国际班列联动，亚太地区货物经国内港口通过国际班列发往中亚、欧洲等地。江苏省连云港开通了“日中蒙”铁海快线、“中吉乌”联运通道，开行国际班列554列，同比增长17.3%。湖北省武汉阳逻港加强与汉欧班列、直航班轮对接，做好对进出口货主和货代企业的跟踪服务，引导更多外贸箱走铁水联运，形成“日韩/东盟—水路—阳逻港—铁路—欧洲”的双向国际物流大通道。

3.3.2 江海河联运

江海河联运布局优化。推动长三角港口群更高质量协同发展，优化以江海联运服务为重点的区域港口功能布局。上海港坚持把水水中转作为集装箱业务增长的重要支撑，持续优化航线航班配置和集疏运网络，全面升级长江流域和长三角区域对接上海母港的物流路径，巩固升级浙北苏南物流通道，推动淮河流域业务布局。宁波舟山港以大宗能源、原材料中转运输及对应的江海联运服务为重点，加快推进舟山江海联运服务中心建设；长江南京以下江海联运港区以干散货江海联运和集装箱、干散货江海直达为重点，加快推进南京区域性航运物流中心、南通通州湾长江集装箱运输新出海口建设，提升苏州（太仓）港作为上海港远洋集装箱运输喂给港的功能；有序整合芜湖、马鞍山港口资源，提升江海联运中转功能。长江、淮河干流、京杭大运河和浙北高等级航道网集装箱运输江海河联运系统建设有序推进，长江沿江港口至上海港、宁波舟山港的集装箱运输航线优化发展，集装箱运输近洋航线有序发展，沪苏“太申快航”精品航线实现“五定”（定线、定船、定时、定航次、定运价）运行，“国际班列+江海联运”新模式、新通道加快探索。沿海、沿江港口加强江海联运合作与联动发展，推动沿海港航企业采用商业模式整合沿江港口资源和航运资源，推动江海港口协同发展。2020年各港口干支联动、江海直达航线布局动态情况见表3.3-1。

各省市港口航线布局优化动态 表3.3-1

地区	航线布局优化动态
上海市	开通苏州高新区至上海港洋山深水港区集装箱河海直达运输航线，上海航线网络遍布全球，上海港已成为全球集装箱航线最多、航班最密、覆盖面最广的港口
江苏省	全省已开辟运行远洋和近洋国际集装箱航线80条。开通常熟港首条国际化远洋散集班轮航线，连云港港远东滚装新航线，南京—关西—广岛、南通—东京—名古屋外贸航线，开通张家港至上海外高桥、洋山港区五定班轮航线、睢宁—沙集港、淮安—武汉集装箱航线、太仓港至邳州、盘锦、锦州、天津、厦门内贸航线，加密南京—营口内贸航线、金坛到太仓内河支线。省港口集团共有外贸干线120班/月、内贸干线84班/月，外贸内支线1130班/月、内河支线314班/月
浙江省	优化内贸航线，加密集装箱运输航线，开通外贸新航线温州—海参崴快速航线，探索舟山粮食“散改集”多式联运模式运输，率先开辟华东沿海入川运输新航线
安徽省	芜湖港增开“芜湖—上海宜东”内贸直达航线、“芜湖—上海外高桥”港区外贸直达航线，郑蒲港首条江海直达航线、“阜阳—蚌埠—上海”集装箱航线开通、蚌埠至太仓“港航巴士”正式开通，深化与上港集团合作，推进“长江空箱调拨中心”建设，推动进口重箱业务
江西省	九江开通至川渝地区周航线，南昌港开通至上海港天天班，推动九江至日本大阪神户国际直达航线前期工作
河南省	周口港开通至上海港、连云港港等5条集装箱运输航线
湖北省	武汉至日本集装箱江海直航航线实现班轮化运转。开通“日本—武汉—欧洲”集装箱铁水联运国际中转新通道。开通武汉至徐州、淮安集装箱班轮航线。打造阳逻至仙桃进口棉花水运专线，开通武汉经开港直达上海“汉申线”集装箱班轮航线。武汉—长沙滚装汽车航线实行常态化运行，新开发苏南常熟线和苏中如皋线。整合短驳航线，保障集装箱短驳航线高效运营

续上表

地区	航线布局优化动态
重庆市	推动完善嘉陵江、乌江等干支直达航线和水水中转航线，开行嘉陵江川渝段集装箱班轮运输
四川省	“天天直航快班（升船机）”“水水中转航班”优化加密，宜宾、泸州港至重庆“水水中转”班轮常态化运行，增开泸州—九江、广元—重庆集装箱班轮航线，全省集装箱班轮航线达12条，每周开行班轮14班

江海河联运业务发展。长江干线江海联运量完成10.2亿吨，煤炭、金属矿石、矿建材料等干散货合计占江海联运量的65.2%；集装箱占13.0%，其中外贸集装箱量占70%以上。浙江省完成江海联运量3.2亿吨，其中舟山完成江海联运量2.6亿吨，铁矿石、粮食进江量分别占长江经济带铁矿石、粮食进口量的46.0%、80.0%；完成海河联运量3762万吨、增长14.5%，其中散货海河联运量3355万吨、增长10.2%，主要运输货种为煤炭、黄沙和油品，集装箱海河联运量36.9万TEU、增长64.8%。上海港完成集装箱吞吐量4350万TEU，其中水水中转完成2245万TEU，增长7.4%，水水中转比例达51.6%；洋山港区集装箱吞吐量首次突破2000万TEU，达到2022.2万TEU，增长2.1%。

3.4 现代航运服务

3.4.1 航运中心建设

航运中心建设。上海国际航运中心、武汉长江中游航运中心、重庆长江上游航运中心和南京区域性航运物流中心、舟山江海联运服务中心加快建设，大力发展航运交易、海事仲裁、航运金融、航运信息等高端航运服务业，协同提升航运服务功能，着力提升航运资源组织配置能力。上海国际航运中心基本建成，形成七大航运服务集聚区，航运总部经济、现代航运物流、国际邮轮产业等快速发展，国际海事组织亚洲海事技术合作中心等一批国际性、国家级航运功能性机构落户上海，依托上海自由贸易试验区新片区在沿海捎带、国际船舶登记等方面加强探索，在《新华·波罗的海国际航运中心发展指数2020》排名全球第三。武汉长江中游航运中心发展规划纲要获批，构建了短中长各时期发展蓝图。重庆市完善现代物流骨干网络，推动中欧班列、西部陆海新通道、长江黄金水道等干线通道协同，与四川省签署《共建长江上游航运中心合作备忘录》，合力打造长江上游“三核两副多点”港口体系。南京区域性航运物流中心在基础设施建设、现代产业集聚、综合物流发展、口岸开放等各方面都取得积极成果，国际航运服务能力快速提升，生态、智慧港口建设加快推进，港产城融合发展进一步提升。宁波舟山港探索“互联网+口岸”新服务，促进海港、陆港、空港、信息港“四港”联动发展，依托中国（浙江）自由贸易试验区扩展区域方案中的任务和措施，建设国际中转集拼中心和东北亚燃料油加注中心，打造港口型国家物流枢纽；舟山推进江海联运基础设施和江海运输船队规模化建设，国际海事服务基地建设初见成效，舟山江海联运服务中心地位进一步巩固。沿江省市谋划构建区域性航运枢纽，芜湖、马鞍山港积极发挥长江流域枢纽功能；江西省九江市加快打造以“三中心两平台”[1]为支撑的长江经济带区域航运中心，按照“1+1”的模式培育口岸关联产业，九江航运交易中心运营；湖北省襄阳新港挂牌，谋划打造汉江流域航运中心；湖南省稳步推进岳阳环洞庭湖流域航运中心建设；四川省加快推进宜宾（金沙江、岷江与长江）、泸州合江（赤水河与长江）水路货运干支流水水中转中心建设。

3.4.2 高端航运服务发展

航运交易服务。航运交易机构完善机制，创新服务模式，提升交易服务水平。上海航运交易所调整业务方式，以线上方式竞价处置船舶9艘次。拓展各种类型船舶评估，先后承接了国产豪华游艇、渔船等船舶的勘验和评估，形成了各种船型勘验评估服务及交易流程模板。武汉航运交易所全年完成交易额75.9亿元，同比增长4.3%；发布我国内河首个水路货物运输标准合同文本“长江（内河）航运标准合同”，包括集装箱、滚装车、干散货、液货等四类货种。重庆航运交易所调整服务流程，采取主动走出去与交易业务合作、“线上预约审核、线下办结邮寄”等方式，最大限度降低了疫情对船舶交易业务的影响，全年交易船舶349艘、成交金额8.9亿元。芜湖市长江船舶交易市场全年累计完成1200艘、交易额26亿元，“十三五”期间船舶交易量位居全国第一。

海事法律服务。海事法院发挥审判职能，为长江大保护、长江经济带发展、长三角一体化发展、航运中心和自贸区建设等提供司法保障。上海海事法院发布中英文版服务保障上海自贸区建设海事审判白皮书，在北外滩航运服务中心设立审判工作站；新编制了中英文双语版诉讼指南；上线运行外国法查明平台，并向社会各界开放；首次适用英国判例法审结一起与船舶佣金支付有关的涉外合同纠纷，并与中国船东互保协会签署《合作备忘录》，在全国范围内首推“船舶扣押预担保”新举措；首次适用《民法典》中关于债的清偿抵充顺序的新增规定，对一起进出口代理合同纠纷案作出适用“指定抵充”的判决。南京海事法院全年共受理案件2250件，执结案件1618件；扣押船舶123艘，受理地方法院委托涉船舶执行案件45件。武汉海事法院将武汉航运交易所纳入第一批特约调解机构行列，在海（商）事法律服务方面又迈入一个新领域；与江西省九江市中级人民法院共同签署环境资源审判协作框架协议，共同建立长江中游跨区域环境资源审判协作机制。上海市虹口区人民检察院与上海市虹口区航运服务办公室从信息互通、制度创新和组织保障等多个方面共同探索服务航运企业新模式，形成检、航合力。江苏省南京海事法院利用网上诉讼服务中心、移动微法院等线上平台功能，实施网上立案、网上查询、网上调解。

航运金融保险。上海保险交易所与上海海事局签署战略合作框架协议，在创新航运保险、推动航运金融与海事监管的融合等方面深化合作交流。江苏省支持中国（江苏）自由贸易试验区南京片区航运创新发展，支持发展航运融资租赁产业，鼓励外商投资航运融资租赁项目，鼓励金融机构为在片区注册的航运企业提供融资支持；鼓励发展航运保险业，支持组建专业化地方法人航运保险机构，鼓励海事管理机构在船舶抵押登记和船舶融资租赁登记制度上给予支持。浙江省宁波市出台国家保险创新综合试验区专项资金管理办法，提出航运企业每年可获得航运业务保险费3%的专项业务补助，对国际航运保险业务再给予

[1] 三中心两平台：综合交通运输中心、多式联运中心、现代航运服务中心、对外开放平台和产业集聚平台。

3%的补助；启动国内首个以海事信用为基础的现代航运金融服务机制。浙江省杭州市首家“交保连通”自助服务终端网点启用。浙江省舟山海事局与舟山银保监分局共同合作，将海事监管信用信息在银行、保险行业中应用，通过业务联动和信息共享，促使航运企业落实相关船舶保险，在海上交通事故应急处置、船舶出险理赔等方面给予企业便利和支持。

航运指数服务。航运交易机构强化指数研究应用，进一步完善长江航运指数体系。上海航运交易所完善上海航运指数系列，持续发布中国出口集装箱运价指数、中国沿海散货运价指数、中国（上海）进口贸易海运指数、“一带一路”航贸指数等。对散货运价指数进行优化，探索中国散货远期运费协议（FFA）的可行性；正式对外发布上海出口集装箱结算运价指数（SCFIS），构建和完善期货交易标的指数治理体系。上海航运交易所受南京航运交易中心委托，开展南京江海航运货量指数项目研究，推动开发长三角航运指数资源。武汉航运交易所新发布武汉航运中心铁矿石运输综合运价指数、中国长江煤炭运输综合运价指数（典型航线运价），定期发布长江商品汽车滚装运输综合运价指数。宁波航运交易所定期发布宁波出口集装箱运价指数、海上丝路贸易指数及宁波航运经济指数。长江航运发展研究中心继续发布长江干散货运价及长江集装箱运价指数报告，按季度向国家统计局报送长江运价指数，定期发布长江船东满意度指数、长江航运景气指数、长江运价指数、长江船员工资指数等。

第4章 安全发展

4.1 安全生产体系建设

4.1.1 提升依法治安能力

强化法规制度执行。推动全行业深入学习贯彻习近平总书记关于安全生产的重要指示精神，认真落实国务院和交通运输部有关安全生产工作部署，结合长江干线水上综合执法改革和地方交通运输管理部门综合执法体制改革，健全完善安全生产执法机制，继续做好安全生产相关法律法规和标准规范的宣贯实施。推进地方相关法律法规规章的制修订，完善规范性文件联合审查评估机制。严格规范性文件管理，加强对本部门相关规章制度的修改完善，建立配套执法制度及考核评估规则，健全安全生产事故调查、统计、分析制度。强化安全生产领域标准引领作用，健全优化安全生产领域标准规范工作机制，推动先进适用技术创新成果向标准规范转化，积极参与基础设施安全性能检测检验标准规范及安保设施检测、管养标准等相关标准制修订，完善现有安全生产技术装备标准体系。

4.1.2 健全落实安全责任体系

健全落实安全生产责任制。长航局和各级港航管理部门严格按照“管行业必须管安全、管业务必须管安全、管生产经营必须管安全”和“谁主管、谁负责”的原则，厘清安全生产监管职责边界，制定并公布安全生产权责清单，进一步明确安全监管职责分工，细化履职行为规范，完善安全生产责任考核制度，推动行业安全监管规范化、标准化。完善安全生产督查检查和考核评价制度，长航局制定安全生产监督管理工作责任规范，试行安全生产督查检查工作办法，制订实施督查检查计划。重庆市等省市严格落实安全生产属地监管责任，健全安全监管联动机制。

督促落实企业安全生产主体责任。长航局和各级港航管理部门积极推进企业安全生产标准化建设，推动企业建立健全覆盖生产经营各环节、责任明晰的安全生产制度，江苏省印发2020年版交通运输船闸单位安全生产标准化考核评价标准和达标建设实施方案。引导企业严格规范安全生产经费提取及使用，强化从业人员安全意识教育，定期开展安全技术能力培训，着力补齐安全生产能力短板。加强安全生产信用管理，推进企业安全生产诚信体系建设，完善安全生产违法违规行为信息库，加强对失信企业的惩戒力度，强化评价结果应用。

4.1.3 完善安全风险防控体系

安全风险分级管控和隐患排查治理双重预防机制。长航局继续深入推进安全风险分级管控和隐患排查治理双重预防体系建设，强化风险源头管控，研究重大风险识别和防控技术，完善长江航运双重预防机制标准体系，健全安全风险管理和隐患治理的标准规范、工作指南，研究建立风险防控责任机制，完善安全风险管控体系建设标准、评估机制，加强安全风险联防联控；强化重大风险防范化解和重大隐患整治督办，制定《长航局防范化解安全生产领域重大风险工作方案》。地方港航管理部门持续推进安全风险分级管控和隐患排查治理双重预防机制建设，上海市建立基于“闭环管理”的安全隐患排查治理长效机制；江苏省港航系统全面推广应用双重预防机制，印发交通运输船闸风险防控指南开展风险辨识；江西省加强风险管控和隐患排查，推进全省16家水路危险品运输企业全部建立视频监控系统平台。

安全风险防控评估机制。长航局制定《长江航运企业安全生产风险评估与防控指南》等安全生产风险和事故隐患判定指南，并组织客运、危化品运输、滚装运输等航运企业开展试点运用，指导督促企业建立风险隐患排查、评估、治理长效机制。

4.1.4 建立健全安全监管制度

完善安全监管体制机制。督促落实交通运输部关于危险化学品运输、危险货物港口作业安全管理、水路客运安全管理等方面的要求，强化危险化学品运输、水上客运、城市渡运等重要领域系统性、区域性安全生产风险防控，建立健全安全生产责任和管理制度体系，完善联防联控机制，实现安全监管信息互通共享，消除监管盲区和监管漏洞，解决交叉执法、重复执法等问题，切实化解和防范重大安全风险。

事前事中安全监管机制。落实交通运输部关于加强和规范事中事后监管的指导意见，长航局向社会公布事中事后监管工作任务清单，进一步增强事中事后监管的针对性有效性，推行综合监管、联合执法，对涉及群众生命健康安全等领域实行全覆盖重点监管。推进信用监管，江苏海事局制定实施《江苏海事监管领域信用管理规定（试行）》等办法，签署联合奖惩协议36份，初步形成“一处失信、处处受限”的信用惩戒格局。

提高安全基础保障能力。继续加大安全监管设施建设投入，推进安全监管信息化智能化建设。通过闭路电视监控系统（CCTV）、船舶自动识别系统（AIS）、船舶甚高频（VHF）等信息化手段进行远程监控，及时掌握船舶动态，确保载运重点物资船舶航行安全。长江干线北斗卫星地基增强系统主体工程建设完成，运输船舶北斗终端应用加快推广，长江干线公务车船、客船客渡船、航标等实现应用全覆盖。河南省完成60套船载北斗定位设备建设，湖南省完成重点库区通航水域AIS补点建设、北斗试点推广工程建设。

强化安全宣传教育。各级管理部门以“安全生产月”活动为载体，开展“消除事故隐患，筑牢安全防线”主题活动，深入航运企业、培训机构开展典型事故案例主题宣讲，传播安全知识，增强全民安全意识，提升公众安全素质，深入排查安全风险，及时消除事故隐患，坚决遏制安全生产重特大事故。长航局组织开展安全知识“六进课堂”“长江船员流动课堂”900余期，举办了2020年安全与应急管理培训班。湖北省开展水上安全知识进校园、水上应急搜救演练等安全宣教活动100余次。重庆市开展“安全生产渝州行”活动，印发各类宣传资料5000册。各地组织开展港口危险货物从业人员职业技能竞赛，提升从业人员特别是一线从业人员的安全应急能力。

4.1.5 强化应急管理能力建设

提升应急救援基础保障能力。深入推进和优化完善水上应急救助基地和设施装备布局建设。长航局编制长江干线区域性应急救助基地筹建工作方案，推进万州、武汉、南京等区域性应急救助基地筹建工作，推进泸州、安庆、常州等船舶溢油应急设备库建设，建成岳阳、武汉区段船舶污染应急联动示范区，推进岳阳、如皋监管救助基地等一批支持保障系统工程。江苏省研究制定干线航道应急基地布局规划建设标准，提出全省“5+9+51”应急基地布局方案，形成了应急基地建设、重点装备物资配置、专业化人员配置标准。河南省大力发展水上搜救社会力量，全省水上义务救援队达到55支、3250余人。湖北省推进巡航救助一体化水上应急搜救基地趸船和工作艇建设，新建应急搜救指挥船1艘、趸船11艘、工作艇15艘，汉江十堰、武汉段2个50吨级溢油设备库基本建成。湖南省环洞庭湖18个应急基地建设已完成9个。重庆市强化应急艇趸装备建设，化龙桥55米和65米应急趸船投入使用，巫山、涪陵基地应急趸船完成主体工程建设。督促港口企业按规定配备完善应急救援队伍和器材设备，新建油气化工码头、大型储罐、高危储罐等重点场所均设置了紧急切断系统，已建企业通过系统改造、技术升级等方式提高安全管理水平。

完善应急管理机制。贯彻落实《国务院办公厅关于加强水上搜救工作的通知》，进一步健全水上应急救助组织、协调、指挥、保障体系，完善应急管理制度。长航局开展长江干线巡航搜救一体化工作评估，优化完善巡航搜救工作机制。安徽、江西、重庆等地建立了省级水上搜救联席会议制度。

健全应急预案体系。长航局制修订长江航运突发事件应急预案、建设工程生产安全事故应急预案、长江干线水上巡航执法与应急待命工作管理规定、长航局政务与应急值班工作制度等。江西省出台《关于加强全省水上搜救工作的实施意见》，提出建立跨部门、跨领域搜救信息资源共享平台。山东省修订水路运输突发事件应急预案，强化全省水路运输应急体制机制建设。重庆市制修订水上突发事件、防汛、水上交通事故等应急预案。各地港航管理部门督促港口企业加强危险货物应急处置能力建设，完善火灾、爆炸、泄漏、中毒等事故应急预案；落实消防安全主体责任和消防工作制度，依法落实主要港口、储存易燃易爆危险品的大型企业建立专职消防队；统筹港口陆域和水域消防能力建设，将港口危险货物应急和消防纳入城市应急体系。

4.2 水上安全监管

4.2.1 水上交通安全形势

水上安全总体形势。2020年，14省市内河水域各海事辖区共发生运输船舶内河一般

及以上等级事故33.5件、死亡失踪37人、直接经济损失3276万元，同比分别下降21.2%、15.9%、19.3%；沉船30艘，上升7.1%；未发生一次性死亡10人以上的重大水上交通事故和重大船舶污染事故，未发生重大群体性事件，水上安全形势总体稳定。其中，长江干线共发生运输船舶一般及以上等级事故13.5件、死亡失踪25人、沉船11艘、直接经济损失2186万元，事故四项指标继续保持低位运行，未发生航道维护责任事故和堵航事件；三峡通航水域未发生一般及以上等级水上交通事故，未发生船闸、升船机管理责任事故和船舶漂流撞坝事故，连续九年实现零死亡、零沉船、零污染。江苏、湖北等大部分地方海事辖区全年零事故。2020年水上交通事故“四项指标”基本情况统计见表4.2-1。

水上交通事故“四项指标”基本情况　　表4.2-1

区域		四项指标				比上年同期（%）			
		一般等级以上交通事故（件）	死亡失踪人数（人）	沉船艘数（艘）	直接经济损失（万元）	一般等级以上交通事故	死亡失踪人数	沉船艘数	直接经济损失
部直属海事局辖区	长江海事局	13.5	25	11	2186	-28.9	78.6	10.0	-33.9
	上海海事局	13	32	8	6524	62.5	166.7	166.7	409.7
	浙江海事局	25	27	16	5060	13.6	-40.0	6.7	4.2
地方海事辖区	上海地方海事	0	0	0	0	-100.0	-100.0	-100.0	—
	江苏地方海事	0	0	0	0	-100.0	-100.0	-100.0	-100.0
	浙江地方海事	6	7	0	0	0	-16.7	—	—
	安徽地方海事	11	3	17	140	214.3	-25.0	112.5	-72.7
	江西地方海事	2	1	2	950	100.0	100.0	100.0	100.0
	山东地方海事	0	0	0	0	—	—	—	—
	河南地方海事	0	0	0	0	—	—	—	—
	湖北地方海事	0	0	0	0	-100.0	-100.0	-100.0	—
	湖南地方海事	0	0	0	0	-100.0	-100.0	-100.0	-100.0
	重庆地方海事	0	0	0	0	—	—	—	—
	四川地方海事	1	1	0	0	100.0	100.0	—	—
	贵州地方海事	0	0	0	0	—	—	—	—
	云南地方海事	0	0	0	0	—	—	—	—
	陕西地方海事	0	0	0	0	—	—	—	—

4.2.2 安全督查和责任落实

安全督查检查。各地区、各有关部门和单位强化安全发展理念，增强底线思维，抓实抓细安全生产专项整治和日常安全生产管理，深化各重点领域隐患排查治理，狠抓严格监管执法和事故处理整改落实，加强安全生产教育培训和宣传，严密防范各类灾害事故风险叠加放大，坚决遏制重特大事故发生。各海事管理机构全面强化海事履职，重点对辖区航运公司安全管理制度落实情况、重点水域动态监管情况进行检查，督促相关单位及时整改排查出的隐患，对辖区危险品船舶、危险货物装卸作业、易流态化货物安全管理措施落实情况、大型危险品船舶进出港安全保障措施落实情况进行督促指导，严格检查预警和应急值班情况。长航局建立长江航运安全生产专家库并组织专家参与专项督查检查。江苏海事局“五位一体”渡运安全管理措施、危险化学品水上运输安全、打击船舶超载运输等入选国务院江苏安全生产督导组反馈的典型做法清单。

现场巡航巡查。各海事管理机构履行水上动态监管、预警预控职能，加强辖区重要航路、锚地（停泊区）、施工作业区、港口（客运码头、危险品码头、装卸作业区）、抛泥区、桥（坝）区等通航水域的巡航，查处违法排放、违反航行规定、违法施工作业、违法养殖、非法采砂等行为，参与交通组织、护航及救助工作。区域内海事机构、船闸管理部门加强协调联动，强化指挥中心与现场巡航联动，完善联合监管与协作配合机制。各海事机构巡航工作统计见表4.2-2。

海事机构巡航工作统计（不完全统计） 表4.2-2

	完成巡航工作任务（次）	巡航次数（次）	巡航时间（万小时）	巡航里程（万海里）	出动执法人员（人次）	检查船舶（艘次）	纠正违章（艘次）
长江海事局	123647	68009	12.2	162.3	277504	152357	3031
上海海事局		24751	8.3	44.0			
江苏地方海事	15885	84719	19.0	119.1	207521		
浙江地方海事	3597	16090	3.6	17.1	55056	6722	17019
安徽地方海事	1396	16921	3.4	65.5	55133		
江西地方海事		6397	1.8	17.4	2.38		
山东地方海事	895	1862	0.2	0.5	2565		
河南地方海事	63	12046	1.2	3.6	36138		
湖北地方海事		9210	1.0	6.1	23489		
湖南地方海事	1258	8916	3.6	17.8	26748	17832	
重庆地方海事	1469	9611	1.8	14.6	28239		
四川地方海事	391	11174	3.3	21.6	39940		
贵州地方海事		14568	1.7	18.6	52322	25914	212
云南地方海事	36	55	0.03	0.3	470		

4.2.3 重点时段现场监管

季节性时段监管。各级港航管理部门加强汛期、枯水期、枢纽蓄水期等季节性时段安全监管。航道部门迎战1998年以来最大洪水，分级启动应急响应，应对大水大沙带来的航道严重淤积；加强航道航标巡查，实时掌控航道水情变化和适航状况，及时处置航道和航标异常情况；做好重点浅滩航道清障疏浚工作；加强航道水深测报，做好航道尺度信息发布。海事部门深化重点船舶、重点水域分类分级监管、差异化监管方式，避免发生船舶搁浅、船舶碰撞、航道堵塞等安全事故。

特殊时段监管。各地港航海事系统加强“春运”、全国“两会”“国庆”等节假日期间及进博会等重大活动期间安全监管，全面排查和集中治理辖区水运企业、涉水工程、渡口渡船、重点水域可能存在的风险隐患，加强应急值班值守、安全巡查和现场监管，全力营造安全水路运输环境。

恶劣天气下现场监管。各级管理部门密切关注天气动态，及时响应气象类水上交通安全预警或启动恶劣天气应急预案，及时将恶劣天气信息传递给船方，严格落实恶劣天气禁限航要求，有效应对了台风大雾、雨雪冰冻等对通航安全的影响。长江海事局、长江流域气象中心联合制定水上交通气象条件等级，针对风速、能见度、气温、降雨量、降雪量、强对流天气等进行长江干线水上交通气象条件等级的划分，分为适宜、风险一般、风险较高、风险高和风险很高五个等级。

4.2.4 重点领域安全管理

重点船舶安全监管。各级港航管理部门继续加强渡船、危险品船、涉砂船舶、进江海船等重点船舶安全监管。强化长江水系干支流客滚运输、岛际涉客运输和封闭水域涉客运输安全监管，长江海事部门深化渡船“116”长效管理机制，开展“斑马线”行动，推进渡口渡船自主管控、船名亮化、一渡一策等精细化管理，推动撤并渡线15条，更新改造渡船41艘，淘汰渡船61艘；地方各级海事管理机构突出对短途客船、渡船和旅游船的安全监管，开展渡口渡船普查，摸清渡口、渡船和渡工底数，保障客渡运安全。江苏省出台全国首部渡船船员行为规范，对21道渡线实施一渡一策，全国首个“校车级”涂装渡船“常通汽渡10号”投入使用。重庆市推进客渡船抗风能力等级提升专项工作，新建标准化客渡船230艘。强化危险品船舶分类分区分级管理与动态监控，严格船舶载运危化品申报管理，三峡通航管理部门实行一级易燃易爆危险品过境全程接力维护。推进危化品货主（码头）高质量选船机制和干散货船选船机制。各地汲取“6·13”温岭液化气槽罐车爆炸、黎巴嫩贝鲁特港口区重大爆炸等事件教训，强化载运危化品船舶安全治理，组织暗访督查活动，对发现的问题进行通报和督促整改。深化砂石船舶长效管理机制，加强砂石装载源头管控，规范涉砂船舱单开具流程，严厉打击非法采砂、非法运输等违法行为。加强进江海船安全管理，江苏省对失控进江海船实施调派救助力量、实施船舶安检、依法滞留“3个100%”措施。

重点河段安全监管。海事部门对重点水域实施动态分级管理，强化长江干线68处一级水域、336处二级水域监管，实施禁限航1082次，保障6732万人次、1901万车次安全渡运。长江海事部门通过全自主智能巡航无人机在三峡重点水域开展智能巡航监管。江苏省试行京杭运河与长江干线交汇水域水上交通安全管理规定，健全河口水域联合监管机制。安徽省开展合裕线航道通航秩序突出问题专项整治行动。湖北省突出“一主三江十六湖”重点水域、在建水运重点工程等的问题整治。

4.2.5 重点专项活动

安全生产专项整治三年行动。长航局和地方港航海事部门认真落实交通运输部安全生

产专项整治三年行动工作方案，按照2020年7月至12月开展排查整治、2021年集中攻坚、2022年巩固提升的要求，相应成立领导机构和工作专班，结合实际制定细化航运领域安全生产专项整治实施方案和任务清单，强化支撑保障，严格监督检查，加强跟踪督导，扎实推进本区域、本领域、本系统专项整治工作。在风险隐患方面，紧盯危险化学品运输、客运渡运等重点对象和汛期、节假日等重点时段，强化风险防控和隐患排查治理，推动建立安全生产风险"一图一册一表"，推进安全生产风险可视化、精准化、动态化管理，开展重大隐患清零行动。在问题整治方面，聚焦长期以来制约阻碍行业安全发展的顽症痼疾，重点整治船舶违反桥区水域航行规定、违反水上无线电通信秩序、内河船涉海违法运输等行为。在运行管控方面，强化依法治理、责任落实、风险防控、改革创新和基础保障，强化信用管理，强化宣传教育，督促企业落实安全生产主体责任，提高企业整体安全管理能力和本质安全水平，提升安全生产专项整治整体合力。

其他重点专项活动。开展汛期百日安全活动，长航局在活动期间应急响应持续时间达73天，组建了99个防汛青年突击队，有效应对长江5轮编号洪水。深化水上过驳作业整治，2020年12月20日零时长江江苏段水上过驳作业全面停止，7个长江水上临时过驳作业区全部关闭，未撤离的浮吊全部驶往临时停泊水域实施集中看管，全年完成51台浮吊进厂拆解或签订拆解协议，80台浮吊驶离或正在驶离江苏。此外，还开展了"三无"船舶[1]排查、长江非法采砂整治等专项行动。湖南省推进水上交通"隐患清零"行动。

4.2.6 应急救助

应急值守待命。长航局和地方港航海事部门认真履行水上救助应急管理工作职责，严格执行应急值班工作纪律，落实领导带班和重要岗位24小时值班制度，加强应急值守待命。加强与卫生健康部门的对接联动，积极主动配合做好疫情防控各项工作，并按有关要求做好内部职工的确诊患者、疑似病例、密切接触者和外出探亲人员的隔离、留观、检查等工作。加强与气象部门沟通联系，及时掌握极端天气信息。

应急救助演练。各地加强水上应急救援综合演练，检验水上应急体系建设成果。江苏省在淮安新港码头举行"保护运河2020"水上交通运输突发事件救援演习。湖北省开展首次数字化航道养护应急演练，展现了香溪河航道全流域实时监控、动态感知、监测预警、科学决策等功能。湖南省举行2020年水上搜救演习，设有人命救助、模拟危化品船舶消防与走锚应急处置、水域油污染控制与清除、船舶打捞与拖离、检阅参演船艇等5个项目；在东江湖库区长盈头码头水域举行水上交通安全应急救援暨水运防污染大型演练。重庆市在嘉陵江重庆中心城区段举行水上应急救援综合演练，演练设置6个科目，参演单位15家、船舶25艘、人员200余人，一批新型救援装备参演。四川省在广安市举行水上交通应急暨凉滩闸坝险情处置省市联合演练，模拟极端暴雨天气下高洪水影响出现险情后的应对处置措施，设置8个科目，参演船艇25艘、人员272名。云南省开展2020年滇池水域水上应急救援技能培训与应急救援综合演练。

---

❶ 三无船舶：无船名船号、无船舶证书、无船籍港。

水上应急救助。各级管理部门不断完善水上搜救应急预案机制、提升搜救科技手段、健全搜救工作社会参与联动机制，在险情救助过程中较好完成了水上应急搜救工作，有力保障了水上人命和财产安全。2020年水上险情搜救工作情况统计见表4.2-3。

水上险情搜救工作情况　　表4.2-3

区　域	组织搜救次数（次）	遇险人数（人）	救助人数（人）	死亡失踪数（人）	人命救助率	遇险船舶数（艘）	救助船舶数（艘）	沉船数（艘）
长江海事局	128	1410	1382	28	98.0%	207	161	46
浙江海事局	237	1550	1468	82	94.7%	150	101	49
上海海事局	230	1685	1632	53	96.9%			
上海地方海事	62	89	84	5	94.4%	49	49	0
江苏地方海事	2862	924	923	1	99.9%	2729	2129	
浙江地方海事	715	1323	1316	7	99.5%	715	707	8
安徽地方海事	60	115	115	0	100.0%	47	43	4
江西地方海事	17	21	20	1	95.2%	18	17	1
山东地方海事	31	809	772	16	95.4%	21	13	8
河南地方海事	0	0	0	0		0	0	0
湖北地方海事	0	0	0	0		0	0	0
湖南地方海事	0	0	0	0		0	0	0
重庆地方海事	1	1	0	1	0	1	1	0
四川地方海事	49	11812	11808	4	99.9%	23	18	5
贵州地方海事	0	0	0	0		0	0	0
云南地方海事	0	0	0	0		0	0	0
陕西地方海事	0	0	0	0				

4.3 通航安全保障

4.3.1　航道基础设施安全防护

航道安全防护。各级航道部门强化航道工程建设项目施工安全监管，健全保养更新制度，修订完善安全管理制度，强化施工方案及现场管理。强化航道船闸等基础设施运行安全保障，对航道设备设施和航道、通航建筑物导助航设施进行全面检查，加强航闸机电设备、航标设施的维护保养工作。高度重视航道基础设施安全生命防护工程风险评估，保障航道基础设施安全。江苏省苏州市制定航道系统安全生产“惊蛰行动”工作方案，加大重点领域执法检查，加大安全监督检查和执法工作力度。河南省开展“库区（水域）港航安全基础设施标准化”建设，在7个库区水域实施标准化工作。湖北省加快建设汉江、江汉运河等航道安全防护网。

4.3.2 航道通航安全

安全预警与监管。密切关注水位流量变化，研究上游水库下泄流量和主要支流、湖泊水位变化对航道的影响，完善恶劣天气下动态监控和预警预报体系。强化航道安全监管，加强安全预警发布与现场监管力度，积极推进水域水上交通安全专项整治。严格落实禁限航措施，提升事故预防预控的针对性。根据航道尺度调整等通航环境变化情况，做好重点浅险水道、整治工程水域、航道维护疏浚河段、桥梁等过江通道施工水域的交通秩序维护。加强船舶吃水管控和航道现场执法，督促船舶严格按照公布的维护水深控制吃水，严格按照规定航路行驶，防止发生船舶搁浅、触礁触损、触碰整治建筑物等事故。

汛期通航保畅。2020年汛期，长江流域发生了新中国成立以来仅次于1954年、1998年的流域性大洪水。7—8月，长江干流发生5次编号洪水，中下游莲花塘至大通江段洪峰水位列有实测记录以来的第2~5位，马鞍山至镇江江段潮位超历史，鄱阳湖发生流域性超历史大洪水；上游支流岷江发生超历史洪水，沱江、涪江、嘉陵江发生超保证洪水，干流朱沱至寸滩江段发生超保证洪水，三峡水库出现建库以来最大入库流量（75000立方米/秒）。针对特大洪水给航道通航带来的严重影响，长航局在各相关部门的密切配合和大力支持下，统筹疫情防控和防汛保畅工作，着力补短板强监管、夯基础防风险，及时启动上游特大洪峰航标应急保障预案，利用数字航道系统加强汛期航标设施监测监控，及时恢复失常航标，根据水情变化不断优化航标配布，洪峰过境期间，全局航道维护船艇出航里程34.6万公里，恢复失常航标4804座次，调整航标4974座次，洪峰期间航标工作船平均工作时间近9个小时，成功应对了全流域性大洪水冲击。洪峰过后，加强航道探测观测，组织开展荆江河段航道跟踪观测分析和全河段汛末航道复测，科学分析预测航道发展趋势，及时组织开展航道助航设施风险排查，妥善处理修复受损设施，消除安全隐患；在观测分析的基础上，对重点水道进行专题研究，及时采取维护疏浚措施，对九江水道以及长江口北槽、延伸段2处水道进行强力疏浚，为汛后及枯水期航道保障工作打下基础。

枯水期通航管理。长江航道部门确定本届枯水期一类重点水道15处、二类重点水道26处。强化专项活动组织落实，密切关注叙渝段、库尾变动回水区、中游重点浅水道和下游12.5米深水航道的变化情况，统筹水库调度协调、通航安全保障、航道维护疏浚等工作。加强航道观测分析，及时准确发布航道信息。合理调配维护力量，科学组织维护疏浚，加强航道维护技术创新。开展长江干线2020—2021届枯水期“一战三保”专项活动。

4.3.3 水上交通安全信息服务

水上交通安全信息服务。加强航行通告和航行警告信息发布，保障船舶航行和作业安全。长江海事局（含江苏海事局）全年航行通告、航行警告按发布项目计分别发布1335份、749份，按发布方式计分别发布4679次、20929次，长江海事局航行通告（警告）发布情况见表4.3-1。

长江海事局航行通告（警告）发布情况 表4.3-1

航行通告发布			航行警告发布		
类别	单位	总计	类别	单位	总计
一、按发布项目合计	份	1335	一、按发布项目合计	份	749
1.水工作业	份	887	1.水工作业	份	74
2.助航设施	份	5	2.大型拖带	份	17
3.水上活动	份	268	3.助航设施	份	198
4.碍航物	份	4	4.搜寻救助	份	44
5.航道变化	份	14	5.水上活动	份	25
6.其他	份	160	6.碍航物	份	4
			7.航道变化	份	13
			8.其他	份	374
二、按发布方式合计	次	4679	二、按发布方式合计	次	20929
1.报刊	次	1	1.NAVTEX	次	0
2.张贴	次	390	2.FEC	次	0
3.函寄	次	101	3.VHF	次	3144
4.广播	次	1553	4.网络	次	17344
5.电视	次	0	5.手机短信	次	211
6.网络	次	1865	6.传真	次	148
7.传真	次	104	7.卫星	次	0
8.其他	次	833	8.其他	次	81

4.3.4 涉水工程施工通航安全

涉水工程通航安全。加强涉水工程建设期间现场通航安全监管和施工船舶现场监管，保障重点工程建设水域通航安全。强化桥区通航安全保障，组织对长江干线桥区水域航道安全风险隐患排查，开展桥区水域水上交通安全专项整治，规范桥区水域船舶航行行为。

水上水下活动监管。各级海事管理机构加强水上水下活动通航安全监督管理工作，强化涉航工程的通航安全检查和水上水下活动事前事中事后监管。2020年长江海事局水上水下施工作业情况统计情况见表4.3-2。

长江海事局辖区水上水下施工作业情况 表4.3-2

按作业位置统计										按作业方式统计											
合计		港池		锚地		航道		其他		扫海		疏浚		填埋		桩基		吊装		其他	
天数	件数	天数	件数	天数	件数	天数	件数	天数	件数	天数	件数	天数	件数	天数	件数	天数	件数	天数	件数	天数	件数
42616	2551	7001	443	337	37	7092	437	28186	1643	513	75	8030	451	3994	167	9276	372	3906	258	16642	1216

4.3.5 枢纽通航安全保障

通航建筑物和航运枢纽大坝运行安全管理。贯彻落实《关于加强通航建筑物和航运枢纽大坝运行安全管理的意见》，各地航道管理部门全面核实辖区航运枢纽大坝和通航建筑

物的数量、规模、分布等情况，进一步明确安全监管责任，开展安全管理专项行动，切实加强通航建筑物和航运枢纽大坝运行安全管理。制定实施三峡船闸检修延期运行保障方案和应急抢修预案，加强运行监测、预检预修、停航保养、应急抢修，按计划开展船闸检修施工延期运行保障工作。

船舶过闸安全管理。扎实开展三峡枢纽安全保卫工作，严格落实《长江三峡水利枢纽过闸船舶安全检查暂行办法》，实施过闸船舶100%安全检查，探索推行“智慧安检”，全年安检船舶4.5万艘次，合格率96.7%；完成升船机加强性消防措施改造，推动解决客船通过三峡升船机载客定额问题。地方港航海事管理部门加强危险品船舶过闸管理，江苏省严格落实600总吨及以下危险品船舶夜间禁止过闸制度，督促各船闸运行单位结合现场实际设置专门危险品船舶停泊区。

4.4 港口安全生产管理

港口安全责任落实与现场监控监管。落实交通运输部关于进一步加强危险货物港口作业安全管理的通知，各地港口管理部门深入开展危险货物港口作业安全重大风险隐患“全覆盖”排查治理，切实化解和防范重大安全风险。加大巡查力度，严厉查处违规存放、超量储存爆炸品和硝酸铵类物质等违法行为。湖北省对有危化品存储的码头企业开展安全生产专项检查，督办武汉市、荆州市等港口危货码头安全专项整治工作，对港口危险货物企业发出安全“十条规定”警示函。湖南省督促企业落实安全生产主体责任，全面强化危险品码头储存、装卸作业的关键环节、程序、操作规程等管理。四川省召开全省港口危险货物安全监督管理远程视频培训会，提升港口管理人员业务管理水平。各地开展港口安全专项检查行动，细化检查项目，对港口危货企业实施全覆盖检查，对查出的问题和隐患按整改计划实施闭环管理。江苏省开展港口安全检查3461次，检查企业3706家次，发现整改隐患3349项，执法案件121起，罚款总金额338万元，累计取消港口作业附证货种968个。湖南省制定港口码头现场检查工作指南。重庆市开展全域危险货物码头检查，发现、整改各类安全隐患60多个。全面开展内河港口危化品企业安全生产风险防范，建立安全风险“一图一册一表”。港口企业加强安全生产防范能力建设，加强港口危险货物作业安全源头防范、风险管控和作业管理。

港口安全设施建设维护。各地严格落实港口建设项目“安全三同时”和危险货物建设项目初步设计审查、安全设施设计审查制度，定期开展港口危险货物作业集中区域安全风险评估，实施安全容量总量控制。强化港口设备设施维护，按照港口危险货物常压储罐检测工作指南要求，完善安全监测监控系统，实施例行检查、年度检查和定期检测，建立完善储罐“一台一档”管理档案。加强客运码头安检查危能力，保障渡运安全。强化智能新技术应用，推动高危作业场所和环节逐步实现自动化、无人化。加快港口危险货物安全监管服务平台示范工程建设，推动港口危险货物安全管理实现“一个平台、一套数据、一幅地图、一张看板”。督促港口危险货物企业加大安全生产投入，将涉及“两重点、一重大”的堆场、储罐全部安装使用安全监测监控装备，并按国家要求配备具有相应专业技术职称或安全类注册安全工程师资格的安全管理人员。江苏省部署推进港口企业本质安全提升创新示范实施，探索建立“责任—落实—评估—提升”的港口企业安全管理机制。

4.5 水上公共安全监管

长江水上公共安全。打好战疫战洪硬仗，严格长江水上通道查控，加强辖区5个重点医疗救治场所的安全保卫，全力确保监所安全“零事故”，在押人员“零感染”；切实做好汛期闸口值守、江堤排查、应急处置、受灾群众转移安置等工作，保障人民群众生命财产安全。严格落实水路旅客运输实名制管理规定和“逢液必查”措施，深入排查各类公共安全风险隐患，全力确保开航客船安全航行8991航次，安全运送旅客118万余人。

刑事犯罪活动打击。长江航运公安机关严打各类涉江犯罪活动，深入开展命案积案攻坚专项行动，破获一起2004年“6・28”凶杀案；侦破“3・17伪造、买卖国家机关公文、印章”系列案，截获在途的实体伪造印章16枚，涉案金额600万元；破获“12・31”诈骗案，抓获犯罪嫌疑人77人，摧毁通信网络诈骗犯罪团伙8个，涉案价值2300万元，挽回经济损失510余万元。严厉打击非法运输成品油违法犯罪活动，破获涉及成品油犯罪案件410起，涉案价值1.2余亿元。全年共破获非法采砂刑事案件988起，缴获涉案砂石矿产24余万吨，涉案价值5167万元。

生态安全维护。贯彻习近平总书记关于“长江十年禁渔”重要指示批示精神，组织开展涉渔“百日走访活动”“百日攻坚”“长江口专项整治行动”等系列工作，严厉打击非法捕捞违法犯罪活动，累计破获非法捕捞类刑事案件415起，抓获犯罪嫌疑人692人，打掉犯罪团伙68个，查获涉案船只86艘、非法捕捞渔具2096套、渔获物7494公斤。严厉打击污染环境犯罪，长江航运公安与生态环境、农业农村等涉水行政主管部门协同配合，优化完善执法协作机制，侦破破坏、污染长江生态环境案件5起。

水上消防安全监管。长江航运公安机关加强消防监督检查，督促辖区企业单位严格落实消防安全主体责任，做好消防隐患整改工作，开展灭火救援27次，协助参与调查处置船舶火灾21起，火灾起数同比下降36%。

4.6 工程质量安全监督

水运工程质量监督管理。持续加强水运工程质量监督管理，建立陆水一体化、全方位的施工过程控制、质量监管网络体系，严格落实年度督查检查计划，对工程实施规范化、标准化、信息化动态管理。各地建立项目质量管理制度和保证体系，形成质量管理网络，落实各级管理人员的质量职责，实施施工全过程质量监控。长航局出台加强长江干线航道建设管理的意见，研究制定水运建设工程质量问题约谈、挂牌督办等实施细则。2020年，长航局办理质监登记手续的在建项目64个，长航局系统水运工程实现受监工程项目交竣工检测全覆盖、工程项目随机抽查全覆盖，工程监督覆盖率和单位工程验收合格率达100%，工程整体质量处于受控状态。

水运工程质量安全监管。落实《交通运输部办公厅关于开展“坚守公路水运工程质量安全红线”专项行动的通知》要求，各级管理部门大力开展“红线行动”，强化水运工程质量安全意识和关键环节控制，严肃查处质量安全违法违规行为，确保水运工程建设领域安全生产形势稳定可控。长航局修订建设工程生产安全事故应急预案。长航局总结分析航道工程中质量通病的表现特征、成因、影响和危害，提出具体治理措施，编制长江干线航道整治工程质量通病防治手册。采用运用建筑信息模型和地理信息系统（BIM+GIS）打造智能管控平台，开启了智慧工地管理新模式，实现施工全要素全过程三维可视化管控。开展质量通病治理，全面应用远程监控、声呐监测、水下摄像、多波束扫测等技术手段，实现水下隐蔽工程可视化。

4.7 信息和数据安全

网络信息安全管理。围绕“网络安全为人民，网络安全靠人民”主题，各地组织网络安全培训和应急演练，强化网络安全课堂学习，解读网络安全政策法规和防护技能，提升全员网络安全意识，厚植网络安全土壤。抓严抓实网络安全工作，加强规划引领，注重信息技术应用，统筹协调推进信息化项目建设。注重信息安全的宣传教育和引导，培养专业网络安全管理队伍，严格履行用网、管网、治网责任，形成自下而上的网络安全管理长效机制。加强对船闸控制系统、港口生产作业系统等的网络防护保障，提高安全防范能力和应急处理水平，保障信息系统正常运行。

网络安全保障。各级管理部门、航运企业等高度重视网络安全，健全网络安全管理规章制度，明确年度网络安全工作要点，相继出台有关网络安全的指南，推进落实等级保护2.0等相关制度要求，强化网络安全攻防演练，为业界应对网络安全提供保障。长航局强化网信部门在信息化建设和网络安全管理方面的管控力度，印发网络安全管理规定、网络安全事件应急预案、网站安全集约化防护平台管理办法等制度性文件，提升网信治理水平。

4.8 疫情防控

疫情防控。各地各部门统筹做好疫情应对和安全风险防控，压实部门监管责任和企业主体责任，成立疫情预防应对领导小组成立、专项工作组，自上而下建立了疫情报送、统计、分析制度，坚持疫情“日报告”“零报告”，跟踪管控确诊和疑似病例，动态更新确诊和疑似病例数据库。长航局密切关注疫情防控工作局势，全力推进各项抗疫工作，提出并完善了“12345”长江航运战疫思路，召开62次领导小组会议，开展了局系统各类人员共计3.5万余人的拉网式大排查34次。做好用于援汉医务人员住宿服务的长江游轮通航保障服务工作。加强境外疫区进江国际航行船舶疫情防控，实行国际航行船舶船员换班“零报告”制度，安全有序开展船员换班工作。严格离鄂离汉通道管控，重点加强了湖北段尤其是武汉段船舶管控，长航局会同湖北、重庆等地港航管理部门实施长江干线省际客运、载货汽车滚装运输停航措施，坚决防止疫情通过湖北省、武汉市港口和运输船舶向外输出。

海事部门推出“四个一律优先”“七项特别服务”等举措，航道部门及时对航道进行维护疏浚，三峡通航管理部门科学调度船闸运行；长江引航机构加强引航申请审核与引航员调派管理，采取固定专班引航员、固定交通车艇、固定休息场所的“三固定”引航模式，引领国际航线船舶2.7万艘次、运量2.2亿吨。长江航运总医院全力救治新冠肺炎患者，先后选派5批26名医护人员驰援金银潭医院、雷神山医院、东西湖方舱医院。行业管理部门与沿江省市交通运输主管部门建立工作协调机制，妥善解决了湖北省籍船舶在外省港口靠泊作业难的问题。疫情封控期间，湖北省港航海事系统成立水路交通疫情防控领导小组和办公室，征调40艘应急船舶24小时待命，保障疫情防控物资、重要生产生活物资和国计民生物资水路运输高效畅通。。

助力复工复产。落实习近平总书记关于统筹推进疫情防控和经济社会发展的重要指示精神，按照分区分级、分类分时的原则，精准推动服务港航企业、涉水重大工程项目复工复产。长航局加强在建工程项目复工管理，印发《关于统筹疫情防控有序推进基本建设项目复工复建的通知》，长航局系统53个在建工程项目于4月9日全线复工；开展新冠肺炎疫情对长江航运的影响研究，提出7项对策建议；开展了走访服务港航企业专项行动，出台了3大类22条深化港航企业服务保障一揽子工作举措，组织实施海事政务服务、税费减免落实、优化船员培训考试等举措，纾解疫情给长江港航企业带来的困难。有序恢复川江载货汽车滚装船和长江干线省际游轮运输，长江干线省际载货汽车滚装船、省际旅游客船分别于6月13日、8月1日复航，游轮载客率限逐步调整至90%。江苏海事局实施支持企业复工复产8项举措，推行船员线上培训考核和“不停航”“不见面”办理，开展通航安全远程视频审查。各地严格落实工地疫情防控措施，加速项目招标，出台援企措施，全面推行在线办事，实施行政审批事项在线办理。

常态化疫情防控。落实交通运输部常态化疫情防控工作指导意见的要求，坚持“内防反弹、外防输入”防控策略，对载运疫情防控、生产生活等重点物资船舶开辟绿色通道，指导航运企业做好疫情防控。长航局制定了“五个严格、五个加强”“四个始终”“四个坚持”的防控工作措施，全面部署疫病预防、疫情监控、人命救治、通航保障、运输安全、援汉游轮服务、后勤支援等各个环节事项；制定了常态化疫情防控工作指南、长江干线省际客船常态化疫情防控工作指南等，有序恢复了正常工作秩序。建立国际航行船舶疫情防控应急保障机制，对境外船舶实施分类分级引航模式。江苏海事局构建“1+5+1”涉外疫情防控体系，组织中国籍船员在苏换班2.3万人次，占全国总量近1/5。加强从业人员防护，严格运输工具消毒，落实信息登记制度，做好突发事件应急处置，全力做好冷链物流疫情防控。

第5章 绿色发展

5.1 基础设施绿色升级

5.1.1 打造绿色航道

航道生态化建设。长江航道管理部门在航道整治工程实施过程中，严格按照环评要求落实生态环保各项措施，严格落实水运工程环境保护“三同时”制度，严格落实生态设计、生态结构、绿色施工技术应用，严格执行施工船舶三废回收处理，强化环保监理。实施长江干线航道整治生态修复与补偿项目，推广应用生态环保材料，实施生态结构、生态固滩、生态涵养区建设，建设生态护岸（滩）和生态湿地，实施渔业生态补偿修复项目，增殖放流鱼类1000余万尾、底栖动物50余吨。联合开展了水环境管理、环境风险管理、航道水生生物演替、江豚水下声学、生境选择及栖息地修复和评估等关键技术研究，不断优化航道整治工程生态环保管理和整治技术。武汉至安庆段6米水深航道整治工程，生态建设专项资金占总投资的近12%，开创性实施了生态涵养区、生态固滩建设，广泛使用钢丝网格、生态护坡砖、鱼巢砖、透水框架等生态环保新工艺、新结构，持续开展为期7年的鱼类资源、水生生物及典型鱼类等监测，共建成生态护岸15.4公里，生态固滩146万平方米，生态涵养区3处，增殖放流600余万尾，形成了绿色航道建设成套技术。

航道环境保护。长江航道局引入“环保管家”模式，建立以建设单位总管，环保管家主管，监理单位监督，环评、环保验收、生态环境监测、施工等单位配合，地方环保、海事、渔政部门监督的环保管理组织框架，对工程环保进行全面管理。印发《长江航道局环境保护工作规定（试行）》，将生态环境保护纳入新修订的《长江航道突发事件应急预案》，落实长江航道建设、养护、运行、管理全过程环境保护责任，控制和减少长江航道活动对生态环境的影响。江苏省继续推进京杭运河等骨干航道沿线环境综合整治，实施船闸和航道景观及绿化提升改造工程，京杭运河湖西航道、施桥船闸等入选“江苏最美运河地标”。浙江省推进杭申线骨干航道生态绿色示范区工程、长湖申线航道西延工程之生态绿色航道景观改造提升工程等建设，助力绿色航道再升级。

疏浚土综合利用。落实《加强长江干流河道疏浚砂综合利用管理工作的指导意见》，进一步规范长江干流河道疏浚砂综合利用管理。积极采用疏浚土综合利用技术，推动荆州、鄂州、九江、镇江、长江口等地疏浚砂上岸综合利用试点。开展长江口航道疏浚土用于生态修复可行性研究和政策分析研究工作，拓展疏浚土资源化利用途径，完成长江口航道疏浚泥沙新的抛泥区选划，并组织自有船舶开展疏浚装驳的典型施工。

5.1.2 打造绿色港口

推进绿色港口创建。各地从港口发展理念、循环利用资源、加强污染防治、生态景观建设、创新运输方式等方面深入推进绿色港口建设。江苏省依照《江苏省绿色港口评价指标体系》标准，全面启动绿色港口评价工作，评选出28家江苏省绿色港口，南京港龙潭集装箱有限公司、张家港港务集团有限公司、江阴港港口集团有限公司、连云港新苏港码头有限公司等获评五星级绿色港口，南京港龙潭集装箱有限公司建成长江流域第一个船舶污染防治示范点，张家港港务集团研发并投运全国首套粉尘检测与智能控制系统，连云港新苏港码头有限公司扩大“散改集”工艺和无返料工艺流程使用范围。张家港港务集团港盛散货码头获得亚太港口服务组织（APSN）评审的“亚太绿色港口”称号。

推进清洁能源使用。加快推进港口节能减排及港作机械清洁能源化改造工作，淘汰国I及以下排放标准的柴油道路移动机械，鼓励新增或更换港作机械使用新能源或清洁能源。2020年江苏省港口集团新增或更换各类港作机械38台，江阴港港口集团充分利用风能、太阳能等可再生能源及LNG、电能等清洁能源。

岸线资源集约利用。沿江省市交通运输主管部门落实关于严格管控长江干线港口岸线资源利用的要求，严防非法码头现象反弹，优化已有港口岸线使用效率，严格管控新增港口岸线，推进港口岸线精细化管理。上海市完成中央生态环境保护督察反馈的长江干流港口岸线利用项目违规问题100%整改。江苏省在全省内河倡导建设深挖式港池，节约集约利用岸线资源；部署全域内河非法码头专项整治行动，依法依规取缔内河非法码头，对满足产业发展和污染防控、供水、防洪、航运安全的港口岸线规划之外的码头，在新一轮内河港口总体规划修编时纳入港口规划范围。湖北省加强岸线清理整顿，完成8个码头的港口岸线手续补办申报；对再清查再整治中发现的22个码头全部拆除完毕。湖南省基本完成长江湖南段港口岸线整治工作，推进湘江非法码头渡口专项整治，完成清理取缔类码头渡口的关停、拆除、复绿和保留类码头渡口的规范提升工作；完成391处码头关停、250处渡口撤并任务，湘江港口码头规范提升完成率达到60%以上。重庆市完成458个长江干流岸线利用项目清理整治，规范整改占用岸线长度34.5公里，拆除建筑物面积11.1万平方米，河道管理范围内复绿19.5万平方米。四川省368座非法码头按要求有序拆除或规范提升。

5.2 推广绿色低碳船舶

推进内河船型标准化。督促落实《内河过闸运输船舶标准船型主尺度系列》国家标准，引导淘汰更新或改造使用年限到期船舶和环保性能差的船舶，严禁新建非标准船投入营运，鼓励建造标准化示范船型，提升内河船舶标准化清洁化水平。截至2020年底，三峡过闸船舶标准化率达到90%，三峡船型市场保有量达241艘，在建40余艘。

绿色船舶示范应用。加大推广绿色船舶示范应用力度，推进纯电动、液化天燃气

（LNG）等新能源船舶设计建造，健全节能清洁能源技术应用长效机制。国内首艘“油气电”混合动力内河船舶“新长江26007”轮和“港盛1005”轮（双燃料动力）于2020年6月同时下行通过三峡南线船闸，LNG动力船舶通过三峡船闸实现零的突破。湖北省推进“气化长江”工程规划，新建海川2号、3号等LNG动力船，经营阳逻至宜昌集装箱运输航线。湖南远洋集装箱运输有限公司完成1艘653TEU江海直达双燃料动力集装箱船建造。四川省印发实施新能源船舶试点实施方案，在广元、乐山、眉山等地开展新能源客船试点，完成了20、30客位新能源船舶设计，设计了16米级新能源海巡艇。京杭运河首艘千吨级纯电动货船“中天电运001”在常州试航。国内首艘大型新能源全电动商旅游船“君旅号”游船在武汉投入使用。内河首艘采用全船直流组网型电力推进系统的“美维凯悦”号游轮在重庆至宜昌的长江三峡航线投入使用。新能源纯电动游轮“长江三峡1”游轮开工建造。

5.3 绿色服务设施建设

协同推进使用岸电。协同能源部门推进长江沿线港口岸电工程建设，推动新建码头同步规划建设岸电设施，大力推进船舶靠港使用岸电。截至2020年底，长江经济带11省市累计建成4700个岸电泊位，超额完成了港口岸电布局方案建设任务，岸电使用率显著提升。长江三峡坝区岸电实验区秭归港岸电项目及长江三峡通航服务区岸电项目运营情况良好，纳入长江经济带绿色发展专项资金补贴政策的现有54艘长江三峡旅游客船岸电系统受电设施改造、8座客运码头岸电设施建设全部完成，三峡库区旅游客船码头岸电基本实现全覆盖。长三角区域三省一市按照《港口岸电布局方案》要求的码头岸电设施改造任务全部完成，上海市内河港区和京杭运河浙江段水上服务区、待闸锚地建立了岸电使用成本分摊机制，实现岸电全覆盖，浙江省率先实现全省范围免收岸电服务费。长航局启动了长江干线集装箱和汽车滚装船靠港使用岸电试点工作。长江流域船舶受电设施改造工作全面启动。各地岸电设施建设情况见表5.3-1。

岸电设施建设任务完成情况表 表5.3-1

地区	岸电设施建设与应用情况
上海市	全年完成22套岸电设施、38个岸电泊位建设，累计完成65套岸电设施、68个岸电泊位改造建设，岸电覆盖率达79%。其中集装箱泊位31个、覆盖率74%，客货滚装泊位20个、覆盖率87%，邮轮泊位3个、覆盖率60%，3000吨级以上客运泊位3个、覆盖率100%，5万吨级以上干散货泊位11个、覆盖率85%。全年各类泊位使用岸电1168次、1545万度
江苏省	新建或改造岸电泊位825个，累计建成港口岸电设施2177套，覆盖2624个泊位。南京港专业化泊位及扬州、苏州沿江码头和宿迁、常州内河泊位岸电基本实现全覆盖。长江江苏段首次实现6KV高压岸电连船送电。全年共接电9.5万艘次，用电1735万度
浙江省	在全国率先出台全省域靠港船舶使用岸电一揽子支持政策，全年新建港口岸电157套，累计建成1101套。累计完成63个沿海五类泊位岸电，覆盖率超70%。全年使用岸电573万度，增长100%
安徽省	新建或改建岸电设施541套，覆盖537个泊位，泊位岸电设施覆盖率达80%
江西省	九江港、南昌港118个泊位建成岸电设施124套，10个集装箱泊位实现岸电全覆盖
河南省	周口港12个泊位港口岸电设施已建成使用

续上表

地区	岸电设施建设与应用情况
湖北省	19个岸电建设任务全部完成，岸电设施覆盖216个泊位。宜昌市实现经营性港口岸电基本全覆盖；黄石市长江沿线重点码头实现岸电全覆盖。岸电累计使用7078次、360万度
湖南省	建成重点港区岸电设施35套，岳阳锚地岸电建设项目开工。全年使用岸电496次、5.5万度
重庆市	具备岸电供应能力泊位194个，符合现行标准受电设施的船舶64艘
四川省	泸州港、宜宾港、广安港等建成48套岸电设施并投入使用，宜宾港、泸州港等长江干线港口岸电配备率100%，全省公务船舶靠港岸电使用率超过90%
贵州省	乌江渡库区永安、洱海码头和索风营库区小兴浪码头等岸电设施建成

船舶LNG加注站。根据《长江干线京杭运河西江航运干线天然气加注站码头布局方案（2017—2025年）》，长江干线、京杭运河分别布局45处和19处LNG加注码头，镇江港高桥港区LNG动力船加注泊位、芜湖市船舶LNG加注站码头工程、铜陵长江LNG码头项目、九江港湖口港区船舶LNG加注工程、鄂州港富地富江船用LNG加注站、岳阳港君山港区LNG接收站子项目加注站、宜昌港秭归归州水运应用LNG项目等列入计划的长江干线7座LNG加注站均已开工建设，重庆1座加注站投入试运行。上海市上港能源老港LNG加注站建成投入使用，崇明区公共码头LNG加注建设项目开工。湖南省长沙金钩寺LNG、郴州东江长盈头LNG加注站加快建设。

水上洗舱站。按照交通运输部《长江干线水上洗舱站布局方案》，长江沿线首批布局建设的洗舱站取得阶段性成效，10座新建、2座改扩建的长江干线水上危化品洗舱站基本建成并投入试运行。江苏省南京大厂、龙潭港区，无锡（江阴）石利港区，南通港如皋、江海港区等5处洗舱站先后建成，全年累计洗舱52艘次。安庆、武汉青山、宜昌枝江、九江、岳阳等洗舱站基本建成。南京油运、扬子石化、丽天石化、中化南通、阳鸿石化等5家企业签订了《共保一江清水“互助绿色发展”江苏洗舱联盟共同行动倡议书》。

绿色航运综合服务区。长江干线江苏、安徽、江西、湖北等地基本建成10处水上绿色综合服务区（南通如皋、江苏太仓、镇江六圩、泰州二墩、南京龙潭、南京新生圩、芜湖太白卯、九江姚港、武汉新五里等水上绿色服务区和三峡通航综合服务区），湖南、重庆等4处在建服务区初步具备污染物接收功能。上海市内河航运综合性水上服务区—上海宣桥水上服务区投入运营，结合集岸电、光伏、储能和充电桩于一体的“源—网—荷—储”协同互动系统提供绿色清洁电能。江苏省连申线如皋水上服务区等内河三级以上干线航道沿线20个水上服务区完成船舶污染物接收设施建设，启动实施锡澄运河水上服务区锚地疏浚工程。浙江省35个水上服务区围绕船户基本生产生活需求建设普通服务区，加快解决船户用水用电、垃圾上岸等基本生活问题，完善加油、船舶维修等生产配套供给，设置船员驿站，拓展政务窗口、便民超市、快递寄送、保险交易等综合服务功能。

京杭运河绿色现代航运示范区。推进京杭运河苏州、扬州、淮安四个先导段建设，完成32公里航道沿线环境综合整治；建设了生态长廊、景观长廊和“会呼吸的护岸”；在苏北运河淮安黄码大桥下游新建1.5公里锚地，配备自助岸电系统、智能供水桩、船舶污染物接收设施等。淮安市京杭运河绿色现代航运示范区建设完成年度目标，京杭运河宿迁段绿

色现代航运示范区先导段工程、苏北运河绿色航运示范区建设项目（淮安船闸—九龙湖公园段、邵伯船闸—古运河口段）、苏南运河绿色现代航运示范区建设（白洋湾作业区—石湖景区段航道综合整治）老护岸加固工程项目竣工验收。

5.4 船舶和港口污染防治

5.4.1 船舶和港口污染突出问题整治

船舶和港口污染突出问题整治。全面落实《长江经济带船舶和港口污染突出问题整治方案》，重点解决船舶污水收集处置装置配备不到位和不正常运行、垃圾污水等偷排偷倒入江、港口接收设施能力不足、转运处置设施衔接不畅、港口自身环保设施不完善、岸电利用率不高、LNG加注站审批难建设难运营难等突出问题。各地相继印发了实施方案，压实地方政府责任、部门监管责任和企业主体责任，开展船舶港口污染突出问题治理，强化污染防治监督管理，全面推动各项整治任务落实。针对新华社动态清样曝光的“长江船舶生活污水处理装置不安装或安装后不使用”“长江船舶污染物未达标排放和偷排漏排”等问题，开展内河船舶生活污水、生活垃圾污染专项整治“百日行动”，集中力量检查内河船舶垃圾、污水收集、送交以及岸上接收和转运处置情况，严厉打击各类不按规定收集、处置污染物及违规排放等行为；针对国家和省明查暗访后交办、媒体曝光等各类船舶和港口污染问题，各地区进行梳理核实，建立整改台账，抓好整改落实。截至2020年底，长江经济带船舶和内河港口污染防治取得明显成效。

5.4.2 船舶和港口污染防治设施建设使用

船舶防污设施配备和使用。加快推进船舶防污设施的配备和使用，截至2020年底，长江经济带完成了船舶生活污水收集或处理装置改造任务，全面完成了100总吨以上船舶改造任务，累计改造船舶31323艘。长三角区域全部完成400总吨以下内河运输船舶加装生活污水存储设施工作。京杭运河常州段水上服务区智能化船舶污染物回收装置运行。各地船舶防污设施的配备和使用情况见表5.4-1。

船舶防污设施的配备和使用情况 表5.4-1

地区	船舶防污设施的配备和使用情况
上海市	完成400总吨以下内河船舶生活污水改造任务，其中市级推进改造船舶262艘、区级183艘
江苏省	小吨位船舶生活污水防污设施改造完成，累计为17376艘本省籍400总吨以下船舶免费安装生活污水储存柜，占全国小吨位船舶生活污水防污设施改造总数近60%，改造总数全国第一
浙江省	内河400总吨以上船舶生活污水设施全部达标，5980艘100~400总吨货船改造任务全部完成
安徽省	完成6383艘100~400总吨运输船舶生活污水防污改造，实现全覆盖
河南省	1302艘船舶完成生活污水防污染改造任务
江西省	1785艘100总吨以上船舶全部完成生活污水防污染改造

续上表

地区	船舶防污设施的配备和使用情况
湖北省	3796艘100总吨以上船舶全部改造完成
湖南省	2678艘400总吨以上货船和350艘符合改造条件的400总吨以下货船全部安装生活污水处理装置
重庆市	400总吨及以上不具备生活污水收集处理装置的268艘船舶全部完成改造，100~400总吨船舶638艘全部完成改造任务，共完成3165艘100总吨以上船舶防污染改造
四川省	400总吨及以上船舶共697艘，均已具备生活污水收集或处理装置且能正常使用；100~400总吨船舶共1899艘，已完成生活污水收集或处理装置改造1519艘，占需整改船舶的92%；全省3162艘主机功率22千瓦以上船舶油水分离器配备率100%
云南省	淘汰18艘柴油机船舶。完成139艘400总吨及以上船舶和479艘设卫生间的船舶生活污水收集或处理装置建设改造，推进1169艘400总吨以下船舶污染物收集或处理装置建设改造

港口船舶污染物接收转运处置设施建设。各地全面评估本地区港口船舶污染物接收转运处置设施建设情况，修订完善港口与船舶污染物接收、转运及处置设施建设方案，督促辖区港口经营企业加快船舶污染物接收设施的建设、改造和运行维护。截至2020年底，长江经济带11省市累计建设港口船舶污染物接收设施33872个，实现船舶污染物港口接收设施或船舶移动接收全覆盖。长江干线港口船舶垃圾、生活污水、含油污水接收设施覆盖率分别达100%、74.2%、49.1%。港口船舶污染接收转运处置设施的建设和运行情况见表5.4-2。

港口船舶污染接收转运处置设施的建设和运行 表5.4-2

地区	建设方案任务完成情况
上海市	船舶污染物岸上接收单位4个，接收船14艘，全年共计接收含油污水3872立方米、生活污水7971立方米、船舶垃圾3679立方米
江苏省	内河三级以上干线航道沿线20个水上服务区船舶污染物接收设施建设和安装调试工作完成，18个设施投入运行，实现靠泊船舶和待闸船舶污染物零排放、全接收与生活垃圾、生活污水接收全免费
浙江省	港口船舶污染物接收设施实现全覆盖。全省建成含油污水储存池1039个、收集站（垃圾桶）4113个、生活污水储存池825个，并配备146艘接收船对船舶污染物实行流动接收。全省内河港口累计接收船舶水污染物5万吨，其中生活污水4.4万吨、油污水5000吨，分别增长664%、24%
安徽省	建成船舶污染物固定接收设施3197个
山东省	全省内河港口、沿海港口接收设施覆盖率达100%。内河船舶污染物接收转运处置量达70.7吨，沿海船舶污染物接收转运处置量达2.3万吨
江西省	21个船舶污染物接收站已建设完成并投入运行
河南省	周口港、信阳港已全部按要求配备了船舶生活污水、船舶垃圾、船舶含油污水接收设施，船舶污染物接收设施港口覆盖率达到100%
湖北省	全省港口码头共设置船舶垃圾接收固定设施3724个，新建接收船103艘；船舶垃圾、生活污水、含油污水接收设施均已与转运处置设施实现有效衔接
湖南省	全省有23个码头完成船舶生活污水码头岸上固定接收设施建设，19个码头完成船舶油污水码头岸上固定接收设施建设；66个船舶污染物收集点已全部建成。组建船舶污染物接收企业30家，配置船舶污染物收集船24艘。全年共计接收船舶垃圾1201吨、生活污水4191吨、含油污水667 吨

续上表

地区	建设方案任务完成情况
重庆市	建成船舶污染物固定或移动接收设施1624个，垃圾接收设施与转运设施有效衔接的码头覆盖率达100%；船舶生活污水、含油污水接收设施全覆盖。长江干线重庆段累计接收各类船舶水污染物4余万吨
四川省	32个经营性港口实现船舶垃圾、生活污水和含油污水接收设施100%覆盖，19个港口累计接收船舶垃圾709.4吨、生活污水4692.4吨、含油污水44.5吨
云南省	5个重点港口接收设施建成并与后方公共转运处置设施衔接，小码头因地制宜完善接收处置设施

港口码头自身环保设施建设运行。港口企业加快推进港口码头水污染防治设施建设、改造和维护，对从事煤炭、矿石等易起尘货种作业的码头作业区、堆场建设防风抑尘设施或实现封闭储存，同时建设粉尘在线监测系统。新建港口码头严格按照规范要求配置污染防治设施。对长江经济带11省市5106个内河码头开展排查工作，改造提升码头自身环保设施，完善码头环保手续，依法取缔或关停环保不达标码头。上海市内河267个码头作业点，已通过环保验收258个，未通过的9个全部淘汰关停，完成环保备案53个。江苏省沿江港口粉尘在线监测系统全部建成，完成57个泊位油气回收设施建设任务，推动南京、苏州等地港作机械淘汰“国二”以下柴油动力机械。浙江省内河482家未取得环保手续企业提前半年完成整改，沿海279家码头环保手续问题整改工作基本完成。安徽省需要改造完善环保设施的18座码头全部完成。江西省132座港口完成自身环保设施改造。湖北省对292个生产性码头开展自身环保设施改造完善排查。湖南省完成44个港口码头自身环保设施整改，长江流域首个巨型“胶囊”形散货仓库城陵矶港环保提质改造项目主体工程——全封闭散货大棚投产。重庆市完成111座老码头综合评估。云南省推进金沙江8座手续不齐全码头的手续完善。

公务船环保达标改造。加强海巡船、运政艇、航道艇和趸船等公务船防污染管理，推进公务船环保达标改造。长江上首艘通过CCS系统认证的18米级纯电动推进航道维护快艇“长江航道电001”入列长江航道维护装备；江苏省纯电池供电的“运河航务号”下水；浙江嘉兴建造全国首艘纯LNG动力内河公务船、全省首艘纯锂电池动力船舶；全国内河公务船领域首艘纯LNG燃料动力船舶——山东济宁港口救援、指挥工作艇开工建设。

5.5 污染防治监管

5.5.1 污染防治制度建设

严格污染防治源头管控。严把船舶检验环节，新建船舶严格按船舶技术法规要求配备防污染设施和受电设施。严把码头设计、建设和运营各环节管理，新、改、扩建码头工程严格按照要求履行环保手续，同步配置环保设施，同步建设岸电设施。落实《400总吨以下内河船舶水污染防治管理办法》相关规定，加快100~400总吨船舶生活污水设施改造，规范400总吨以下内河船舶水污染物船上储存、处理、排放和送交接收设施行为。船检机构依法开展船舶检验，发现不符合检验法规要求的船舶，依法收回船检证书，并通报船籍港海事管理机构和交通运输（港口）管理部门；海事管理机构加强船舶防污染设施设备配备、使用情况的监督检查，发现防污染设施设备未配备或未保持正常使用的船舶，通报发证船检机构和海事管理机构，责令改正，并依法严肃处罚；交通运输（港口、海事）管理部门督促港航企业加快设施建设改造，对超过强制报废年限或未持有有效检验证书的船舶，不核发船舶营运证书或通过年度审核。

夯实污染防治责任制度。巩固专项整治成果，完善污染防治责任制度，压实企业主体责任，严格落实部门监管责任，推动落实政府属地责任。规范污染物接收设备配置标准，长三角区域标准《船舶水污染物内河接收设施配置规范》，规定了上海市、江苏省、浙江省、安徽省通航水域的内河货运港口码头、水上服务区、船闸等区域船舶水污染物岸上接收设施和流动接收船的配置要求。规范船舶和港口污染违法违规行为处罚标准，浙江省新修订的《浙江省水污染防治条例》《浙江省大气污染防治条例》，对随意排放船舶生活污水、船舶在港靠泊期间未按规定使用岸电、港口经营人未按规定配备足够的船舶污染物接收设施等违法违规行为明确了罚则。

推行“一零两全四免费”治理模式。“一零两全四免费”在长江江苏段率先启动并在长江全线推广。长江干线江苏段已全面实现船舶垃圾、生活污水“一零两全四免费”，四川至安徽段已实现大部分码头免费接收船舶生活垃圾。长江海事辖区港口船舶垃圾、生活污水、含油污水设施免费接收率达100%、70.3%、34.9%。湖南省长沙、株洲、郴州、益阳、常德、怀化、湘潭、衡阳等地共22家船舶污染物接收单位已采取政府购买服务方式实行船舶污染物免费接收。重庆市印发引导航运企业实施船舶水污染物零排放模式指导意见，193家航运企业所属1783艘船舶主动申报实施水污染物“零排放”。

5.5.2　监管执法和信息联通

监管执法。海事管理机构加强船舶污染物偷排超排、垃圾随意丢弃、船舶非法洗舱等违法行为监管，提升现场监管频次，加大违法行为查处力度，对不符合排放标准要求的船舶依法采取限航、禁航等措施。长江海事系统部署开展捍卫美丽长江“一零五全三提升”攻坚行动，加大巡查力度，开展船舶防污染及安全监管各项活动，全年查处长江经济带问题船舶3697艘次；开展防污检查15万艘次，查处涉污违法行为6516件，查处7起举报的偷排违法行为，对749艘次船舶采取滞留或限制靠泊措施，对45艘环保不达标船舶禁止过闸。

船舶排放控制区管控。各交通港航管理部门和海事管理机构共同推进长三角区域和长江干线船舶大气排放控制工作。加强燃油质量执法，强化船用燃油质量联合监管工作机制建设，监督船舶加注符合标准的燃油。推广应用“船舶尾气移动遥感检测系统”“无人机挂载尾气检测装置”等尾气检测新技术，持续在武汉、重庆及江苏段推进船舶尾气遥测装置应用，加强对油水分离、船舶排放在线监测，江苏海事局创新构建桥基、海巡艇、无人机“三位一体”的船舶尾气遥感检测网络。上海海事局大力发展无人机挂载、巡逻艇搭载、岸基、卫星遥感等多种形式的船舶污染物监测系统，实施了船舶冒黑烟监测管理方法，初步打造了“陆海空天”监视监测网络。

联合监管和信息联通。各级管理部门落实船舶水污染物转移处置联合监管制度，加强污染防治联合监管制度机制建设，推进船舶水污染物接收转运处置全过程联单管理电子

化，开展联合监管行动，形成了全行业共同参与的船舶污染防治共同体。

推广应用长江经济带船舶水污染物联合监管与服务信息系统。落实《关于做好长江经济带船舶水污染物联合监管与服务信息系统应用有关工作的通知》要求，长航局和地方政府部门加快长江经济带船舶水污染物联合监管与服务信息系统推广应用。该系统支持船舶垃圾、生活污水、含油污水、洗舱水、残油废油等多种水污染物申请、接收、转运、处置，可实现水污染物种类、流程全覆盖。系统于2020年5月15日在长江江苏段、中上游20个港口开展测试运行，6月25日起在长江干线港口全面测试运行，7月1日正式上线试运行。截至12月底，该系统基本覆盖长江经济带所有港口和60%以上的船舶，初步实现船舶污染物来源可溯、去向可寻，构建了部门联合监管和互联网监管的新格局。长江干线1241座经营性码头、461座公务码头、243家污染物接收单位实现100%注册，通过系统完成船舶污染物接收87万余艘次，接收船舶垃圾5346吨、污水36万立方米。

5.5.3 协同长江流域重点水域禁捕执法

长江“十年禁渔”。长江是我国生物多样性最具典型性的一条生态河流，拥有独特的生态系统，孕育了丰富的水生生物资源。2019年12月27日，农业农村部发布通告，宣布自2020年1月1日开始，332个水生生物保护区率先实现永久性全面禁捕。长江干流和重要支流除水生生物自然保护区和水产种质资源保护区以外的天然水域，最迟自2021年1月1日零时起实行暂定为期10年的常年禁捕，其间禁止天然渔业资源的生产性捕捞。长江禁渔直接涉及11.1万艘渔船、23.1万渔民，覆盖“一江两湖七河”（长江干流，鄱阳湖、洞庭湖两大通江湖泊，以及大渡河、岷江、沱江、赤水河、嘉陵江、乌江、汉江等重要支流）及332个水生生物保护区，是一项具有长期性、艰巨性、复杂性的生态工程、民生工程，按照“一年起好步、管得住，三年强基础、顶得住，十年练内功、稳得住”的思路，沿江各地积极谋划开局，精心布局，相继召开长江流域重点水域禁捕退捕工作推进会，制定工作实施方案，完善政策措施，核准退捕对象、把握工作要求，强化安置保障、强化组织领导，确保如期完成禁捕退捕任务。

协同开展禁捕执法。长航局和各地交通运输部门积极融入地方联合治理机制，参加水上联合执法，加强巡航巡查，健全联合执法和信息通报工作机制，开展涉渔“三无”船舶治理工作，沿江各地累计清理取缔涉渔“三无”船舶3.4万艘，长江江苏段、四川段实现涉渔“三无”船舶清零。积极配合农业农村部、公安部、市场监管总局等部门开展为期一年的打击长江流域非法捕捞专项整治行动和打击市场销售非法捕捞渔获物专项行动，依法严厉打击整治非法捕捞等各类危害水生生物资源行为。严格依法开展渔船检验工作，根据渔政部门提供的退捕封存渔船清单信息，及时清理相应的渔船检验证书。将长江禁捕退捕工作作为船舶逃避监管专项督查的一项重要内容，开展督导检查，进一步压实工作责任。渝鄂川黔建立长江禁捕跨区域合作机制，制定“长江禁捕 打非断链”专项行动跨区域监管执法合作方案，签订跨区域监管执法合作协议。

第6章 创新发展

6.1 科技创新治理

6.1.1 科技创新体系建设

明确科技创新核心地位。长江航运行业坚持把创新放到加快建设交通强国水运篇章的核心地位，不断开创行业科技创新新局面。长航局强化科技创新顶层设计与系统规划，发挥创新驱动和信息化引领作用，加快推动长江航运向信息化智能化方向发展，相继编制完成了《长江航运“十四五”科技发展规划》《长江航运信息化“十四五”发展规划》和《长江智能航运实施五年行动计划》。各省市在谋划“十四五”港航事业创新发展中，坚持智慧引领，从多方面发力加快科技创新步伐。浙江省推进数字港航“十四五”专项规划编制，明确数字港航“十四五”重点思路。安徽省研究编制交通运输新型基础设施建设、大数据发展行动实施意见和智慧交通建设三年行动方案。

完善科技研发应用机制。健全重大科技攻关类项目管理制度，围绕“面向世界科技前沿、面向经济主战场、面向国家重大需求、面向人民生命健康”，强化行业基础研究及关键核心技术、前沿领域技术研发应用。聚焦新基建、绿色航运、物流服务、大数据等重点，长航局等单位发布了科技项目立项指南。完善行业内外科技创新资源统筹机制，长航局联合行业内外科研院所、高校、企业等，围绕交通强国试点项目开展行业关键技术研究，建立长江绿色智能航运协同创新中心。完善重点科技项目清单管理制度，长航局围绕局重点科技项目研发、管理及应用情况，开展了科技项目评估。完善科技成果转化和推广制度，长航局组织开展了科技项目、成果推广等办法的制修订工作。完善科技评价与激励机制，长江航道局出台科技创新成果奖励评定办法，长江三峡通航管理局创新实施科技项目“分类分级”管理制度和“两个挂钩”考核机制。

推进重点科技项目实施。完善项目实施管理机制，长航局协调推进“‘长江黄金航道’整治技术研究与示范”“内河航道设施监测预警与服务”等国家级项目复产复研和交通运输部科技示范工程实施工作。完善科研项目投入机制，拓宽科研经费投入渠道，争取中央、地方财政和部委科研经费支持，通过组织申报国家重点基础研发计划和交通运输部重点科研任务等方式，长航局成功申报部重点科研任务5个项目、经费500余万元。“十三五”期间，长航局共承担实施各类科研项目482项，科研总经费3.14亿元。其中国家

级项目6项，经费5700万元，比“十二五”增加了5项；省部级项目18项，经费626万元，比“十二五”增加了8项。

优化科技创新环境。加强科研创新平台建设，“国家内河航道整治工程技术研究中心”“长江航运技术行业研发中心”“河口海岸交通行业重点实验室”等国家及省部级科研平台运行良好；长航局进一步规范重点实验室、研发中心管理，参与长江深水航道水沙环境与工程安全野外科学观测研究基地的申报建设。鼓励自主创新，开展科技创新交流活动，打造了生态航道、数字航道智能监测与服务、电子航道图应用服务、枢纽通航指挥技术、升船机运维技术、VTS国产等一批行业创新团队。强化科技创新成果交流，长航局举办科技成果展等科技活动周系列活动。

6.1.2 标准化建设

行业标准规范。为充分发挥标准在推进行业发展中的规范和引领作用，各单位强化统筹协调，加强宣贯培训，推动试点应用。《船舶总装建造智能化标准体系建设指南（2020版）》《智能船舶规范》《航道整治工程水下检测与监测技术规程》《港口危险货物集装箱堆场设计规范》《船舶溢油应急处置效果评估技术导则》《内河航标技术规范》《长江干线通航标准》等多项行业标准以及《船舶防疫安全指南》《船用硬质翼面帆评估与检验指南2020》《船舶空气润滑减阻系统检验指南》《船舶网络系统要求及安全评估指南2020》等多项技术指南相继发布。《内河交通安全标志》《内河通航水域桥梁警示标志》《船舶交通管理系统建设规范》《长江运输船舶操纵性衡准》《燃油供应术语》等完成制修订工作。长江干线信息化建设标准规范研制工作稳步推进，完成长江干线航运基础信息资源标准规范、长江干线航运物流信息化标准、长江电子航道图制作标准及系统运行维护规范等制修订工作。

地方标准规范。各省市交通运输部门根据本区域发展实际，加快推进内河水运领域地方标准、团体标准的研制与实施。江苏省发布实施《港工结构维护、检测与评定技术规范》《船闸PLC控制系统设计规范》，编制了《江苏省航道建设工程智慧工地建设技术标准》。浙江省湖州市发布《箱式结构内河游船码头质量检验规范》。安徽省发布《船舶水污染物内河接收设施配置规范》《内河航道服务区建设要求（征求意见稿）》。河南省颁布实施《缆渡建设技术要求》，待批准《通航水域内河电子航道图制作规程》，完成编制《内河水运工程标准化工地建设管理规范》。湖北省东风商用车有限公司发布了全国首个《港口无人驾驶集装箱卡车标准》。

6.2 航运技术创新

6.2.1 基础研究和关键技术研发

基础研究。围绕服务国家战略、全面深化改革、“互联网+”等重大问题及行业治理热点焦点难点问题，加强发展战略、体制机制、产业政策、法律法规等理论与实践研究，深入总结发展规律，提升科学决策水平。瞄准科技发展方向和发展重点问题，长航局

组织开展了长江航运“十四五”科技发展规划研究。瞄准重点领域发展路径模式问题，长航局组织开展了长江干线新型船舶发展路径研究、长江干线水上绿色航运综合服务区规划布局及建设运行管理模式研究、北斗在海事监管和服务中的应用场景研究、基于“互联网+”企业健康管理服务模式探索等。瞄准重点领域发展政策问题，长航局组织开展了长江干线省际客船、长江水系省际液货危险品船运输市场调控政策研究及长江干线船舶污染治理策略研究等。瞄准重点领域标准规范问题，长航局组织开展了长江游轮服务质量规范及评价方法研究、长江航运安全生产监管责任清单权力清单及履职规范研究、长江航运大数据治理标准规范体系研究，河南省交通运输科技项目“河南省内河运输船舶标准船型开发研究”、四川省交通运输厅科研项目“浅吃水船舶主尺度研究”通过验收。开展智能航运架构体系研究，江苏省完成“智慧航运发展总体研究及苏南运河苏州段智慧运河发展研究”，提出以“一朵云”为核心、“一张网、一平台、N应用”为特色的总体框架。

重点领域关键技术研究。围绕针对基础设施、枢纽通航、运输服务、安全应急等重点领域的关键技术瓶颈，加强核心技术攻关。基础设施领域，国家重点研发计划项目“国家内河航道设施及要素智能化监测预警与信息服务”形成中期成果，“长江中下游航道整治河工模型技术研究及应用”“长江下游径潮流河段深水航道建设维护全过程模拟技术研究及应用”“尹公洲水道通航能力提升及应急保障措施研究”等在长江干线航道建设和维养技术等方面突破一批重大关键技术瓶颈。枢纽通航领域，“三峡枢纽河段通航交通组织及航运配套设施”“三峡—葛洲坝梯级枢纽安全高效绿色通航建设关键技术研究及应用”等对三峡枢纽通航问题开展研究，贵州省科技重大专项“峡谷河流超高水头梯级水运通道开发关键技术研究及应用”对工程建设运营中的枢纽通航设施扩能、航道等级提升、船舶及运行、超大断面通航隧洞设计施工和通航安全等关键技术问题开展研究，河南省完成“沙河西陈航运枢纽关键技术研究”。运输服务领域，“长江航运物流信息平台建设及运营方案研究”等围绕提高运输组织效率、提升运输服务品质、提升公共服务水平开展关键技术研发。安全应急领域，“长江干线水上交通运行态势监测指标与可视化技术研究”“沪苏VTS区域一体化运行机制研究”“三峡通航安全风险防控及应急管理体系研究”等围绕提高安全风险防控和突发事件应对能力等目标，开展基础设施安全、运输组织安全和应急保障等方面的共性关键技术研发。

智能航运关键技术研究。“长江航道大数据应用示范开发”“长江航道水文要素自动监测技术研究”“长江航道水文地形大数据批量处理及信息识别关键技术研究”“基于5G的智能航运船岸协同辅助靠离泊系统研发与应用”“京杭运河智能航运建设技术研究及应用示范”“交通强国建设三峡枢纽智慧通航水平提升研究”等，围绕航运基础设施的信息化智能化、船舶智能航行保障、智能船舶技术应用、智能航运服务新业务新模式等重点领域开展相关关键技术研究与工程实践。

绿色航运关键技术研究。“长江口北槽深水航道浮泥运移过程及精细化维护疏浚应用研究”“长江口航道疏浚土用于生态修复可行性研究和政策分析”“绿色航道整治建筑物结构与生态环保材料研发”“疏浚土分类处理和资源生态化利用技术研究”等，围绕水环境管理、环境风险管理、航道水生生物演替、江豚水下声学、生境选择及栖息地修复和评

估等开展相关关键技术研究和工程实践。长航集团创新研发的新型长江325箱集装箱船，被交通运输部列为节能减排示范项目。

入选2020年度交通运输行业重点科技项目清单的创新研发项目见表6.2-1。

入选2020年度交通运输行业重点科技项目清单的创新研发项目 表6.2-1

序号	项目名称	承担单位	推荐单位	开始时间	结束时间
重点项目方向：基于船岸协同的内河航运安全管控与应急搜救技术					
1	基于5G的智能航运船岸协同辅助靠离泊系统研发与应用	中移（上海）信息通信科技有限公司、中国移动通信集团江苏有限公司、江苏省交通运输厅、京杭运河江苏省交通运输厅苏北航务管理处	中国移动通信有限公司	2020年8月	2021年12月
重点项目方向：智能航运关键技术研究					
2	京杭运河智能航运建设技术研究及应用示范	中设设计集团股份有限公司 智能交通技术和设备交通运输行业研发中心 江苏省水运工程技术研究中心、武汉理工大学	江苏省交通运输厅	2020年5月	2021年6月
3	智能信号台研究	长江重庆航运工程勘察设计院 长江泸州航道局 重庆大学	交通运输部长江航务管理局	2020年1月	2021年3月
4	融合北斗高精度定位技术的船舶目标视频AI识别系统应用研究	长江重庆通信管理局	交通运输部长江航务管理局	2020年2月	2020年12月
重点项目方向：长江生态智能航道建设与运营关键技术研究与应用					
5	长江南京以下12.5米深水航道后续完善工程（福姜沙水道）水沙数学模型试验研究	上海河口海岸科学研究中心 长江航道规划设计研究院	交通运输部长江航务管理局	2020年6月	2021年12月
6	长江航道大数据应用示范开发	长江航道测量中心 交通运输部科学研究院	交通运输部长江航务管理局	2020年6月	2021年3月
7	长江航道水文要素自动监测技术研究	长江航道规划设计研究院 长江武汉航道局 无锡市海鹰加科海洋技术有限责任公司	交通运输部长江航务管理局	2020年4月	2021年12月
面上项目方向：交通基础设施领域					
8	复杂使役条件下大型人字闸门损伤演化机理与寿命评测方法研究	长江三峡通航管理局	交通运输部长江航务管理局	2020年5月	2022年6月

续上表

序号	项目名称	承担单位	推荐单位	开始时间	结束时间
面上项目方向：交通信息化领域					
9	基于云服务的数字航道应急保障系统的研发及示范应用	福建吉星智能科技股份有限公司 长江航道局 长江航道测量中心	交通运输部长江航务管理局	2020年3月	2021年6月
10	基于北斗卫星导航系统的表面流速流向观测技术研究	长江三峡通航管理局	交通运输部长江航务管理局	2020年5月	2020年12月
11	内河绿色智能船舶动力系统技术应用研究	中国船级社武汉规范研究所	中国船级社	2020年1月	2022年12月
面上项目方向：交通运输重大政策领域					
12	长江航运“十四五”科技发展规划研究	武汉理工大学	交通运输部长江航务管理局	2020年4月	2020年12月

6.2.2 重点科技成果应用

航道建设成套技术应用。武汉至安庆段6米水深航道整治工程建设注重质量管控和科技创新，参建单位共开展37项科技创新课题，科技经费投入总计逾3000万元，已取得软件著作权8项，发表论文13篇，申报专利53项（取得26项），获2020年水运工程一级工法1项、中国航海学会科学技术进步二等奖1项。构建远程监控指挥平台，实现现场施工作业实时监控全覆盖；对陆上隐蔽工程实行随机剥离检查，水下隐蔽工程开展声呐检测、多波束扫测，以精准严密的质量管控体系确保了工程实体内实外美。工程将BIM系统、施工区域环境监测系统、人员管理系统等融合互通，构建智慧工地；研发了全新自动铺排系统，形成了复杂水流条件下水下坝体精确安装成套技术，并首创了实时监测技术对沉排施工进行动态监测，填补了国内空白。严格落实水环境、水生物等各项环保措施，实施污水处理器配备、生活污水船舶垃圾回收、积极开展增殖放流、船舶溢油应急演练等各项环保措施，形成了绿色航道建设成套技术。

智能航运技术成果应用。“基于长江航道要素智能感知与融合技术及综合应用”应用到相关工程建设，推动航道通行控制河段传统指挥模式现代化并与数字航道深度融合，加快向智能航道迈进。江苏省开展基于GIS+BIM的港口常压储罐全生命周期安全监测应用研究，通过GIS和BIM技术的融合，建立常压储罐从设计、建造、安装、运行、维护、保养、检修等全生命周期的“一罐一档”安全技术电子数据库。湖南省将智慧水运综合监管平台推广应用列为2020年行业重点工作，促进水运行业监管模式创新。云南省推进重点通航水域立体监管关键技术研究与应用示范项目，完成无人机和水下机器鱼应用现场测试工作。

航道整治施工工艺创新成果应用。长江重庆航道工程局依托新九二期工程，利用现有“长狸8”专业抛石船，与山河智能装备股份有限公司联合开展复杂工况条件下船载多功能施工工艺研究，进一步扩展提升了“长狸8”原有的精抛系统和功能，新研发配备了集水下抛石、整平、夯实、扭王字块、透水框架抛投施工于一体的多功能挖掘机系统，能够更好地满足长江航道整治工艺多样化、一体化操作的需要；创新长江上游航道维护疏浚施工工艺，以“长鹰7”挖泥船为基础，在铣挖技术的基础上，依托朝涪项目，对“长鹰7”进行工艺创新，完成利用破碎锤对水下礁石进行冲击破碎清礁，该工艺已在东溪口庙角碛进行试验性清障作业。

航标船多功能机械手装置推广应用。由长江航道局统筹，长江武汉航道局负责组织实施，武汉东创黄冈海洋实业有限公司为施工单位进行施工，根据汉道标314和汉道标322两艘航标船多功能机械手装置推广应用项目的内容和技术要求，完成多功能机械手装置改造推广应用工作。航标船采用PLC控制系统，实现机械手装置和液压绞盘遥控控制，改造后实现辅助起锚石、抛锚设标、清除草渣等复杂联合动作，遥控操作简单方便的目标。

6.2.3 科技成果奖励

科技成果奖励。2020年，长江航运科研体制不断完善，创新环境日益优化，取得了一批科技成果奖励，见表6.2-2。长江航道治理与保护技术研究创新团队获2020年中国水运建设行业协会科学技术奖创新团队奖。高精度单北斗船载智能终端关键技术研发及应用推广获2020年中国卫星导航定位协会科技进步二等奖。信江八字嘴航电枢纽东大河船闸项目入选2019年度交通运输部科技示范工程项目。基于BIM技术的智慧建造在信江航电枢纽中运用成果获首届工程建设行业BIM大赛一等奖。

2020年重点科技项目奖励表 表6.2-2

序号	成果名称	主要完成单位	获奖类型
1	高水头大型垂直升船机成套关键技术及工程应用	长江勘测规划设计研究有限责任公司 长江三峡通航管理局等	中国航海学会科学技术进步奖特等奖
2	船舶摩擦学理论和技术体系的研究及应用	武汉理工大学、长江航道局等	中国水运建设行业协会科学技术科技进步奖一等奖
3	三峡—葛洲坝梯级枢纽安全高效绿色通航建设关键技术研究及应用	长江三峡通航管理局等	
4	江苏内河航道基础设施养护成套技术研究	华设设计集团股份有限公司	
5	航道整治新型构筑物一体化设计与智能生产关键技术及应用	长江南京航道工程局 长江航道局等	中国航海学会科学技术进步奖二等奖
6	多功能北斗船载智能终端关键技术研究	交通运输部水运科学研究所 长江三峡通航管理局等	
7	船舶吃水实时检测系统关键技术研发与应用	交通运输部水运科学研究所 长江三峡通航管理局等	
8	内河船舶大气与水污染排放一体化防治关键技术研究与应用	浙江省交通运输科学研究院	

续上表

序号	成果名称	主要完成单位	获奖类型
9	内河航运绿色发展指标体系研究及技术应用	交通运输部水运科学研究所 浙江省港航管理中心 江苏省交通运输厅港航事业发展中心等	中国航海学会科学技术进步奖二等奖
10	长江下游径潮流河段深水航道建设维护全过程模拟技术研究及应用	上海河口海岸科学研究中心 长江航道规划设计研究院等	
11	新水沙条件下长江中游滩槽调整与航道演变规律研究	长江航道规划设计研究院 长江航道局	
12	内河危险化学品禁运关键技术研究与应用	交通运输部水运科学研究院 交通运输部长江航务管理局等	
13	长江商品汽车滚装运输组织关键技术研究	武汉理工大学	
14	内河航道立体勘察关键技术与集成应用	长江航道规划设计研究院等	中国水运建设行业协会科学技术科技进步奖二等奖
15	长江中下游航道整治河工模型技术研究及应用	长江航道规划设计研究院等	
16	长江上游及三峡库区航道设施安全保障关键技术研究与应用	重庆交通大学等	中国航海学会科学技术进步奖三等奖
17	长江南京以下12.5米深水航道建设工程整治建筑物质量检验专项标准	中交上海航道勘察设计研究院有限公司等	中国水运建设行业协会科学技术科技进步奖三等奖
18	三峡升船机通航运行与保障系统关键技术研究与实践	长江三峡通航管理局等	湖北省科学技术奖二等级
19	高等级航道智能监测与服务关键技术及应用	武汉理工大学、长江航道测量中心等	湖北省科学技术奖二等级

科技创新项目成果。一批成果入选2020年度交通运输重大科技创新成果库，包括三峡—葛洲坝梯级通航运行关键技术与应用等重大科技创新项目、船闸不上岸计重收费系统及其工作方法等专利、三峡坝区船舶通航安全风险演化研究等论文和长江水运安全风险辨识评价与防控方法等专著。

6.3 数字化发展

6.3.1 基础设施数字化

长江干线数字航道。2020年长江航道局组织制定《长江干线数字航道建设与应用2020年度专项工作方案》，研究制定了《长江干线数字航道系统业务工作流程再造和管理角色权限分配方案》，召开长江干线数字航道建设与应用专项工作推进（视频）会议部署相关工作，长江干线数字航道系统进入全面应用阶段。完成长江干线数字航道综合服务平台建设，已实现对航标技术状态、实时航道水位及水位站技术状态、航道尺度等航道要素实施全天候监测监控，掌握全线航道实时运行状态，及时开展各类报警预警应急处置工作。借助数字航道系统功能开展航道探测、航标维护等现场养护工作，利用系统实时记录并展示航道航标维护成果、维护工作量、物资器材消耗等，航道养护由粗放型向精细化转变，航标恢复由被动型向主动型转变，80%以上的航标失常通过数字航道率先发现，航标失常发现时间由原来的最长几天，缩短到15分钟以内。长江干线数字航道自2019年9月30日全面联通运行以来，“一图一站三平台”（电子航道图、综合服务平台网站、动态监测系统、维护管理系统和辅助决策系统）覆盖范围不断拓展，实现了长江干线合江门至浏河口段全线电子航道图、维护尺度、水位、航标等信息的集中统一对外发布，并能实现门户网站、网络地图、手机应用等多种方式发布，初步建成数字航道软件生态链和全线统一的综合服务平台，每天产生与交换的数据达26万条。

长江支流数字航道技术应用。各地完善航道监测，优化信息服务，加快支流电子航道图建设。长航局与四川省交通运输厅、泸州市、宜宾市签署推进长江电子航道图干支联动服务航运发展合作共建协议书，合力开发制作金沙江宜宾至水富段电子航道图，谋划宜宾辖内干支河流电子化航道建设。江苏省研究制定电子航道图系列标准规范，与航道普查数据对接，完成京杭运河苏南段、秦淮河口门至江宁段、盐河杨庄至新沂河枢纽段等330公里电子航道图生产和发布。江西省完成赣江（市汊—湖口）电子航道图制作与应用，实现航道信息显示浏览、物标查询搜索、助航信息服务、航行语音播报提醒等功能。湖北省汉江电子航道图开通运行，推广三峡库区香溪河、清江等支流电子航道图建设。湖南省湘江株洲至城陵矶段高等级航道电子航道图全线推广使用。陕西全面启动了汉江安康火石岩至紫阳汉王智慧航道建设。

内河航道普查数据采集系统。各地借助内河航道普查和内河电子航道图建设，充分运用信息化手段，建立普查数据在线录入和审核的航道普查数据采集系统。江苏省完善港航基础数据库，建成全省内河电子航道图，提升航道“建、养、管、服”信息化水平，提供更新、更全、更标准、更集约的数据基础。

6.3.2 信息通信网络

通信信息网络。聚焦通信网络、数据中心、移动应用平台，加快推进信息基础设施建设，加强5G运用。干线传输网、电话交换网等联通长江，长江干线传输网通信正常率、遇险求救响应率、重大任务通信保障正常率、通信故障应急处置响应及时率等均达到100%。实施长江干线武汉至重庆数字传输系统设备及部分线路更新改造工程、长航系统基层用户电话自动交换网，以及南京、武汉、岳阳、宜昌、重庆等城域网升级改造工程。建成覆盖长江江苏段深水航道的4G-LTE专网，实现了海事船艇高清画面实时回传、水上通信“一呼百应”、海事业务现场办结。

远程监测网络建设。长江干线AIS基站基本实现全覆盖，重点航段、港口、桥区的

VTS、CCTV系统常态化运行，船舶动态信息基本实现全天候掌握。各省市加强信息化监管，推进航道信息化设施设备建设。河南省水路路网运行监测信息系统建设353路视频监控、50个水文气象站、70个情报板、2套电子卡口、60套船载北斗定位设备。湖南省通过北斗数据的整合、接口开发实现与智慧水运综合监管平台一体化。重庆市在汤溪河、磨刀溪、东溪河等支流航道完成2个VHF基站、13个视频监控点建设，嘉陵江草街至库尾视频监控系统11个视频监控点建设完成。

6.3.3 数据资源开发利用

信息数据开放共享。长航局开展数据资源目录体系建设工作，初步形成长航系统政务信息资源目录；与湖北省大数据能力平台对接，提供长江干线船舶相关信息，配合开展数字政府建设工作，推进与武汉、重庆航交所数据共享交换。全国海事共享数据二级数据库在长江海事局完成部署，实现与交通运输部海事局数据中心的数据资源共享；推动芜湖海事雷达信号等数据与芜湖市发改委等部门共享，服务长江禁采禁渔。长江航道局基本建成长江航道数据中心，信息资源包括航道基础数据库、用户数据库、航道数据库、航标数据库、水位数据库、船舶数据库、外网门户数据库等7个数据库，为航道信息服务提供丰富数据资源，同时实现航道综合管理的应用需要。长江洪湖段气象监测站完成安装，可实时上传气象数据至数字航道系统中。江苏省完成港航基础数据库开发，对接港口企业一套表和水文水资源、粉尘监测等数据，打造了“港航数据中台”雏形。浙江省实现长三角船联网数据共享，船舶数据共享率达90%以上，骨干航道和重点水域船舶自动识别系统覆盖率、船舶识别率达90%。

港口生产业务电子化。各地港口企业依托已有的业务网上办理平台，大力推行业务线上沟通、网上办理，推动实现作业单证电子化。上港集团借助上海口岸电子EIR平台、受理中心网上一站式服务平台、“E卡纵横”集卡服务平台、“港航纵横”港航信息服务核心平台，实现进口放货全流程无纸化和内外贸集装箱港口作业单证无纸化。江苏省、浙江省实现外贸集装箱进出口全程操作无纸化，安徽省芜湖港外贸集装箱港口作业主要单证基本实现无纸化。九江港务在长江内河港口中率先上线EIR无纸化信息平台，实现物流各环节一站式服务。重庆港务物流集团下属果园港集装箱码头公司集装箱“无纸化平台”正式上线，整体实现单证电子化、道闸无人化，全程无需人工交接，只要登录该系统相对应的APP，集卡车司机就可在手机上实现自助预约及码头作业引导。宜宾港EIR无纸化系统全面上线，率先在西部地区港口开启集装箱设备交接单无纸化时代。

监管与服务信息系统。目前已应用众多信息化业务系统，其中交通运输部层面有交通运输行政执法人员和执法证件管理系统，部海事局有船舶吨位丈量管理系统、船舶检验管理信息系统、海事船舶进出港报告服务网、船舶登记系统、船员管理系统、全国渡口渡船信息管理系统等，部水运局有水路运输建设综合管理信息系统，长航局有长江水系船型标准化快报系统等。各省市交通运输管理部门使用的系统有公路水路建设市场信用信息服务系统、水上搜救应急管理系统、港口危险货物安全监管基础信息系统、航道管理系统等。

信息化监管与服务平台。长江干线水路交通应急指挥平台二期工程加快建设，完成应

急信息交互平台建设，完善监测预警、应急处置、综合统计分析和安全综合管理系统等。长江干线数字航道综合服务平台与长江航运数据中心互联互通，为沿线港航管理部门和长航局系统单位提供统一的数据交换服务。江苏海事局长江干线视频监控平台试点运行。各地港航海事机构依托视频监控、AIS、航标遥测遥控等数据，加快业务监测监管平台建设应用。湖南省建成危货运输船舶视频监控接入监管平台。重庆市建设港口综合管理系统、港航协同管理平台。贵州省加快推进公路水运运行监测体系建设，实现公路水运监控视频上云联网，并与交通运输部云平台实现联网共享。

6.3.4 政务服务数字化

推进信用管理数字化转型。长航局结合在水上安全监管、过闸管理、运输市场管理和工程建设市场管理等重点领域的信用体系建设，加大监管对象的基础信息、监督检查、执法监管、投诉举报及日常监管表单等信息的收集，并将信用评价结果和监管结果共享到相关公共信用信息平台。江苏、浙江、山东、湖北等地以信用工作纳入本地区交通强国建设试点方案为契机，构建基于平台大数据分析的监管机制。江苏省建成港口经营人信用管理系统（试用版），强化信用信息归集及信用评价；苏北航务管理处、镇江海事局牵头，联合区域内六家涉水管理单位建立信用信息共享和信用船舶名单互认机制；南通海事局加快推进信用信息平台对接公共信用信息系统，实现实时信息发布上传“信用南通”门户网站；江阴口岸推出江苏首个登轮作业人员信息管理系统，实现登轮作业人员轨迹可追溯可核查；京杭运河和长江交汇水域内河船舶信用信息管理平台上线运行，可查看目标船舶信用情况，督促失信船舶及时整改违章行为。

打造一站式互联网+政务服务。各单位继续加强办公自动化系统、门户网站、公众号的应用，持续优化政务运行模式。长航局打破传统窗口服务模式，完成网上“办事大厅”的搭建，积极推进网上审批及标准管理，初步构建长江航运“互联网+”政务体系，并实现与交通运输部运政好差评系统的数据对接；“长江航运”政务抖音号、快手号上线。推广应用船舶证书电子化和“多证合一”，上海市、江苏省、浙江省、安徽省有关部门协同开展了国内水路运输经营许可证和船舶营业运输证等交通运输证照电子化及场景应用工作；上海市实现数据统一管理、用户共享和地方海事相关的行政许可事项“一网通办”“全程网办”；江苏省交通系统完成与江苏政务服务“苏服码”的对接，在全国交通系统内第一个实现了“一码多证”模式下政务服务窗口和现场执法交通运输“证照免带”，以及跨部门证照信息的实时调用。

开展远程线上办公。线上审批、远程会议、远程考试等办公新模式取得良好效果。长航局采用远程视频连线方式在疫情防控期间加强对长江港航企业服务保障，海事管理机构探索远程核查方式支持港航企业生产恢复。南通海事局探索“互联网+安全”监管新模式，依托船籍港综合管理平台打造体系在线运行系统，为辖区航运公司免费提供体系在线运行服务，海事管理机构借助该系统可实施远程线上审核，也可实现对公司和船舶体系运行情况的实时监控。长江宜昌海事局投用了远程电子考场，“船员远程计算机终端考试”入选自由贸易试验区第六批改革试点经验复制推广项目。江西省在信江运用钉钉视频会议系统、无人机巡查喊话等信息化“武器”助力防疫阻击战。

6.3.5 物流服务数字化

港航物流信息平台互联融合。各省市创新港口物流运营模式，推动物流链信息共享。长三角四家省级港口运营集团均已建成应用物流信息平台，并逐步走向数据融合。上海港建设的江海联运业务协同平台，实现江海联运装卸作业协同与通关业务协同。江苏省南京港运用EDI、区块链等先进技术，建成了“一站式”区域性港口物流信息枢纽，推广应用至镇江港、太仓港、张家港港；连云港港口集中采购平台、内河集装箱业务系统上线。浙江省完成《江海联运信息平台数据交换共享规范》，浙江江海联运公共信息平台实现与南京航运交易中心、易航海、易船代、易海行、长江汇等平台数据互联；江苏、浙江主要港航企业接入东北亚物流信息服务网络，与国家交通运输物流公共信息平台实现对接。安徽省港口运营集团公司整合全省水运口岸物流信息系统，建立全省统一口岸通关物流一体化及水运口岸物流辅助系统平台。重庆果园港集装箱系统与“长江江海联运平台”对接，实现了“船、港、货”江海联运物流数据等公共信息交换共享。

航运服务电子商务平台。长江港航企业借助数字化、网络化赋能，依托电商服务平台，推动航运服务模式创新。江苏省港口集团建设物流电商平台，整合物流产业要素资源，为客户提供港口商务、电商交易、物流信息、支付结算等全方位、宽领域的全供应链服务，实现线上线下融合、物流数字化转型升级。“金马云”物流平台数字化转型，创新开展在线交易、航运服务、物流可视化等业务，实现高效的船货匹配。“长江汇”拓展“无接触靠泊配送”服务。“运去哪”聚焦海运订舱、多式联运、物流仓储、特种运输等细分环节，合力推动数字化技术的深度应用和产品服务的合作创新。长江新丝路“云上多联”平台与中外运“云易通”签约，增强双方平台业务服务所需的交易、仓储、运输、金融、结算等信息服务支撑能力。

6.4 智能化应用

6.4.1 基础设施智能化

港口智能技术应用。各省市加快自动化码头、堆场库场改造，推动智慧港口试点工程建设，探索港口智能管控系统建设，提升港口智能化水平。上海港洋山四期自动化码头开港三年，各项自动化技术和生产服务效率指标始终保持世界先进水平，全年累计完成420.4万TEU。太仓港、芜湖港等试点港区实现集装箱码头堆场全自动化。江苏省太仓港集装箱智能闸口功能全面上线，江阴港打造省内首个5G港口智慧应用。浙江省宁波舟山港海港疫情防控数字化管控平台上线。安徽省合肥港堆场智能远程控制系统投入使用，省港航集团港口生产调度中心信息平台硬件设施基础环境基本建成。山东省发布《港口智慧绿色港顶层设计方案》，规划了智慧绿色港建设的总体框架和主要任务，推进日照港、烟台港等传统码头智能化改造。湖北省推进以阳逻港为核心的智慧港口建设，武汉港花山港区5G智慧港口无人驾驶集装箱卡车技术推广应用，拓展应用长江中游航运中心智慧物流综合服务平台，打造智慧港口示范工程。重庆果园港先后投入使用了智能理货系统、集装箱无纸化平台、智能化卡口、网上预约等智能化系统和平台。

航道船闸智能技术应用。各地推进智慧船闸智能系统建设应用。江苏省推动扬州市智慧船闸—区域统一调度和远程控制集中控制建设，并入全省干线航道网船闸运行系统实现在线登记、收费和调度；连云港市盐灌船闸升级“潮河e站”服务功能，将扫码预登记、服务公告、安全信息上报、船舶信息变更、待闸信息查询等纳入服务范围。浙江省钱塘江中上游船舶过闸APP“浙闸通”上线运行。山东省启动京杭运河船闸智能通航系统建设。江西省完成信江船闸智慧通航管理系统建设。安徽省完成合裕线ETC过闸系统项目升级改造工程，增加了皖航通APP，开通船舶注册、登记、缴费、查询业务不见面办理模式。

6.4.2 智能船舶技术应用

船舶智能制造技术。南通市船舶海工产业汇聚南通中远海运川崎、南通中远海运船务、招商局重工、振华重工等一批旗舰型、龙头型企业，依托船舶海工重大项目建设，在LNG-FSRU再气化模块、铺管船核心铺管系统、自升式平台抬升锁紧系统、动力定位系统、平台系泊自动定位系统等一些海工装备关键配套设备方面取得突破，以船舶分段制造为重点，加快智能制造单元、智能生产线、智能化车间建设。

智能船舶技术应用。由国网电动汽车公司投资、国网智慧能源交通技术创新中心负责研发的64TEU纯电池动力集装箱船在江苏泰州开工，这是全国首艘64TEU标准化智能新能源集装箱船，建成后将在湖州安吉上港码头至上海共青码头航线运行；项目将攻克纯电池动力、无轴轮缘驱动推进、船舶自主航行控制等关键技术，达到零排放、无污染、低噪音，实现效能与环保“双赢”。

推进智能船舶产业化。武汉新港委联合武汉理工大学推动组建的武汉理航智能船舶科技有限责任公司，以研发载量大、油耗低、节能环保、安全高效，适港、适航、适货的新一代运输船舶为目标，研发系列节能、环保、经济、高效“4E”级具有自主知识产权的干支线船舶，政学研携手推动长江绿色智能船舶产业化。

6.4.3 智能航运技术创新

港口生产运营管理智能化。长江沿线各主要港口和航运企业签署“长江港航区块链综合服务平台”合作框架协议，以“数字化+平台化+区块链”新技术建设“长江港航区块链综合服务平台”，平台于2020年9月28日推出，将推动“港航货”线上对接与线下协作，实现全物流链动态跟踪，提高各参与方运营效率。中远海运集运、上港集团等船公司和码头运营商完成全球航运业务网络（GSBN）股东协议书签署，航运业首个区块链联盟GSBN为供应链上相关方提供安全及可信任的数据交换平台。

无人技术应用。海事航道机构将无人机作为传统监管手段的有效补充，推动无人机技术在巡航执法、调查取证、污染监测、应急指挥处置、航道航标巡查、图像采集等场景应用，提高长江航运公共服务能力和水平。宜昌海事局宜昌港区采用全自主智能巡航无人机，可实现自主巡航、查验取证、远程喊话及搜寻定位等海事执法监管项目，开创了全国内河海事系统艇载移动式无人机机场执法应用的先河。长江航道局开展无人航道测量船的深化研究与应用推广，完成新九二期工程等航道整治工程测绘任务。昆山市港航事业发展中心引进首艘智能无人测深船，应用于昆山航道地形测量、应急抢险、工程建设；泰州开展无人机航标巡检试验性研究，依托“无人机+5G”助力智慧航道建设；重庆两江协同创新区明月湖采用无人驾驶清洁船进行湖面清洁工作。

工程建设智能监管技术应用。各地加强监管技术创新，推动智慧管控体系建设。在航道工程建设项目中，引入“智慧工地”管理模式，提升项目管理效率、现场安全监管能力。江苏省通扬线高邮段航道整治工程建设项目首次运用“智慧工地”平台，可实现人机活动轨迹可视化、混凝土拌合站实时监管、试验数据实时采集、工程质量可追溯、施工工艺BIM技术交底、现场施工视频监控全覆盖、农民工工资动态管理等功能；申张线青阳港段航道整治工程创新启用“试验检测云智能系统”，对工程现场采集到的数据进行集中存储、资源共享、统一调度，实现对试验检测的人、机、料、法、环五大要素的综合管控；京杭运河施桥船闸至长江口门段航道整治工程推广应用智能化、智慧化施工等四新技术成果；苏州市水运开展智慧工地探索，开发钢板桩5G智慧监管平台。

推进船舶尾气污水等智能监测系统运用。长江南通段通过在海巡艇上安装船舶尾气遥测仪，在海事执法终端上安装遥感监测系统，形成“遥测初筛—登船快检—化验精检”的船舶用油监管新模式。三峡坝区引导辖区5艘生活污水接收船加装了电磁流量计，实现生活污水接收、转运数量精准化实时监管。

6.4.4 智能航行保障体系

北斗导航系统应用。长江干线北斗卫星地基增强系统主体工程基本建成，船载北斗智能终端、北斗遥测遥控终端等加快推广，长江干线已有8000余艘船舶应用北斗船载智能终端、5600余座航标应用北斗遥测遥控终端，长江干线航道航标北斗遥测遥控终端、长航系统公务车辆北斗车载终端等应用，以及长江海事局公务船舶及其辖区客船、客渡船北斗船载AIS智能终端应用实现全覆盖。此外，上海港、宁波舟山港、江苏沿海等实现北斗遥测公用干线航标全覆盖。

电子航道图应用。长江电子航道图APP稳定运行，为船舶用户提供形象、直观、高效、精确的导航、助航功能和便捷的通信功能；长江电子航道图微信小程序上线运行，主要包括标准长江电子航道图显示与浏览、底图更新下载、全要素详情查询、AIS船舶信息搜索查询定位等。长江电子航道图与汉江、赣江电子航道图实现“干支联动”。

智能航运信息服务。长江三峡通航管理局开发的“三峡通航e站”上线试运行，以官微“三峡通航发布”为入口，设置通航信息、过坝信息、待闸锚泊、政务公开、温情驿站、评价咨询6大类30项服务，融合该局在用的调度系统、远程申报系统、安检系统、锚泊管理系统、船舶吃水检测系统、诚信系统等6个业务系统数据，对接“船e行”“长航云医”“长江水文”“e充电”“易多优选”等社会公共服务系统，24小时不间断为船方提供个性化服务。

6.4.5 智能航运监管系统与平台

智能化海事监管系统与平台。海事部门探索高效、透明、经济的监管模式，以研发应用智慧海事监管服务平台为载体全面建设智慧海事，推动水上交通安全监管模式从事前管理向事中、事后管理转变，从人工“签证+巡航”向“智能化监管+精确执法服务”转变。江苏海事局完成慧眼工程船脸识别系统建设方案，开发船舶身份识别、辅助监管、统计分析等功能，在常浒河口开展船脸识别技术性测试工作。南通建成全国首个海上风电智能监管平台，实现现场监管可视化、远程通信一体化、平台运行数据化。常熟海事局开发智能港口一体化平台，打造智能生活污水收集处理系统、配备智能垃圾收储系统、研发智能船舶岸电系统、试点智能港口通信系统、创新智能水下感知系统。湖南省智慧水运综合监管平台推广应用，该平台包括协同办公门户子系统、水运日常监管子系统、海事执法管理子系统、语音调度指挥子系统、数据工程及智慧水运APP等系统，智慧水运APP在线人数日均380人次；完成客渡船智能识别系统项目初验。

智慧航道监管系统与平台。长江航道实现了广域网互联互通，初步形成了覆盖长江航道局、区域航道局、航道管理处、航道维护班组四级的“互联网+长江航道”数字管理体系。利用长江干线数字航道系统功能，实现了对航道维护船舶出航作业记录、主要设备运行状态、燃油消耗数据等信息实时监测监控和数据自动采集、远程传输，实现船舶管理由结果管理向全过程监管转变，实现对各类航道养护要素及船舶管理等相关辅助工作的数字化管理、智能化分析、自动化传递。长江航道首个控制河段智能指挥系统在重庆鱼洞信号台投入试用，该系统集成多信源数据融合处理、视频联动跟踪、高频语音自动播报、场景记录追溯回放技术，首创饱和度、平衡度双控算法模型，实时计算上下游船舶饱和度，给出最优的放行辅助决策方案。长江航道首个云调度指挥系统在芜湖建成，实现远程监控调度。河南省水路路网运行监测信息系统试运行。江西省鄱阳湖赣江航道225座遥测遥控航标及管理系统投入试运行，实现了全天候24小时实时监控。湖南省完成水运内河航道智能卡口管理系统，并将卡口系统集成到智慧水运综合监管平台。

港口智能监管平台。港口管理部门以港口危险货物安全监管为核心，加强非现场监管功能应用，从传统的基础信息、静态信息采集向过程信息、动态信息采集转变。通过三维技术、GIS技术、移动互联网、物联网等技术支撑手段，重点加强对重大危险源的监管，促进企业动态监测监控系统联网，推进移动应用和视频监控在安全监管业务中的综合应用。

第7章 行业治理

7.1 治理体系建设

7.1.1 健全完善法治体系

法规规范体系。落实交通运输部关于完善综合交通法规体系的意见，加快长江航运法规规范体系框架建设，长航局出台《完善长江航运法规规范体系保障和促进长江航运高质量发展的意见》，明确长江航运法规规范体系由水路运输管理法规规范系统、港口管理法规规范系统、航道管理法规规范系统、水上交通安全管理法规规范系统和防污染管理法规规范系统构成。法制工作部门发挥好牵头组织、归口管理、审核把关、沟通协调作用，做好新颁布或新修订法规宣传工作，参与《长江保护法》《内河交通安全管理条例》《内河海事行政处罚规定》《航道养护管理规定》等法律规范的起草修订，协调推动《江苏省道路水路运输经营者信用管理办法》《浙江省港口管理条例》《浙江省航道管理条例》《江西省水路交通条例（草案）》等相关法规项目的起草并推动颁布实施。开展规范性文件清理，长航局完成5份规范性文件和管理制度合法性审查。

综合行政执法改革。深化长江干线水上综合执法改革，梳理修订综合执法相关制度，进一步提升综合执法制度的适用性，促进综合执法深度融合。长航局全年共开展水上综合执法现场巡查12.1万次、航道执法检查23万次、通信执法检查7.6万次、船舶营运证检查9.1万艘次，出动执法人员34.9万人次，实施航道行政处罚433起、通信行政处罚411起，海事公安常态巡查5386次、专项巡查1227次，向长航公安机关移送涉嫌犯罪案件6件。各地全面推进承担行政职能事业单位改革，省市县三级综合执法机构组建、执法人员划转等工作取得明显进展，省级综合执法机构陆续挂牌，省级以下机构改革步伐加快推进。

法治政府部门建设。长航局和各地水运领域管理机构，按照2020年度交通运输法治建设工作要点要求，统筹推进法治政府部门建设。强化依法行政，健全科学民主依法决策机制，健全完善工作机制，推进审核工作流程化、规范化、信息化；以实施《优化营商环境条例》为契机，加快打造市场化法治化的水路运输营商环境。加快“四基四化”建设，促进执法队伍规范化，提升基层执法水平，长航局修订印发《长江干线航道违法行为行政处罚自由裁量标准》，长江海事局全年查处行政违法案件35279件，其中首违不罚420件、罚款34716件、警告17件、扣留吊销证书126件，见表7.1-1。

长江海事局（含江苏海事局）行政处罚情况统计　　表7.1-1

	合计	海事行政违法案件	航道行政违法案件
小计（件）	35279	34846	433
其中：首违不罚	420	420	
罚款	34716	34287	429
警告	17	13	4
扣留、吊销证书	126	126	
罚款金额（万元）	18508	18428	80

7.1.2 行政管理体系建设

行政管理体制改革。长航局巩固深化长江航运行政管理体制改革成果，推进长江航道局航道养护单位改革和经营类事业单位转企改制工作，推进长江干线区域性应急救助基地筹建工作，完成江苏海事局机构编制动态调整。上海、江苏、浙江、安徽、山东、湖南、重庆、陕西等省市巩固航道、运管、地方海事等领域承担行政职能事业单位改革成果，全面落实机构编制实名制管理制度，实现机构清、编制清、领导职数清和实有人员清，上海市港航事业发展中心正式挂牌。江西省推进港航管理体制改革，组建赣江、信江船闸通航中心，江西省高等级航道事务中心和五个片区航道中心挂牌成立。

协同协作发展机制。长航局深化与沿江省市交通运输主管部门和地市人民政府的“2+N”合作机制，健全长航局区域工作联动协调机制，完善与公安、水利、生态环境、渔政等涉水部门的联合执法和交流协作机制。上海、江苏、浙江、安徽一市三省交通运输、海事主管部门签署《长三角地区省际交通互联互通建设合作协议》《长三角海事监管领域信用管理合作备忘录》，建立健全跨区域交通基础设施建设协同会商机制，合力打造长三角海事监管领域信用管理合作示范区。江苏海事局与长江江苏段沿江各级人民政府、管理部门、港航企业等签订一系列战略合作协议，会同长三角海事机构建立协调联动机制。川渝签署成渝地区双城经济圈运输服务一体化发展合作备忘录，共建长江上游航运中心，开展渠江、嘉陵江水上联合巡航执法，推进双方行政执法标准统一，健全跨省违法行为查处协作联动机制，实现船员船舶信息共享，互认船舶检验结果，共享水情、船舶监控及违法等信息。

7.1.3 市场治理体系建设

“放管服”改革。各级管理部门深化简政放权、放管结合、优化服务改革、优化营商环境工作。继续做好水运领域中央层面设定的取消下放行政许可事项落实工作。继续深化“证照分离”改革，推动试点扩面，湖北省水路交通运输行政审批启动“证照分离”改革全覆盖试点。促进政务服务质量持续提升，推动“政务服务一网通办”，探索推进“一业一证”“一企一证”“证照联办”和政务自助服务等创新举措，位于长江南京段栖霞龙潭水域的长江主航道上首座水上政务服务中心正式投用。长江海事系统“一网通办”工作实现90%上网率；江苏海事局全面建成54个政务自助服务站，24小时自助服务站（区）基本实现辖区全覆盖；浙江省推动航道行政许可“最多跑一次”改革，内河船舶“多证合一”改革成果在长三角全面推广；重庆市推行线上办理、快递办理等“无接触”办件服务模式，通过网审平台办理许可项目1700件。长航局继续组织开展“春暖行动”，制定实施优化营商环境增强港航企业发展活力工作措施，加强措施落实的督促检查，全年减免外贸货物港建费及船舶油污基金约16亿元；长江海事率先实施“首违不罚”。江苏省严格落实过闸费优惠20%和集装箱船舶优先免费政策，定期公示集装箱航班航线优先过闸企业名单，实现优先过闸网上申请，全年减免船舶过闸费3.3亿元；安徽省减免过闸费1420万元。

完善监管政策标准。各级水路运输管理部门做好修订后的《国内水路运输管理规定》实施工作。贯彻落实市场准入负面清单制度，着力推进水运领域市场体系基础制度和市场综合监管、要素市场运行等机制的健全。统筹推动事中事后监管工作任务落地落实，强化事中事后监管事项的清单化管理，全面实施“双随机、一公开”监管，完善“一单两库一细则”，推进信用监管、互联网监管、跨部门协同监管，长航局在政务网站发布事中事后监管事项清单，长江海事系统加快推进“双随机、一公开”监管全覆盖、常态化，浙江省规范涉航建筑物建设事中事后监管。协调解决跨行业、跨部门、跨领域的多式联运规划、标准、政策等事项，推动港口多式联运服务规则在不同行业、运输方式、企业间的衔接，规范涉企收费行为。

7.1.4 社会协同共治体系

社会参与机制。各级管理机构围绕建设人民满意的交通，完善公众参与治理渠道，健全公共监督机制，全面加强政务公开工作，提高相关热线服务水平，及时回应群众诉求，鼓励行业协会等社会组织积极参与行业治理，探索试点行政执法社会监督员制度。

协会联盟建设。发挥协会、联盟在政府和企业之间的桥梁、纽带作用及参谋助手作用。长江港航物流联盟在服务行业、反映诉求、规范行为、诚信建设等方面加大工作力度，与长航局发展研究中心共同完成并发布了相关市场年度分析报告，液货危险品运输专委会成立行业安全专家库。长江海事局与长江流域气象中心、水运安全国家工程技术研究中心联合印发《长江航运气象服务联盟建设方案》，共同成立长江航运气象服务联盟，通过共建合作平台、共用科技人才、共享优势资源、共破技术难题，提升增强长江航运灾害性天气预报预警服务能力。

7.1.5 开放合作体系建设

服务自贸区建设。支持沿江自贸区和综合保税区建设，加强制度创新，推进水运及相关辅助业务市场对外开放，加大外贸航线开通力度。上海海事局成立驻上海自贸区临港新片区办事处，下放及调整36项行政执法事权，实现“区内事、区内办”，“中国洋山港”籍船舶登记和吸引新片区首家纯外资海员外派机构落户等2项举措入选新片区创新案例。江苏海事局、南京市江北新区管委会联合发布关于支持自贸区南京片区航运创新发展20条政策措施，优化港航综合协调指挥中心运作模式。长江海事局推动武汉自贸区“铁水联运”建设，武汉直航日本航线开通，落实促进一类口岸扩大开放意见实施细则在航运领域的相关政策。湖南省进一步加大岳阳、长沙外贸航线开通力度，打造“湘—非”集装箱国际物流通道。

服务水运口岸建设。长江海事局深化口岸“3+6”管理，国际贸易“单一窗口”应用率100%。洋山—太仓港“联动接卸”海关监管模式正式运行，沪太通关一体化全面落地。江苏省扬州海事、海关等部门签署企业协同管理备忘，服务好口岸发展。武汉海事部门协调武汉新港海关、汉口出入境边防检查站等口岸查验单位联合制定了《武汉口岸国际航行船舶联合登临检查工作机制》。川渝两地航运物流企业落实四川省、重庆市政府口岸物流部门签署的《成渝地区双城经济圈口岸和物流合作备忘录》《川渝国际贸易“单一窗口”合作协议》，推动区域资源共建共享和口岸物流业联动发展。

7.2 基础设施管理

7.2.1 推进基础设施高质量发展

推动基础设施系统化协同化发展。各级管理部门落实推进基础设施高质量发展的要求，统筹基础设施规划、设计、建设、运营、维护、更新等各环节，加强全生命周期管理。坚持规划建设与运营服务并重，主动服务和融入国家重大战略，增强规划科学性、合理性和权威性，提高设计专业化、标准化水平，加快补齐基础设施短板，增强战略支撑保障能力。完善政策环境，创新相关体制机制，加强前瞻性、引导性技术研发和创新，夯实发展基础。围绕融合发展方向，做好衔接协调，加强资源整合和共建共享，促进协同融合，提高资源要素配置效率。

统筹布局新型基础设施项目。各级交通运输主管部门围绕加快建设交通强国总体目标，以技术创新为驱动，以数字化、网络化、智能化为主线，统筹布局谋划水运领域新型基础设施项目，建立健全推动新型基础设施建设的实施机制。江苏等省市交通运输主管部门出台具有地方特色的交通运输新型基础设施建设行动计划，围绕信息基础设施、融合基础设施和创新基础设施三大方向，加快示范引领，加强协同合作。

投融资机制改革。各级交通运输主管部门落实交通运输投融资政策，健全中央和地方各级财政投入保障制度，鼓励采用多元化市场融资方式拓宽融资渠道，积极引导社会资本参与水运领域建设。加强风险防控机制建设，有效防范化解债务风险。完善预算管理制度，全面实施预算绩效管理，着力提高资金使用效益。落实财政部、交通运输部《关于进一步加强公路水路公共基础设施政府会计核算的通知》要求，各级交通运输主管部门按照“谁承担管理维护职责，由谁记账”的原则，并结合直接承担后续支出责任情况，合理确定水路公共基础设施的记账主体。

7.2.2 水运建设市场管理

水运工程招投标管理。各级管理部门履行招投标监管职责，加强水运行业建设市场制度体系建设，推进电子评标和远程异地评标模式，规范水运工程建设市场参与方行为。长江上游羊石盘至上白沙水道航道整治工程勘察设计项目通过电子招投标交易平台完成招标及中标结果公示，实现招投标全流程电子化管控，这是长航局首个采用电子招标投标方式完成的项目。长航局研究制定船舶建造管理办法、船舶建造项目招投标备案管理办法。江苏省进一步明确水运项目招投标和信用管理，规范招标人或其委托的招标代理机构评标工作，严格防止串通投标。

工程建设市场信用管理。加强建设市场从业单位和从业人员信用信息审核发布，做好工程建设市场信用管理平台运行工作，信用评价结果在长航局政府网站进行公示并汇总到交通运输部网站。扩大信用评价覆盖面，长航局首次对船舶建造项目设备采购供货单位开展了信用评价。推进长江水运建设市场信用平台功能开发工作。长航局开展了2019年度系统建设工程设计、施工、监理、试验检测企业信用评价，对143家企业开展了信用评价，25家设计企业、81家施工企业、7家监理企业和3家试验检测企业获AA级，分别占参评企业的86%、79%、58%、100%。各地强化市场信用建设，开展年度企业信用评价。

提升基础设施建养水平。各级交通运输主管部门继续强化基本建设管理制度研究，进一步规范水运基础设施基本建设管理，加强项目动态管理，跟踪项目进展情况，实施进度滞后在建项目按月督办管理模式；加强全过程质量安全监管，落实质量安全终身责任制，健全维护管理体制和老旧设施更新机制，开展“品质工程”“平安工地”创建活动。长航局研究制定建设工程质量问题约谈实施细则、建设工程质量问题挂牌督办实施细则等工作，开展“坚守水运工程质量安全红线”专项行动和“平安工地”创建活动，武汉至安庆段6米水深航道整治工程BIM应用获中国勘察设计协会一等成果，长江南京以下12.5米深水航道二期工程荣获中国建设工程鲁班奖，长江中游鲤鱼山水道航道整治工程、长江下游江心洲水道航道整治工程荣获中国水运建设行业协会水运交通优质工程奖，荆江航道工程获国家优质工程金奖。江苏省出台公路水运品质工程评价实施细则，建立了五级评价指标体系及判定标准。浙江省富春江船闸扩建工程获2020—2021年度第一批国家优质工程奖。淮河航道临淮岗复线船闸工程获全国2020—2021年度水运工程优秀咨询成果奖一等奖。

7.2.3 航道管理与保护

航道行政许可管理。继续加强涉航工程监管，做好涉航工程航道通航条件影响评价现场监督检查与航评审核工作，督促落实航道通航安全保障措施，长航局全年完成152个项目涉航工程航评审核。做好专用航标许可工作，长航局全年办理107项航标许可。各地加强内河辖区航道通航条件影响评价现场监督检查与航评审核工作，落实新建桥梁、码头的导助航、防船撞设施“三同时”要求。开展商合杭铁路芜湖公铁大桥航评落实情况现场检查。研究李埠长江公铁大桥、沿江高铁崇明线航评意见。各省市航道行政管理情况统计表见7.2-1。

各省市航道行政管理情况表（不完全统计） 表7.2-1

省市	执法人员		航道执法检查次数（次）	现场执法次数（次）	航道行政许可、审核、审批（件）		
	持证人数	年度培训人次			专用航标许可	航评审核	其他
江苏省	1441	5583	8419	3088	2	506	32
浙江省	1359	1054	5405	71	3	424	2
安徽省	2067	994	645	368	1	111	9

续上表

省市	执法人员		航道执法检查次数（次）	现场执法次数（次）	航道行政许可、审核、审批（件）		
	持证人数	年度培训人次			专用航标许可	航评审核	其他
山东省	454	210	84	26			
湖北省	278	223	29	8		4	14
湖南省	325	769	3113		1		8
重庆市	896	188	1376			26	
四川省	253	388	1175	463	6	15	2
贵州省	157	26	24	8			
云南省	43	60	71	4		1	

长江采砂管理。贯彻关于促进砂石行业健康有序发展的指导意见，落实采砂管理三部合作机制工作要求，交通运输部长江航务管理局、水利部长江水利委员会、公安部长江航运公安局签署《关于建立长江河道采砂管理合作机制的框架协议》，完善长江河道采砂管理合作机制，不断推进联合行动，共同维护长江河道采砂良好秩序。联合做好长江干线采砂规划，配合沿江水行政主管部门做好采砂许可。严格管控“三无”和“隐形”采砂船，开展长江干流河道采砂统一清江行动，加强巡查监管、许可采区现场监管、采（运）砂船舶监管，严厉打击非法采（运）砂行为。湖北省建成首个新建的现代化高标准砂石集并中心（李埠砂石集并中心）。全年开展联合执法730余次，查处船舶涉砂违法行为438起，罚款306万元。

桥梁防撞管理。贯彻落实交通运输部关于船舶碰撞桥梁隐患治理工作要求，开展长江干线通航代表船型、船队专题研究，拟定长江干线碰撞桥梁隐患治理行动方案，推动重庆白沙沱大桥拆除和荆州长江大桥改造。

船舶航路优化。做好分道航行规则实施，加强航路规范运行评估，完成《长江上游界石盘至成贵高铁宜宾金沙江大桥段船舶分道航行规则（试行）》《长江江苏段船舶定线制规定》等修订工作。深化通航水域分级监管，定期评估调整分级情况，不断优化监管措施，试行待闸船舶联动管控方案。推进武汉至城陵矶河段枯水期航道深水深用通航适应性与保障水深研究、长江口航道对接长三角一体化战略、桥区航标优化和水域划定等研究工作。海事部门优化调整横驶区、停泊区等50余处。上海海事局优化长江口深水航道和南槽航道船舶交通组织，释放长江口深水航道与南槽航道的通航潜力。浙江海事局推动浙江沿海“三纵六横”航路格局纳入全国沿海航路规划。

管理制度建设。健全完善航道养护管理制度，修订实施长江航道养护管理工作规定、长江口航道养护中心现场管理职责等。

7.2.4 枢纽通航管理

枢纽检修期通航管理。在枢纽船闸检修延期、设备设施监测、维护保养、预检预修和应急处置等方面加强管理，以及枢纽船闸管理机制等方面不断完善。强化三峡、葛洲坝船闸停航检修延期通航运行保障，做好检修物资采购和工装准备、停航检修施工组织、常态化疫情防控措施等工作。开展三峡船闸停航检修延期“保运行保通航”工作，充分利用大风、大雾、大流量等停航时段开展维护保养、预检预修，降低通航影响。

枢纽通航调度。跟踪分析三峡枢纽通航动态，及时安排三峡船闸换向运行，均衡过坝船舶交通流。优化枯水期三江航道动态吃水调度，有效衔接过闸安检和船舶过坝。江苏省研究制定《江苏交通运输船闸运行调度管理办法》《江苏交通运输船闸过闸船舶信用管理办法》，应用信用管理手段，进一步加强船闸运行调度管理。江西省赣江、信江船闸实现统一调度管理。川滇两省航务管理部门联合发布向家坝升船机船型适应性技术要求，会同三峡集团创新监管服务举措，健全通航协调及联合管理、涉船重大险情应急协调等机制，制定向家坝枢纽河段通航管理暂行办法、升船机通航调度规程及相关运行方案、应急预案，开展多工况实船试航试验，促进标准化船型投运，开展船舶辅助闸室待闸、两船一厢等一系列措施，持续完善向家坝枢纽通航环境。

通航措施保障。三峡通航管理部门严格实施联动控制，严控近坝河段待闸船舶总数，引导港口、航运企业合理安排运输生产，协调重点物资运输船舶优先过坝；做好175米蓄水和汛期大流量条件下船闸管理，5次协调防汛部门控制三峡水库下泄流量，疏散1569艘重点急运物资船舶，确保了西南地区航空煤油、重大项目建设物资等“不断供”；充分发挥三峡升船机高效分流作用，升船机于7月11日恢复运行。江苏省实施《江苏内河航道优先过闸管理办法》，推进船舶优先过闸服务公平、透明；开发全省干线航道运行调度与监测服务系统，加强船闸运行管理。

7.2.5 港口管理

港口经营管理。各地交通运输（港口、海事）管理部门按照《关于修改〈港口经营管理规定〉的决定》的要求，进一步放宽了港口经营限制，加强港口风险防范和安全管理，加强港口监督管理，保障制度有效实施。依法严格实施港口经营许可、备案管理，做好港口经营许可证的核发、换发和注销等工作，强化港口经营资质年度核查与资质动态管理，规范经营许可审批条件和程序。港口经营审批“证照分离”改革全覆盖试点工作有序推进，通过整合手续、简化流程、加大数据共享应用力度等措施，不断优化港口经营许可审批服务的事项，提高审批服务效率。

规范港口收费行为。各地交通运输（港口、海事）管理部门加强港口市场监管，依法调查违规行为，配合有关部门加大查处力度，规范港口收费行为，落实降费政策。督促港航企业和相关单位落实口岸经营服务性收费目录清单和公示制度，落实有关阶段性降低政府定价的港口经营服务性收费标准等措施，降低货主企业和船公司物流成本，促进口岸营商环境优化。疫情防控期间各地结合本地实际，加大收费优惠力度，推动物流业产业链协同复工复产。

7.3 运输市场管理

运输市场宏观调控。严格执行客船、液货危险品船运输市场宏观调控政策，推动企业兼并重组。长江干线省际客运企业、液货危险品运输企业较2019年分别减少3家、7家。严格控制新增运力，继续实施省际客船“3换1”、液货危险品船“吨位换吨位”的运力置换政策，批复新建客船运力1艘、液货危险品船舶18艘。加快淘汰老旧船舶，全年淘汰客船1艘（108客位）、液货危险品船舶120艘（37016载重吨）。加快淘汰内河单壳化学品船和单壳油船，推进长江沿线运输植物油船舶改建或退市工作。

运输市场监管。各级管理部门切实转变监管理念、创新监管方式，强化经营许可审批、经营资质管理，督促企业加强内部管理，加强水路运输审批服务平台使用管理。落实交通运输部关于深化“双随机、一公开”监管工作的实施意见，长航局全面推行“双随机、一公开”监管工作实施方案，制定2020年度长江水系水路运输市场监督检查工作计划，分2批对4个省市16家企业进行了检查，发现问题62个，督促整改落实。各地结合国内水路运输市场秩序与服务质量检查等工作，完成2020年水路运输及其辅助业核查工作任务。

信用管理。创新推进信用风险分类监管、“互联网+监管”等手段，健全以“双随机、一公开”监管为基本手段、以重点监管为补充、以信用监管为基础的新型监管机制。构建“信用+智慧”新型监管机制，通过智慧海事赋能信用监管，将信用监管嵌入海事业务管理全过程，实现海事监管领域失信主体违法信息的归集加工和联合奖惩。长航局强化对省际运输船舶的信用管理，制定印发长江干线客船、水系省际危险品船运输市场信用信息管理办法，全年通报769起失信行为，督促辖区船舶运输经营人切实落实安全生产主体责任。江苏省规范交汇水域的船舶航行、作业、停泊行为，建立健全横越船舶信用监管机制，打造通江河口信用管理示范区；颁布苏北运河船舶信用管理办法，苏北运河船舶信用管理进入“信用2.0”时代。太仓海事部门联合港口推动太仓港集装箱码头联盟，发起集装箱安全运输信用承诺行动，50余家主要航运公司签订了承诺书，航运公司与船长签订责任状。山东省制订并实行水路运输市场信用信息管理实施细则，升级完善信用信息管理系统，建立企业信用档案，对守信及失信行为采取积分制管理。港口管理部门强化信用监管措施，明确港口行政管理部门信用信息录入职责和渠道。

运输组织保障。加强春运、节假日、汛期、枯水期等重点时段旅客运输、重点急运物资和特种拖带工作等运输组织保障，实现客船零事故、旅客零伤亡、旅客零滞留、服务质量低投诉。开辟疫情防控、生产生活等重点物资船舶绿色通道，保障重点物资运输畅通，疫情防控期间（1月23日至4月8日），长江海事辖区保障了重点物资运输船舶4.9万艘，货物共计1.3亿吨的运输安全畅通。组织实施疫情防控特别服务举措，对长江干线省际客船、长江水系液货危险品船国内水路运输经营者的《国内水路运输经营许可证》《船舶营业运输证》在疫情防控期间到期的，证书有效期统一延长至2020年6月30日。

运输市场服务。强化市场监测与信息引导，长航局继续加强长江水路运输市场供需评价和指数运行分析评估，编制发布长江省际客船、危险品船运输市场分析报告、运力分析报告、长江干线水运经济形势季度分析报告等，加强市场研判和趋势分析。规范价格统计调查制度，长江航运价格统计调查纳入国家统计调查范围，制定了《长江航运价格统计调查内部数据质量管控制度》。创新运价备案手段，上海航运交易所制定实施运价备案受理应急方案，引入视频检查、网上限时递交信息等创新流程，开展了7次运价备案检查、取证工作，检查企业63家次。

7.4 通航管理与保障

7.4.1 船舶管理

船舶登记。各级海事管理机构加强船舶登记管理，创新船舶登记模式，简化海关查验、船舶登记流程，督促符合条件的“三无”船舶办理登记手续。南京海事部门发出了江苏辖区第一张全程由网上申请、审批的船舶国籍证书。岳阳海事部门为香港直航船舶采取即申即办方式，核发了首艘登记地在岳阳的香港直航集装箱船证书。长江海事局辖区登记在册船舶14085艘，其中海船3344艘，内河船10741艘。

船舶检验。各级海事管理机构全面落实关于深化改革推进船舶检验高质量发展的指导意见，加强船舶检验的事中事后监管，强化船舶检验质量监督，深化同船检查工作机制。2020年各省市船舶检验登记和检验业务量情况见表7.4-1，长江海事局片区船舶检验登记情况见表7.4-2。

2020年各省市船舶检验登记和检验业务量情况 表7.4-1

	船舶检验登记数（艘次）	船舶检验业务量（艘次）	新建船舶数（艘）
上海市	2419	2480	
江苏省	39251	49497	
浙江省	17047	19604	
安徽省	26017	34122	174
江西省	4030	4861	103
山东省	12872	14640	
河南省	6271	7171	52
湖北省	8837	7339	516
湖南省	9070	9670	323
重庆市	4259	4669	258
四川省	8878	7871	204
贵州省	3365	4131	277
云南省	2021	1861	68

2020年长江海事局片区检验登记船舶吨位和主机功率情况 表7.4-2

	总登记船舶数	河船					海船				
		登记数	总吨位	总主机功率	单船总吨位	单船主机功率	登记数	总吨位	总主机功率	单船总吨位	单船主机功率
	艘	艘	万吨	万千瓦	吨	千瓦	艘	万吨	万千瓦	吨	千瓦
2020年	72748	71693	5115.4	2000.8	714	279	1055	289.0	114.7	2748	1088
2019年	81686	80513	5145.1	2034.4	639	253	1173	285.7	113.7	2436	970
同比	-10.9%	-10.9%	-0.6%	-1.6%	11.6%	10.4%	-10.1%	1.5%	0.9%	12.8%	12.2%

注：长江海事局片区包含安徽、江西、湖北、湖南、重庆、四川、贵州、云南和河南等9省市。

船舶进出港监管。各级海事管理机构全面保障中国海事综合服务平台——船舶进出港报告系统上线运行工作；巩固提升船舶进出港报告专项整治成效，坚决遏制船舶进出港报告违法行为；压实航运公司和港口码头安全管理责任，提高船舶进出港报告规范性和准确性；完善现场监管模式，建立完善船舶进出港报告长效监管机制。长江海事局辖区全年船舶进出港报告311.6万艘次、装卸货量35.5亿吨，同比分别降低0.6%、1.6%；受理国际航行船舶进出口查验37649艘次，降低0.7%，其中进口18642艘次、出口19007艘次；危险品船舶进出港申报115444艘次，危险货物吞吐量2.2亿吨。江苏海事局全年共监管285.1万艘次船舶、23.1亿吨货物安全进出港。上海港船舶进出港210.4万艘次，其中国际航行船舶进出口岸查验3.8万艘次。

船舶监督。各级海事管理部门和船舶检验机构开展长期逃避海事监管船舶整治，分三个阶段，自2020年9月起开展为期一年的专项整治行动，重点整治逃避船舶检验和安全监管的船舶，狠抓水路运输资质管理、船舶登记基础数据核实、船舶检验证书过期认定等重点环节，把好船舶运输市场准入关，加大现场监管力度，有效防范水上运输安全生产重大风险，实现长期逃避海事监管船舶“去存量、遏增量”。长航局制定船舶现场监督工作指南。长江海事局开展验船质量监督检查2274艘次，检查率45.18%，查出105艘存在检验质量问题船舶，涉及验船质量问题212个。湖北省对9146艘船舶进行了清理，1636艘船舶脱离长期逃避海事监管状态。河南省查处非法载客、非法渡运船舶64艘，排查脱管船舶496艘，召回涉海运输船舶100艘。

7.4.2 航运公司管理

航运公司安全管理体系审核发证管理。海事管理机构依法监督管理航运公司安全管理体系的建立、实施、保持及其相关活动。长江海事机构强化安全管理体系审核发证管理，215家公司、1305艘船舶新进入体系管理。推进NSM规则对第四批船舶生效实施工作。一批安全诚信公司、船舶、船长入选2020年名单。

航运公司安全监督检查。强化航运公司安全监督检查工作，组织开展典型事故案例进航运公司、船员培训机构。加大事故船舶及其所属公司的监管力度，长江海事部门安全警示约谈28家航运公司。

7.4.3 船员管理

船员考试发证管理。各海事机构和船员管理中心加强船员适任资格培训、考试、发证管理。长江海事首次发布长江流域12省市船员白皮书，开展船员考试2558期、98451人次，全年核发船员证书45141本，见表7.4-3。2020年，长江海事局辖区注册船员人数达162624人，同比增长3.7%。上海海事局组织各类船员考试评估245期，签发各类船员证书23418本，制作全国海员证75287本。针对新冠肺炎疫情常态化防控要求，各地启动船员培训线上教学、直播授课模式，船员考试实现“非接触式”缴费。长三角地区统一内河船员实操考试题库，探索建立长三角区域适任评估员异地评估交流机制，共同打造“幸福船员”服务品牌。安徽省首家船员培训机构通过课程确认，安庆远程考点开启内河船舶船员考试“常

态化”新篇章。最高法发布关于审理涉船员纠纷案件司法解释，解决审判实践裁判尺度不统一的问题，规范引导船员、航运市场秩序。各地海事机构开展内河船舶船员实操考试，做好内河船员适任证书发放工作，见表7.4-4。

长江海事局船员管理工作数据 表7.4-3

项目			数量		同比（%）
			2019年	2020年	
船员理论考试（人次）	内河船员	适任考试人数	8342	9160	-8.9
		特培考试人数	3960	4256	-7.0
	海船船员	三副/三管及以上	5480	6972	-21.4
		GMDSS	1117	1749	-36.1
		值班水手/机工	6594	11159	-40.9
		电子电气/技工	26	92	-71.7
		合格证	35676	46725	-23.6
签发证书	内河船员	适任证书	9266	12923	-28.3
		特培证书	2544	4737	-46.3
		服务簿	3398	4684	-27.5
	海船船员	适任证书	4404	3919	12.4
		海员证	3332	6463	-48.4
		服务簿	3151	5704	-44.8
		合格证（项目数）	19020	29797	-36.2

地方海事系统内河船员考试与证书基本情况 表7.4-4

省市	船员考试数量（人）	船员适任证书发放数量（本）	船员有效适任证书数量（本）
上海市	1045	1437	25463
江苏省	6062	15537	78246
浙江省	1779	2869	19696
安徽省	15423	15293	155049
江西省	3128	2413	9214
山东省	7567	3521	17040
河南省	1708	1646	10795
湖北省	630	2751	21158
湖南省	3003	3715	20879
重庆市	3132	641	5201
四川省	2549	2787	12582
贵州省	1465	1777	7932
云南省	915	1755	7090

船员违法记分管理。各级海事管理部门加强船员违法监管，开展船舶安全配员检查和《船员服务簿》记载情况专项核查，将船员违法记分和行政处罚信息录入“中国海事协同管理平台”，按期通报船员违法记分情况。长江海事局全年实施船员违法记分15219人次、48471分。

7.4.4 引航服务

长江干线引航服务。大力践行引航八项服务承诺，引航申请受理率、引航员准点率保持90%以上。引航服务能力同步适应12.5米深水航道通航建设，精准服务大型海工设施、风电设备船、大型集装箱船、超大型矿砂船等特种船舶以及邮轮等个性化引航需求。深化重点港航企业联系制度，互动走访大型航运企业，精准对接引航服务需求。全年共安全引领船舶61748艘次，引航船舶载货量4.5亿吨，同比增长5.6%，其中，国际航线船舶载货量3.7亿吨，增长7.7%；保障2569万吨防疫物资和4941万吨煤炭、2429万吨粮食、1691万吨成品油等重点民生物资进出沿江各港，有效应急处置船舶失控险情168起；全年引进开普型船舶1845艘，同比增长12%，为港口企业带来近30亿元的经济效益。2009—2020年长江引航业务量统计情况见图7.4-1。

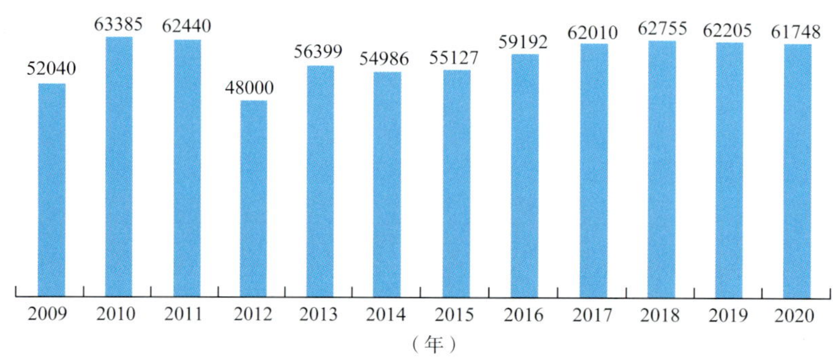

图7.4-1　长江引航业务量（艘次）

7.5 人才队伍建设

人才培育和队伍建设机制。优化人才管理机制，长航局制定事业单位岗位设置及调整工作方案，稳妥推进岗位设置及调整工作。着眼人才队伍长远发展，持续扩大人才队伍总量。着力促进人才成长，开展多方面培训，增强履职能力。推进职称评聘结合进程，优先推荐业务能力突出、发展潜力大的人员。长江海事局落实“4540”干部优化计划、“666”人才培养计划、双百青年计划，打造新进人员“启航”培训品牌。

科技人才队伍。加强领军人才培养和创新团队建设，长航局推荐“百千万人才工程”、交通运输青年科技英才、第十五届全国技术能手、享受国务院政府特殊津贴人选，推荐优秀人才参加外交部驻外干部选拔考试。完善科技人才评价体系，探索人才分类评价机制，提升职称评审工作质量。

技能人才队伍。统筹推进行业技能人才队伍建设，健全技能人才培养、使用、评价、激励制度，打通管理、专技、工勤等岗位转换通道，拓宽技能人才职业发展平台。加大培训力度，积极举办职工职业技能培训和职工综合素质教育。持续开展“创建学习型组织、争做知识型职工”“师徒结对”和创建“工人先锋号”“职工（劳模、工匠）创新工作室”等活动。发挥广大职工主力军作用，以国家、部省重点工程劳动竞赛为引领，组织开展“践行新理念、建功十三五”等劳动竞赛活动。

干部队伍。加强干部教育培训，长航局组织干部参加“一校四院”培训。做好干部日常管理监督，严格按照程序要求，组织开展亲属经商办企业情况个人申报工作。开展领导干部个人有关事项报告专项整治，抓好整改落实。

7.6 航运文化建设

航运文化载体建设。各地重视以航运为主体的多元文化建设，全面梳理长江黄金水道、大运河等航运文化资源现状，深入研究航运文化的理论与实践层面问题，挖掘长江航运文化精神内涵。各地依托航道、码头、船舶等，结合沿线人文历史、古村院落、民俗风情等传统文化载体打造和提升，大力建设滨水绿道、景观廊道，促进传承航运和地域文化的联动。适应消费升级和旅游发展要求，鼓励港口、船闸、水上服务区等航运设施对社会公众免费开展航运科普教育和体验游，提升人民群众对航运发展的获得感。上海市完善苏州河景观休闲长廊建设。江苏省加快实现船闸公园化、运河两岸景观化、港口花园化、航道服务区城镇化进程，推进京杭大运河文化带建设，全面打造智慧创新型、绿色低碳型、便民服务型、质量创优型、平安示范型航道；大运河文化带建设前期试点项目——谏壁船闸大运河文化带文化标识建设通过交工验收。浙江省推进美丽经济交通走廊建设，紧扣“品质”“文脉”“人文”等主题，开展美丽航道、美丽渡口创建工作；杭甬运河美丽航道、杭州市美丽渡口创建通过验收；丽水市结合美丽航道创建，充分发挥瓯江沿线风景优美、旅游资源丰富的优势，培育水上美丽经济带，打造了独具特色的“十里云河”“古堰画乡”旅游航道；“十三五”期间累计完成美丽航道创建1540千米，其中精品示范线876千米。

航运文化服务和产品体系。各地修订完善法律法规、标准规范、准则条例，将内涵丰富的航运文化优秀要素植入航运群体，打造航运文化服务和产品体系。依托新媒体不断放大航运文化影响力，打造航运文化品牌，长江航运微博关注量34198次、微信公众号订阅数21193次。开辟“航运+文化”旅游线路，发展游船、游艇经济，形成高品质航运文化休闲品牌，重庆试运行朝天门—广阳岛水路观光航线。推进水上客运、旅游客运售票“一站式”服务，加快推进三峡库区水路客运联网售票和电子船票应用工作，研发应用三峡库区水路客运售票系统，实现水路客运联网售票服务、实名制管理服务，长江干线13家客运企业均已接入。

行业精神文明。严格落实意识形态工作责任制，持续加强舆论引导与航运文化宣传。交通运输部、中华全国总工会联合开展感动交通年度人物活动，评选出2019年年度人物，开展2020年感动交通年度人物推选。长江水运领域，长江航运总医院抗疫医疗队获2019年感动交通年度特别致敬人物，1人获2019年感动交通十大年度人物，3人获2019年感动交通

年度人物；一批个人和团队进入2020年感动交通年度人物名单。长航局组织策划实施了“长江航运服务决胜全面建成小康社会”主题宣传系列活动，“我家住在长江边”话题总阅读量、播放量突破1.62亿次。疫情防控期间结合长江航运“防疫情、保畅通、保安全”实际，策划采写发表新闻报道18000余篇次，长江航运在公众生活中的传播力和影响力不断扩大。强化文明创建，涌现出一批全国先进工作者、全国交通运输系统先进集体和劳动模范（先进工作者）、全国和部省抗疫先进个人集体。长航局对口帮扶的湖北省建始县雪岩顶村脱贫摘帽。长航局系统1个集体、3名个人获全国抗疫先进表彰，8个集体、20名个人获交通运输系统抗疫先进表彰。长航局系统12家单位获得2018—2019年度全国交通运输行业精神文明先进集体荣誉称号；5家单位新获“全国文明单位”称号，系统“全国文明单位”称号总数达24家，二级单位100%为省部级文明单位，全行业继续保持全国交通运输文明行业称号；1名同志获全国劳动模范（先进工作者）称号。长航局系统单位16部微视频作品在“决胜小康 交通力量”全国交通运输脱贫攻坚主题微视频大赛评选中获奖。水运领域一批品牌入选第二届交通运输优秀文化品牌。

第8章 发展展望

8.1 形势要求

8.1.1 宏观经济政策走向

国内外环境变化趋势。世界百年未有之大变局进入加速演变期，外部环境复杂严峻可能影响我国内经济平稳运行。取决于疫情发展及政策行动的效果，世界经济有望出现恢复性增长，预计全球经济于2021年年中恢复至新冠肺炎疫情前的水平（国际货币基金组织（IMF）发布《世界经济展望报告》（2021年4月6日），预计2021年全球经济增长6%，比2020年增加9.5个百分点；预计中国经济将增长8.4%，发达经济体经济将增长5.1%，新兴市场和发展中经济体经济将增长6.7%。世界贸易组织（WTO）预测2021年全球货物贸易量将增长7.2%，但贸易规模仍将远低于疫情前水平）。但新冠肺炎疫情仍在全球蔓延，疫情反弹和长期持续的风险客观存在，国际上推动复工复产和防止疫情扩散面临“两难”，且存在疫苗接种进度的区域不平衡等问题；世界经济复苏不稳定不平衡，单边主义、保护主义持续演化，且存在多边合作不平等等问题，都将对未来经济韧性造成威胁，全球经济增长前景仍然具有高度不确定性。2021年是我国“十四五”开局、全面建设社会主义现代化国家新征程开启之年，立足新发展阶段、贯彻新发展理念、构建新发展格局，已成为中国推动经济社会高质量发展的主题主线。考虑到疫情得到有效控制和经济逐步恢复，我国经济基本面好转的大趋势是确定的，中国经济将继续引领全球经济复苏。但国内疫情防控仍有薄弱环节，我国外防输入和内防反弹的压力始终存在；国内经济恢复的基础尚不牢固、也不平衡，国内外市场有效需求仍显疲弱，居民消费仍受制约，投资增长后劲不足，出口持续回稳基础不牢，推动经济转型升级和创新发展仍受到一些制约，推动经济高质量发展、构建新发展格局的能力和水平还需进一步提升，国内经济环境不确定性仍然较大。

经济社会发展总体要求和政策取向。党的十九届五中全会审议通过了《中共中央关于制定国民经济和社会发展第十四个五年规划和2035年远景目标的建议》，提出坚持扩大内需这个战略基点，推动形成以国内大循环为主体、国内国际双循环相互促进的新发展格局。党中央对做好2021年经济社会发展工作的总体要求是，以习近平新时代中国特色社会主义思想为指导，全面贯彻党的十九大和十九届二中、三中、四中、五中全会精神，坚持稳中求进工作总基调，立足新发展阶段，贯彻新发展理念，构建新发展格局，以推动高质量发展为主题，以深化供给侧结构性改革为主线，以改革创新为根本动力，以满足人民日益增长的美好生活需要为根本目的，坚持系统观念，巩固拓展疫情防控和经济社会发展成果，更好统筹发展和安全，扎实做好“六稳”工作、全面落实“六保”任务，科学精准实施宏观政策，努力保持经济运行在合理区间，坚持扩大内需战略，强化科技战略支撑，扩大高水平对外开放，保持社会和谐稳定，确保“十四五”开好局起好步，以优异成绩庆祝中国共产党成立100周年。在具体工作中，要把握好坚持稳中求进、坚持做好新冠肺炎疫情防控工作、坚持新发展理念构建新发展格局、坚持深化改革开放、坚持系统观念等五个重点方面。2021年3月政府工作报告提出了国内生产总值增长6%以上、居民消费价格涨幅3%左右、单位国内生产总值能耗降低3%左右等2021年经济社会发展主要预期目标。为实现上述目标，明确要平衡好增长、收入、就业之间的关系，保持宏观政策连续性稳定性可持续性，积极的财政政策要提质增效、更可持续，稳健的货币政策要灵活精准、合理适度，就业优先政策要继续强化、聚力增效，进一步加强宏观政策协同配合，促进财政、货币、就业、产业、投资、消费、环保、区域、改革等政策形成系统集成效应，着力发挥有效投资的关键作用，强化预期管理，增强市场信心，汇聚起集中力量办大事、难事、急事的合力，围绕增强创新能力、推动平衡发展、改善生态环境、提高开放水平、促进共享发展等重点领域和关键环节，继续把改革推向深入。

经济和社会发展主要任务。2021年，立足新发展阶段，贯彻新发展理念，加快构建新发展格局，统筹发展和安全，将着力做好十个方面工作：一是抓紧抓实“外防输入、内防反弹”，科学有效做好常态化疫情防控；二是加快科技自立自强，推进产业基础高级化、产业链现代化；三是坚定实施扩大内需战略，加快形成强大国内市场；四是深化重点领域和关键环节改革，推动有效市场和有为政府更好结合；五是深入推进高水平对外开放，建设更高水平开放型经济新体制；六是全面推进乡村振兴，稳步推进农业农村现代化；七是大力推进区域协调发展，优化国土空间布局和支撑体系；八是加快推动绿色低碳发展，持续加强生态文明建设；九是进一步增进民生福祉，增强人民群众获得感、幸福感、安全感；十是统筹发展和安全，防范化解重点领域风险。

8.1.2 区域协调发展形势

落实区域重大战略。推进长江经济带高质量发展，加强生态环境综合治理、系统治理、源头治理，持续抓好生态环境突出问题整改，深入推进污染治理“4+1”工程，持续巩固长江禁捕退捕成效，开展长江生物多样性保护工程，打造若干生态产品价值实现机制示范基地；加快完善长江经济带综合运输体系，全面推进沿江高铁建设，加快推进长江航道整治工程，大力发展多式联运、江海联运；统筹推进长江经济带沿海、沿江与内陆开放；推动长江沿线城市绿色转型发展，推进历史文化保护与旅游发展；做好长江保护法宣传教育和贯彻实施工作。大力推进长三角一体化发展，出台支持浦东新区高水平改革开放打造社会主义现代化建设引领区的意见，支持浦东探索开展综合性改革试点，鼓励长三角地区推进新型基础设施建设，总结推广长三角生态绿色一体化发展示范区制度创新经验，统筹推进上海自贸试验区临港新片区规划建设和发展；推动长三角城市高质量发展，加快一体化发展重大战略项目建设，加大基础设施互联互通、科创产业融合、太湖水环境综合治理、生态环境共保联治、公共服务便利共享等重点领域投入力度。

落实区域协调发展战略。落实西部大开发“十四五”实施方案和重点地区规划，推进成渝地区双城经济圈建设，推动实施一批重大项目，打造带动全国高质量发展的重要增长极和新的动力源，促进西南地区与西北地区合作互动，积极推动西部大开发形成新格局。落实将出台的《关于新时代推动中部地区高质量发展的指导意见》和支持湖北省经济社会加快恢复发展的举措，重点推进先进制造业发展、科技创新与产业融合、城乡区域协调发展、生态环境保护、内陆地区开放、公共服务水平提升，促进中部地区加快崛起。鼓励东部地区加快推进现代化。

地区经济和社会发展主要目标任务。14省市在2021年的政府工作报告中，明确了本地区“十四五”主要目标任务及2021年预期目标和重点工作。总体来看，各地区结合本地实际，立足新发展阶段，贯彻新发展理念，主动服务和融入新发展格局，巩固拓展疫情防控和经济社会发展成果，以加快长江经济带发展、长三角区域一体化发展等国家战略实施和共建“一带一路”为牵引，以围绕各地区“十四五”规划明确的新定位、加快建设区域发展新格局为主攻方向，重点聚焦巩固经济持续回升态势、增强科技创新支撑能力、推进产业转型升级、加快建设现代流通体系、全面推进乡村振兴、推动生态文明建设、推动更高水平对外开放、保障和改善民生等方面进行了工作部署，为本区域经济平稳健康发展提供了路径指引和保障。

8.1.3 交通运输业形势要求

加快构建现代流通体系。中央强调以现代流通体系建设支撑构建新发展格局，加快构建现代化流通体系，将加快推进流通体系软硬件建设，优化提升流通基础设施网络，发展流通新技术新业态新模式，完善流通领域规范和标准，推动形成全国统一大市场。持续加强国家物流枢纽、国家骨干冷链物流基地等重大物流基础设施建设，开展商贸物流高质量发展专项行动，建设现代物流体系。巩固物流减税降费成果，完善铁路、水运干线物流通道，优化货物运输结构，积极发展多式联运、智慧物流，加快推进“快递进村”工程。培育壮大现代流通企业，加强国际航空货运能力建设，拓展全球流通服务网络，构建安全可靠的现代国际物流供应链体系，建设覆盖线上线下的重要产品追溯体系。

加快建设交通强国。“十四五”时期，交通运输部门将紧紧围绕“补短板、促融合、提质效、保安畅、强服务、优治理”，全面落实《交通强国建设纲要》重点任务，加快建设安全、便捷、高效、绿色、经济的现代化综合交通运输体系，努力打造“一流设施、一流技术、一流管理、一流服务”，推动交通发展由追求速度规模向更加注重质量效益、由各种交通方式相对独立发展向更加注重一体化融合发展、由依靠传统要素驱动向更加注重创新驱动转变，努力当好现代产业体系协调发展的坚实支撑、内外经济循环相互促进的重要纽带、产业链供应链安全稳定的保障基石、改善人民生活品质促进共同富裕的开路先锋，更好支撑服务构建新发展格局，加快建设交通强国，为全面建设社会主义现代化国家提供坚强保障。2021年全国交通运输工作会议强调，要以加快建设交通强国为统领，加快建设现代化综合交通体系，奋力建设人民满意交通，为构建新发展格局当好先行，重点做好十二个方面的工作，即深化交通运输供给侧结构性改革、为国家重大战略实施当好先行、全面做好加快建设交通强国具体工作、扎实推进巩固拓展交通脱贫攻坚成果同乡村振兴的有效衔接、进一步深化交通运输改革、加快建设交通运输法治政府部门、加快推动智慧交通发展、大力发展绿色交通、进一步加强交通运输对外开放合作、建设更高水平的平安交通、毫不放松抓好常态化疫情防控、加强党的全面领导和党的建设。

地区交通运输发展主要目标任务。各省市年度交通运输工作会议，聚焦优化综合立体交通网、发展现代物流、提升服务供给质量、构建统一开放的交通运输市场、促进高水平对外开放、统筹发展和安全等明确了具体任务。14省市将围绕服务构建新发展格局，继续聚焦扩大有效投资，推进一批重大交通基础设施项目建设，以扩大内需为战略基点，加快建设现代流通体系和构建现代综合交通运输体系，加快形成内外联通、安全高效的物流网络。

8.2 长江航运发展展望

8.2.1 长江航运发展总体趋势

长江航运发展总体思路。2021年，长江航运业将坚持以习近平新时代中国特色社会主义思想为指导，全面贯彻党的十九大和十九届二中、三中、四中、五中全会精神，落实中央经济工作会议和全国交通运输工作会议部署，按照立足新发展阶段、贯彻新发展理念、构建新发展格局的要求，围绕在服务构建新发展格局、服务保障国家重大战略实施中当好先行这一使命，大力发扬孺子牛、拓荒牛、老黄牛精神，以加快建设交通强国为统领，以推动高质量发展为主题，以深化供给侧结构性改革为主线，坚持系统观念，统筹发展和安全，突出规划引领，加强协同配合，引导更多资源配置到长江航运发展的重要领域和薄弱环节，有序推进长江黄金水道功能提升，积极拓展港口枢纽功能，继续统筹抓好疫情防控和运输保障工作，持续提升航运服务的质量和效率，统筹发展和安全，加快推进“两道三区”建设，确保“十四五”长江航运发展开好局、起好步。

长江航运经济将平稳运行。从宏观来看，稳中加固、稳中向好的经济基本面，保持宏观政策连续性稳定性可持续性的政策面，将确保长江航运经济平稳运行。微观方面，长江航运基础设施服务能力的持续提升，货源组织的覆盖面和深入性的不断拓展，营商环境的持续优化和治理能力的不断提升，将为长江航运高质量发展创造更为广阔的市场空间。展望2021年，不断提升的长江航运供给能力和服务品质，将确保煤炭、金属矿石、矿建材料、油品、集装箱、商品汽车等重点生产生活物资运输产业链供应链的安全畅通稳定。长江干线航运市场预计保持小幅增长态势，航运价格继续保持低位运行。

从干散货运输市场看，统筹推进传统基础设施、新型基础设施建设和新型城镇化建设，将支撑煤炭、铁矿石、矿建材料等运输需求将继续延续2020年下半年以来稳定增长的态势，干散货航运市场可望明显好于2019年。在碳中和目标背景下，我国加快建立健全绿色低碳循环发展经济体系，持续调整和优化能源产业结构和消费结构，加快发展清洁能源，不断加大新能源利用，煤炭消费占能源消费的比例将进一步降低，且需考虑电力运输取代煤炭运输、浩吉铁路开通和荆州煤炭铁水联运储配基地一期工程试运营，将可能对海进江运输等带来一定的影响，煤炭运输需求将呈现相对弱势但仍将维持高位。基础设施建设和房地产市场仍将继续支撑国内钢材和矿建材料的需求，但扩张性政策将会逐步反转，预计铁矿石、砂石料和水泥的运输需求总体保持平稳，沿江地区钢厂依赖进口矿，江海铁矿石中转将随我国铁矿石进口稳健而保持稳定，但需考虑全球疫情、矿山等因素影响国际铁矿石供给端不确定性加大带来的波动。

从液货危险品运输市场看，长江经济带原油进口主要依托海上通道，成品油依托长三角炼化基地集群和沿江炼厂，随着沿江原油成品油管网体系的不断完善，预计进口原油中转进江运输需求增长空间有限，成品油运输需求基本稳定；随着加快推进长江经济带化工产业结构优化调整和转型升级，有效控制危险化学品企业数量，液体化学品运输需求也将趋于稳定；考虑到环保要求日趋严格以及航运控硫标准的提高，长江LNG运输政策有望进一步明晰，LNG燃料动力船舶和配套LNG加注站的建设将加快推进，将带来LNG运输需求的释放。

从集装箱运输市场看，在海外经济复苏情况改善下，加之积极的稳外贸措施，国内完整的制造业产业链优势将继续支撑出口集装箱运输保持增长态势，但仍需考虑国际贸易前景的不确定性和全球经济复苏进程不及预期带来的影响；在以内循环为主体的新发展格局下，新老基建投资的快速增长，内需市场的升级，将带动国内集装箱运输需求增加，铁水联运等多式联运的发展和“散改集”持续推进也将对内贸集装箱运输市场形成长期支撑，但西部陆海新通道等陆上通道建设将带来一定挑战。

从游轮旅游运输市场看，受益于宏观经济复苏，将在常态化疫情防控中加快恢复。但全球疫情防控形势仍存在不确定性，民众对疫情的恐惧心理在短期内难以完全消除，尤其是跨境旅游需求仍将在较长时间内受到抑制，将为国内旅游市场带来一至两年的发展窗口，长江游轮旅游有望承接部分回流国内的出境旅游需求。随着国内新冠肺炎疫苗接种率的不断提高，市场有望快速恢复，客源主体仍将集中在国内经济比较发达的几大区域，境外市场可能到2022年才能逐步恢复。

8.2.2 2021年重点工作

2021年，长江航运业将全面贯彻党中央确定的“十四五”时期经济社会发展指导方针和决策部署，深入落实中央经济工作会议精神和《政府工作报告》任务要求，深入落实交通运输部和各省市关于交通运输工作的各项工作要求，准确把握新发展阶段，深入贯彻新发展理念，加快构建新发展格局，扎实推进长江航运绿色高质量发展，着力做好以下方面工作。

落实好中央决策部署和国家战略任务。深入贯彻落实习近平总书记全面推动长江经济带发展和加快建设交通强国等系列重要讲话精神，深刻把握长江航运在长江经济带发展、长三角一体化发展等国家战略中的地位作用与实践要求，实施长江航运“两道三区”战略，注重资源整合，充分发挥长江航运在构建新发展格局中的支撑保障和先行作用。突出规划引领，贯彻落实好《交通强国建设纲要》《国家综合立体交通网规划纲要》《内河航运发展纲要》，全面推进交通强国建设试点示范各项工作。贯彻“十四五”国民经济和社会发展规划，加强与国家综合立体交通网规划纲要、“十四五”长江经济带发展规划和长江经济带区域综合立体交通网规划等的衔接，统筹做好长江航运“十四五”规划及各区域规划和专项规划实施方案。

加快完善水运基础设施网络体系。加强系统提升长江干线航道通航能力研究，加快推进长江干线航道重点工程建设，完成长江干线武汉至安庆段6米水深航道建设并试运行，完成长江干线南槽一期、芜裕、新九二期、宜昌至昌门溪二期、莲沱、朝天门至九龙坡等航道工程，推进南坝田挡沙堤加高完善等工程，推进荆江二期、涪陵至丰都、南京以下12.5米深水航道完善工程等前期工作，继续配合推动三峡枢纽水运新通道和葛洲坝航运扩能工程建设；加快推进岷江、湘江、汉江、赣江及京杭运河、长三角高等级航道网等高等级航道提等升级和重点碍航闸坝通航设施建设；加快实施引江济淮航运工程，推进赣粤运河、湘桂运河、浙赣运河、荆汉运河、江海运河等一批重大水运项目前期研究。加快长三角港口群及长江中上游干支流重点港口重大项目建设，完善集装箱等专业化码头布局，加快规模化港口建设，提升港口集装箱运输和建材、煤炭、矿石等大宗散货供给能力；加强内河港口集装箱与沿海港口无缝对接，完善集装箱江海联运体系，提升区域港口枢纽江海联运中转功能；完善重点港区“铁公水”衔接顺畅的港口集疏运体系；推进区域港口航资源整合、优化功能、提档升级。协调推进港口型物流枢纽建设，发展临港经济，推进水运物流与生产制造业融合。支持长三角共建辐射全球的航运枢纽，协同推进长江经济带综合交通运输体系建设和长三角交通运输更高质量一体化发展。

不断强化通航保障。规范航道管理与养护工作，提升航道管理养护水平，做好水路运输保通保畅。贯彻落实《长江干线通航标准》，加强枯水期和重点河段航道维护管理，优化局部河段导助航标志配布。组织开展长江干线船舶碰撞桥梁隐患治理三年行动。强化桥梁等涉航工程通航管理。加强三峡船闸（升船机）运行维护管理，做好2021年船闸停航检修及通航保障工作。推动嘉陵江等航道通航建筑物联合统一调度，缩短船舶过闸和航行时间。

着力提升水运服务水平。推动货运物流降本增效，大力发展多式联运，有序推进江海河联运发展，完善服务内需的航运物流网络体系。落实现代国际物流供应链发展的指导意见精神，完善国际运输网络体系，优化完善江海联运航线网络，提升延伸服务双循环的国内外航线，积极支持保障沿江沿海港口开辟运行国际集装箱近远洋航线，提高与中欧班列衔接的保障能力。巩固水路运输结构调整工作成效，推进大宗散货、集装箱、商品车等货类陆转水，引导“散改集”发展。推进水运客票电子化和联网化进程，协调推进“三峡库区水路客运联网售票系统”应用，提升旅客出行服务品质，优化库区、湖区旅游码头布局，推进水上客运与旅游融合。发展“互联网+高效物流”，支持邮轮发展。加强航运市场监测与政策引导，继续做好长江航运运价指数等数据信息服务和重点货物流量流向监测，推进港航企业规模化、集约化、专业化发展。

着力加强安全监管。坚持系统观念和底线思维，牢固树立安全发展理念，持续筑牢本质安全体系，推动“陆水空天”一体化水上交通运输安全保障体系建设。落实安全生产责任，做实做细预防控制，继续组织开展安全生产专项整治三年行动，深化防范化解安全生产重大风险工作，全面强化客（渡）船、危险化学品船等重点船舶和坝区、桥区、湖区等重点水域安全监管，加强节假日等重要时段安全管理、应急值守、应急保障工作，切实维护行业稳定。加快安全生产重点工程的改造、建设、升级，提高安全基础保障能力，推进现代信息技术与安全发展深度融合。加强应急救援体系建设，推进专业应急救援力量建设，推动长江干线万州、武汉、南京区域性应急救助基地建设，提升水上应急救援能力。打造平安百年品质工程。完善网络安全防护体系。持续做好疫情防控工作。

深入推动绿色低碳发展。贯彻落实《中华人民共和国长江保护法》对长江航运绿色发展和污染防治的要求，扎实推进长江大保护长江航运各项重点任务，统筹推进绿色港口、绿色船舶、绿色航道和绿色运输组织。建立健全船舶和港口污染防治长效机制，巩固船舶和港口污染突出问题整治工作成效，不断推进现有船舶改造升级，协调推动污染物接收设施、水上绿色航运综合服务区、洗舱站、LNG加注站等建设，加强船舶污染物接收转运处置有效衔接，强化危险化学品洗舱管理，加快岸电及清洁能源推广使用，实现长江干线商品汽车滚装码头和滚装船岸电建设使用全覆盖，开展集装箱码头和集装箱船岸电使用试点。严格监管执法，强化联合监管和互联网监管，加快推进船舶和港口污染物联合监管与服务信息系统全面覆盖长江经济带港口并实现有效运行，加大对船舶偷排漏排、非法采砂等破坏长江生态环境的违法行为查处力度。加强资源节约集约利用与生态保护，有效推进疏浚砂综合利用，深化非法码头整治。全面推进长三角船舶交通管理、船舶和港口污染防治一体化。进一步落实长江禁捕工作有关要求。

加快推进智慧航运建设。全面确立科技创新在长江航运现代化建设全局中的核心地位，构建适应交通强国建设的行业科技创新体系。深化协同创新机制，以平台建设和人才培养为基础，以创新环境营造为保障，引导行业加强在基础设施建设、运输服务、绿色智能技术等重点领域科技研发和关键技术攻关，力争在一些关键核心技术领域取得突破。以试点示范为引领，加快提升科技成果转化能力。以新基建为引擎，推进5G、大数据、物联网、区块链等新技术与基础设施建设、水运行业管理的深度融合，推动数字长江、智能航运发展。继续统筹实施“云上长航”项目，加快长江航运数据中心建设。加强长江通信专用建设，全面推进北斗导航系统在长江航运应用全覆盖。推动数字航道建设，优化升级长江电子航道图，加快京杭运河等支流航道电子航道图建设，推进电子航道图全流域覆盖和互联互通。完善京杭运河等相关高等级航道船闸调度系统，推动实现船闸运行与船舶调度系统融合，多梯级船闸群联合调度和干支线船闸调度联动。做好以多式联运为重点的物流信息平台等拓展升级，构建长江航运综合信息服务平台，推进平台共享融合发展，加快形成数据共享的智慧航运体系。积极推进新一代自动化码头、堆场建设改造，推动全面感知、泛在互联、港车协同的智能化港口系统应用，推进港口无纸化作业，促进港口物流与上下游产业的有效衔接、业务协同。推广应用航行保障智能技术，提升监管智能化水平。

切实提高治理能力。进一步深化体制机制改革，持续做好深化长航系统行政管理体制改革、地方交通运输事业单位改革后续工作，完善发展协调机制。深化法治政府部门建设，统筹推进法规制度建设，健全完善行政执法制度和运行机制，深化长航局系统内外执法联动协作，实施执法队伍素质提升三年行动，持续深化“四基四化”建设，提高执法规范化和现代化水平，持续提升一体化政务服务能力。持续优化航运营商环境，深化“放管服”改革，加强信用体系建设，强化事中事后监管，建立健全以信用为基础的新型监管机制，加快形成统一开放的水路运输市场。继续加强航道管理，强化行政执法与监督，加强对跨、临、拦河建筑物建设的事前事中事后监管，从源头上保护航道资源。加强港口管理，继续推进区域港口一体化进程，促进区域港口协同发展，完善港口收费政策。继续提升海事监管能力，做好船舶、船公司、船员、船检管理工作。加强干部队伍建设。全面加强党的建设，强化行业作风建设，强化文明创建，广泛凝聚发展合力。

2020年
14省（市）水运发展回顾与展望

报告 1

上海市水运发展综述

2020年，上海水运贯彻落实交通强国、长三角一体化发展等国家战略，进一步深化改革创新，积极提升水路运输治理能力，加强区域港航协同发展与高质量发展，着力推进上海国际航运中心建设，推动全球航运资源配置能力持续增强。

一、水运发展基本情况

运输规模。2020年，上海市水运完成货物运输量9.3亿吨，同比增长31.7%；港口货物吞吐量7.1亿吨，下降1.9%，其中外贸货物吞吐量3.9亿吨，下降2.0%。集装箱吞吐量4350万TEU，增长0.4%，国际中转完成超530万TEU，增长超14.0%，水水中转比达到51.6%，增长约3.0%。上海水运口岸货物量3.9亿吨，下降1.9%。水运口岸集装箱吞吐量3639万TEU，下降1.6%。水运口岸出入境人员59万人次，下降80.0%。

二、水运发展成效

（一）国际航运中心建设

国际航运枢纽港地位稳固确立。上海港集装箱吞吐量连续11年稳居世界第一，上海港作为国际集装箱枢纽港的地位进一步巩固。《新华—波罗的海国际航运中心发展指数报告（2020）》显示，上海首次跻身国际航运中心排名前三强。上港集团内河集装箱中心正式运行，上海港集疏运能力进一步向江浙延伸。海铁联运发展加快，上海港海铁联运公司年度集装箱箱量突破20万TEU。航海服务保障水平显著提升。

航运服务功能不断向中高端拓展。“十三五”期间，上海现代航运服务功能进一步完善，服务门类、业务规模不断拓展。上海航运交易所发布上海出口集装箱结算运价指数（SCFIS），为我国开展航运运价指数期货创新探索奠定基础。上海海事法院首次适用英国判例法审结一起涉外合同纠纷。上海海事法院与中国船东互保协会签署合作备忘录，在全国范围内首推船舶扣押预担保。

航运营商环境显著改善。水运行业实施行政审批制度改革，压缩审批承诺时限，大幅精简申请材料，全面推进“证照分离”改革，构建“五位一体”的行业综合监管体制。上海自贸区临港新片区管委会陆续出台一系列涉及服务业和实现高度开放的相关政策细则，高度开放的运输制度体系加快形成。洋山特殊综合保税区（一期）通过验收，是全国唯一的特殊综合保税区，具有“一线放开，二线管住”的特点。

（二）服务长三角区域一体化发展

航道建设畅通长江经济带经脉。加大航道建设力度，长江口南槽航道治理一期工程投入试运行。上海内河高等级航道整治工程有序推进，建成杭申线、长湖申线、赵家沟东段等航道，持续推进大芦线二期、平申线、苏申内港线等航道工程建设，对接苏浙的航道基本建设完成。上海纳入长三角高等级航道网的航道中，8条（段）基本建成、2条在建，“一环十射”高等级航道网络主体框架基本建成，有效提升了长三角地区高等级航道网综合集疏运能力。实现长江沿线集装箱物流班轮化运作，在洋山深水港区主航道实行双向通航，实施内支线集装箱船舶“双档靠泊”作业及国际干线集装箱船舶“双套、双窗口”作业。

互联协作形成一体化新机制。上海市发布长江三角洲区域一体化发展规划纲要实施方案，将完善基础设施网络布局，共同提升互联互通水平，促进长三角更高质量一体化发展；上港集团与宁波舟山港签订战略合作协议，共同参与小洋山综合开发，实现长三角区域港口资源重组；小洋山北作业区规划方案和沈家湾作业区规划调整方案通过部省市联合审查；全国首单浙沪跨港区国际航行船舶保税供油试点成功，长三角海事服务一体化迈出新步伐。

（三）智慧绿色港航发展

港航信息化水平提升。上海港积极推进数字平台建设，创新港口服务模式，实现口岸集装箱业务全程无纸化。上港集团、中远海运、货讯通及特斯拉共同完成一项利用数字化方案变革现有货物放行流程的区块链试点应用，成为航运业首批通过区块链技术实现海运承运人与码头运营商之间实时货运数据交换的试点应用项目。上港集团发布长江港航区块链综合服务平台，提供长江运输链全程可视化追踪等多样化服务，推动港航物流关键结点数据上链和港航联盟链建设。中国船级社上线入级船舶检验文件电子化系统，全面实现检验文件电子化。上海海事局联合上港集团开发的上海港海运集装箱重量验证（VGM）智能监管系统在洋山深水港盛东国际集装箱码头启用，实现了对盛东码头的所有出口集装箱的重量查核，系统将逐步纳入上海海事“一网统管”平台，在上海港全域推行。

水上服务区绿色升级。上海首个内河航运综合性水上服务区上海宣桥水上服务区投入营运。宣桥服务区连接长三角内河集装箱运输主通道，在传统船舶油品供应的基础上，结合集岸电、光伏、储能和充电桩于一体的协同互动系统，为船舶提供绿色清洁电能。

水上环境治理体系优化。洋山港、长江口E航海项目全面完成，有效提高港口营运效率。上海海事局等部门利用船舶黑烟检测APP、VTS，全力护航第三届“进博会”。上海市制定400总吨以下内河船舶生活污水环保改造实施方案，编制400总吨以下内河船舶加装生活污水储存设施检验办法，全年改造船舶445艘。落实中央生态环境保护督察整改和交通运输部专项整治要求，完成码头企业环境综合整治工作。加快推进岸电建设，颁布上海市港口和船舶岸电管理办法实施细则。

（四）水上安全制度与监管

制度规范与源头治理。推动全港危险货物作业企业安全履职，落实安全生产责任。强化专项整治和隐患排查，按月汇总情况，积极开展港口危险货物重大危险源、重大事故隐患、事故应急预案、港安全评价报告等备案工作。全年共完成港口危险货物安全评价报告备案7份、危险货物事故应急预案11份、港口重大危险源备案3份。

关键节点与典型案例。在节假日和进博会等关键节点，发布安全预警信息192次，督促各类重点港口企业及时启动应急预案。针对“风采号”游船事故，出动检查人员52人次，检查浦江游览、轮渡、三岛客运企业12家次，运营船舶14艘次，客运站点5个，发现问题41个。贝鲁特港爆炸事故后，开展“地毯式”全覆盖港口危险货物专项检查，共出动人员153人次，累计检查危品码头75家次，对发现的14处问题和隐患均及时落实整改要求。

（五）航运文化软实力建设

航运文化品牌。2020年是上海国际航运中心基本建成之年，也是中国航海博物馆建馆10周年。2020年7月9日，中国航海博物馆发起上海航运文化地标巡礼，展现10个上海航运文化地标，体现上海“向海而兴”的航运文化，举办了上海国际航运中心建设成果展。

航运文旅产业。强化江岸联动，北外滩航运服务集聚区以“硬实力”和“软实力”双重驱动理念带动区域航运能级发展。除高端航运服务功能聚合与提升外，北外滩初步打造全域旅游示范区。让经典建筑与摩天大楼、历史与现代、经典与时尚、古与今、旧与新充分融合。

三、2021年工作思路

上海水运发展将深入贯彻习近平总书记“人民城市人民建、人民城市为人民”重要理念，以交通强国建设为统领，以上海水运“十四五”规划为蓝本，着重从“固基础、重绿色、提质量”入局，力争取得“十四五”开门红。

稳抓智能基建方案，保障水运通达能力。结合《上海市交通行业推进新型基础设施建设三年行动方案（2020—2022年）》，拓宽“新基建”思路，打造智能化“海空”枢纽设施，完善城市智慧物流基础设施建设。继续推进长三角内河高等级航道网和大治河东闸出海直达洋山港的“河海直达”通道建设，落实上海市智慧航道顶层规划方案。

持续推进低碳减排，加强绿色港口建设。制订上海港区码头岸基供电技术规范地方标准；推进岸电设施建设，不断扩大应用范围；深入推进船舶和港口污染整治，实现船舶水污染物来源可溯、去向可寻，进一步提升船舶和港口污染治理能力。

提升管理服务能力，优化市场营商环境。在全力保障疫情安全可控的前提下，大力推进“一网通办”工作，实现港航类许可、备案等事项全程网办，缩短办事流程；制定《上海市水路运输领域信用管理实施细则》，建立信用交通管理体系，推进信用交通信息共享与共用；针对上海自贸区临港新片区运输政策进行深入研究，探讨配套税收机制优化；大力推动上海市邮轮产业健康发展，打造浦江游览世界级旅游精品项目。

强化区域合作建设，实现长三角深度融合。以“交通综改”为契机，进一步加强与长江水系相关部门的联系合作，推动共建长江水系高标准水运市场体系，推动长江水系区域管理与执法、诚信与信息化管理一体化建设，切实写好长江水系协调发展大文章。加强沪浙、沪苏港航合作，推动港航资源整合，优化港口布局，健全一体化发展机制，探索跨区域交通投资运营新模式，联合推进小洋山北侧综合开发等。

深化国际航运中心建设，推动服务能级提升。围绕“智慧高效、服务完备、品质领先”国际集装箱枢纽港建设目标，保持国际航运中心站位，到“十四五”末，规划集装箱年吞吐量达到4600~4800万TEU，基本建成高质量一体化集疏运网络，集装箱水水中转比例达到52%，集装箱海铁联运业务量年均增长10%，河海直达取得更大发展；不断增强航运高端服务聚集能力，发展航运信息服务；创新治理体系，对自贸区运输政策进行制度创新，切实解决企业难点。

（上海市港航事业发展中心）

报告2

江苏省水运发展综述

2020年，江苏省港航系统紧紧围绕统筹疫情防控与经济社会发展决策部署，重大项目顺利实施、港航经济逆势上扬、建设投资再创新高、绿色智慧发展成效显著，安全形势保持稳定，较好实现了“十三五”规划目标，开启了港航事业高质量发展新篇章。

一、水运发展基本情况

围绕夺取“双胜利”，坚决打起水路防控责任。制定内河船闸、水上服务区疫情防控要点，在重要节点设置15个查控点，发挥“便捷过闸APP”作用，守住长江与内河口门，阻断水路传播链。按照“一断三不断”要求，开通重要物资运输“绿色通道”，落实防疫物资“四个优先”要求，协调港口定向保供，上半年通过水路累计向湖北省运送煤炭、原油等生产生活及防疫物资2132万吨。率先采用“不见面”方式组织工程方案论证、通航条件影响评价，创造条件加快推进项目实施。开展“大干一百天”行动，用一个月时间实现全省航道续建项目全部复工，两个月时间基本实现港口续建项目复工和沿江沿海港口复产。全年完成港口货物吞吐量29.7亿吨、外贸吞吐量5.6亿吨、集装箱吞吐量1895万TEU，同比分别增长4.9%、6.4%、1.0%。

把握发展“机遇期”，下好高质量发展先手棋。编制运河航运转型提升实施意见，印发内河航运高质量发展实施方案，开展江苏省世界一流港口建设研究。推动宿连航道、德胜河、新江海河—东灶新河等“省网”项目纳入“国网”，为通州湾新出海口开发、苏北物流“金三角”建设及内河集装箱发展等争取国家政策支持，基本稳定《港航国土空间总体规划》成果，为统筹化解干线航道建设用地难开辟了道路。落实长江经济带高质量发展要求，编制完成《江苏省长江码头布局方案》，沿江各市按期完成港口岸线整合利用五年规划。助力南京区域性航运物流中心建设，完成和畅洲水道通航条件提升研究。落实长三角一体化发展战略，与上海市签订共同推进通州湾新出海口建设合作协议，南通港、南京港总规修编通过部省联合审查，《盐城港滨海港区总体规划》获批，建设20万吨级航道有了规划支撑。

突出建设“示范区”，努力打造交通强国样板。编制完成《江苏省大运河现代航运建设发展规划》报审稿。推进京杭运河苏州、扬州、淮安四个先导段建设，拆除两岸杂乱设施，关停散乱码头，完成32公里航道沿线环境综合整治；建设了生态长廊、景观长廊和“会呼吸的护岸”；在苏北运河淮安黄码大桥下游新建1.5公里锚地，配备自助岸电系统、智能供水桩、船舶污染物接收设施等。推进京杭运河全线绿色现代航运综合整治工程前期工作，工可获省发改委批复。

奋力按下“加速键”，全面推进重点工程建设。统筹推进交工、续建、扫尾、新开工和储备项目实施，全年完成港航建设投资153.4亿元，其中港口111.6亿元，航道41.8亿元，超年度计划17.3%。建成港口项目8个，航道44公里，船闸1座，桥梁15座；完成连申线东台段、苏南运河镇江市区段等9个项目竣工验收。29个港口项目和19个干线航道续建项目稳步推进；盐河、申张线凤凰段等8个航道扫尾项目取得突破性进展。宿连航道一期、芜申线溧阳城区段航道整治工程和25个港口项目开工。小庙洪、网仓洪等沿海航道项目及金宝线等航道项目前期工作高效推进。京杭运河施桥船闸至长江口门段航道工程建成省级“智慧工地”管理平台；编制《钢板桩闸室墙质量检验标准》等行业标准；洪蓝船闸首次应用激光熔覆技术，提升了闸门防撞性和阀门耐久性。连云港港徐圩港区防波堤工程和苏申内港线航道整治工程吴淞江大桥顶升改造工程荣获第18届“詹天佑奖”，扬州邵伯三线船闸荣获国家优质工程奖。

持续打好“攻坚战”，大力提升绿色发展水平。印发全省港航污染防治工作要点，制定了洗舱站、岸电、码头油气回收设施、干线航道服务区船舶污染物接收设施等建设实施方案。出台《江苏省绿色港口评价指标体系》，印发《绿色港口评价方案》，在全国率先开展省级绿色港口星级评定，评出28家星级单位，南京港龙潭集装箱有限公司等获评五星级绿色港口。严把新建、改扩建项目准入门槛，引导污染防治设施与港口工程同步规划、同步建设、同步使用。全面关停长江江苏段水上临时过驳区，按时完成长江过驳作业取缔目标。建成投运5座长江干线洗舱站。完成20个服务区、40个船闸船舶污染物接收设施建设任务，内河三级以上干线航道全面具备船舶污染物接收能力。推进岸电设施建设，累计建成港口岸电设施2177套，覆盖泊位2624个，主要港口基本具备岸电供应能力。印发推进船舶靠港使用岸电工作通知，创新采用服务区“扫码刷电”、沿江港口免收服务费、诚信考核等方式，引导更多船舶使用岸电，全年共接电9.5万艘次，用电1735万度，是2017年的7倍。全面完成57个码头泊位油气回收设施建设任务。推动港作机械清洁化改造，南京、苏州等地淘汰“国二”以下柴油动力机械。在全省内河倡导建设深挖式港池，节约集约利用岸线资源。落实优先过闸政策，支持LNG和电动船舶发展。

紧紧围绕“开小灶”，强力推进安全专项整治。严格安全生产制度，定期分析安全形势，专题研究解决重点难点问题，全省港航安全红线意识、风险防控效能不断提升。圆满完成“小灶”整治任务，制定港航基础设施安全整治专项方案，建立推进机制，细化整治措施，取得预期成效。开展安全生产风险隐患大排查、大整治，突出全省船闸、港口公用基础设施、航道在建工程等重点，通过平安工地建设、各单位互查、第三方检查等形式，及时发现问题隐患，及时督促整改到位；严格执行超载船舶和夜间600总吨以下危化品船舶禁止过闸要求，划定船闸危险品船舶停泊区，苏州划定内河危险品船舶夜间停泊区。加强安全生产标准化建设，印发交通运输船闸风险防控指南。首次开展为期三年的船闸安全生产标准化达标创建，全省10个船闸一级达标，占干线航道船闸总数23%。制定干线航道应急基地布局规划与建设标准，在运东船闸开展船闸安全应急管控能力提升应急演练。全年安

全生产形势总体平稳，未发生安全责任事故。

着力聚焦“高质效”，不断提高港航服务水平。全年安排航道绿化和环境整治、航道船闸设施改造专项等82项，完成泗阳一号、淮安一号船闸等大修工程，工程质量优良率100%。开展全省第四次内河航道普查数据录入，已录入约1万公里内河航道数据。开展《江苏省内河航道维护技术标准》《江苏省内河航道维护验收标准》等地方标准研究，养护标准化体系进一步完善。严格落实过闸费优惠20%和集装箱船舶优先免费政策，定期公示集装箱航班航线优先过闸企业名单，实现优先过闸网上申请。抓好项目高质量建设“最初一公里”，全年高质量完成港口深水岸线审查、航评审查、危化品码头安全条件审查，利用技术审查更好为港航建设服务。

积极培育“新动能”，全力推动港航智慧发展。完成智慧航运发展总体方案研究，构建了港航信息化建设顶层设计；梳理全省港航数据资源目录，完成基础数据库开发，对接“港口企业一套表”、水文水资源、粉尘监测等数据，打造了“港航数据中台”雏形。完成干线航道运行调度与监测服务体系研究。研究制定电子航道图系列标准规范，完成苏南运河、盐河等330公里电子航道图生产和发布；建成港口经营人信用管理系统（试用版）；在自动化船闸、过闸船舶信用信息功能开发等方面取得关键进展。京杭运河施桥口门段等科技示范项目积极推进。连云港港科技示范港通过交通运输部验收，形成国家标准1项、行业标准4项、地方标准2项，“新型桶式基础结构设计与施工关键技术研究”被评为中国水运工程十大科技创新成果。常州市工业化装配式护岸结构关键技术应用入选交通运输部重大科技创新成果库。

更加注重“规范化”，促进港航治理能力提升。制定《江苏省内河航道优先过闸管理办法》《江苏省内河干线航道、港口发展、航道船闸养护项目管理办法》，形成《江苏省内河航道船舶过闸信用管理办法》《江苏省干线航道建设管理办法》《江苏省交通运输船闸运行调度管理办法》审议稿，编制了港口工程初步设计审查、沿江砂石码头技术改造、船闸运行方案编制、危化品码头技术性审查、通航影响评价技术性审查、船闸安全鉴定实施细则等技术指南文件，以各类业务流程规范化、制度化、标准化促进港航治理能力提升。组织实施9个航道建设项目决算审计，进一步提高了财政资金使用绩效。落实财政事权和支出责任划分改革方案，制定省以下预算单位基本支出保障体制改革方案，将38家市县交通船闸管理机构基本支出按照机构隶属关系下划纳入同级财政保障范围。

二、2021年工作思路

全面推动“十四五”规划实施，着力提升港航基础设施服务能级，着力提升港航绿色发展和安全发展能力，着力强化智慧港航建设，着力发挥海江河一体化水运优势，以高质量港航发展成效为江苏省打造交通运输现代化建设示范区提供坚强支撑。

系统推进服务新发展格局。落实“两争一前列”要求，深入谋划港航事业发展的新使命、新任务，进一步完善水运“十四五”发展规划，制定港航现代化指标体系和水运功能增质提升三年行动计划方案。坚持陆海统筹、江海联动、河海联通、港产城融合，推进沿

海港口深水航道和大型化、专业化深水码头建设，推进沿江港口进一步整合资源，打造产业偏好型枢纽港口，支撑沿海产业集聚。完善全省重点港区“铁公水”衔接顺畅的港口集疏运体系，积极支持保障沿江沿海港口开辟运行国际集装箱近远洋航线，畅通现代航运流通体系。提高港口物流枢纽功能，进一步强化港口、航道建设对区域经济发展和地方产业集聚的辐射带动作用。

着力推进运河航运转型提升。系统推动京杭运河江苏段航道、港口、船舶、运输等全要素转型升级，为运河沿线区域经济社会发展、人民生活改善创造有利条件。落实运河航运转型提升实施意见，加强与沿线各级政府相关规划衔接，促进运河航运与城镇、产业、文化、旅游等深度融合。支持生态环保型船舶发展，改进航运服务品质，促进运河航运“文旅交”融合发展。加快京杭运河全线电子航道图建设，完善船闸调度系统，建设自动化船闸，实现船闸运行与船舶调度系统融合，京杭运河多梯级船闸群联合调度和干支线船闸调度联动。依托5G、北斗、BIM、AIS、VITS等技术构建船闸、船舶动态感知网络，应用航行保障智能技术，提升安全监管智能化水平。

抢抓机遇补基础设施短板。着力补内河干线航道、深水海港等短板，大力发展江海、铁水等多式联运。基本建成连云港30万吨级深水航道二期等工程。积极打造通州湾长江集装箱运输新出海口，加快吕四作业区2+2码头工程续建进度，开工小庙洪、三夹沙进港航道，加快推进网仓洪10万吨级进港航道和滨海港进港航道前期工作。充分发挥长江南京以下12.5米深水航道效益，协助实施深水航道完善工程，提升沿江港口发展能级。加大沿江砂石码头建设改造力度，提升砂石岸基保障能力。全面梳理全省干线航道已交工未竣工项目痛点、堵点，落实芜申线南京段、申张线张家港、江阴段等航段解决措施；力争完成9个项目竣工验收。建立以标准化、信息化、绿色化为核心的港航品质工程创建机制和评价体系，细化港航工程规划、设计、建设、运营、维护等各环节品质要素，加快推进“平安百年品质工程”船闸工程关键技术研究，打造以魏村枢纽为代表的样板船闸。

全力推动港航绿色发展升级。完善提升港航污染防治设施，推进内河三级以上干线航道沿线水上服务区、船闸船舶污染物接收设施有效运行和联网互通；推动成立洗舱站联盟，完善洗舱站运行机制和洗舱操作规程。推进岸电设施改造达标，公示岸电配置信息，加强使用情况统计和通报考核，促进岸电使用便捷性和使用率稳步提升。建成并运行镇江港高桥港区LNG加注站。完善评价标准，继续组织开展绿色港口评价工作。开展工程生态环境影响研究，启动实施港航生态修复和环境治理工程。制定内河繁忙航道系统生态状况分析工作方案，试点开展长期环境监测和定向分析。研究制定生态航道工程技术手册。试点建设电动船舶集装箱示范航线，鼓励发展绿色低碳环保型船舶。聚焦港口装卸工艺短板，组织绿色化、高效化改造实践。

加快提升智慧港航发展成效。完善港航基础数据库，加强基础信息维护，及时更新航道扫测和普查数据；加快干线航道电子航道图建设，新建工程竣工验收后按标准同步建成电子航道图；搭建智能航运数据中台，与交通执法、水利水文、航运交易、电子口岸、港口物流等港航“朋友圈”初步实现数据共享。开通危险品船舶过闸网上申报、船舶过闸信用网上管理功能，提升航闸管理信息化水平。研究制定干线航道感知设施设备建设指南，

建设干线航道运行调度与监测服务系统，基本完成自动化船闸和区域性船闸统一管理与集中控制试点建设。建设港口企业信用管理系统，归集、整合港口岸线利用和企业经营信息资源，对接港口执法系统，实施港口信用评价信息动态监测。支持推进太仓港、张家港港等智慧港口建设，力争建成太仓港四期自动化集装箱码头。探索“大数据+养护”“大数据+安全”等应用。整合电子航道图、水文与船舶感知、公共信息服务等成果，推动“便捷过闸APP”逐步发展为综合性内河辅助航行系统。

始终筑牢港航本质安全底线。巩固拓展“一年小灶”成果，高标准高质量转入三年“大灶”，扎实开展2021年“集中攻坚年”行动，动态更新问题隐患和制度措施“两个清单”，认真组织开展安全质量红线行动、桥梁防碰撞等专项行动，坚决遏制安全责任事故发生。深入推进安全生产标准化建设，完善航道、船闸安全生产标准化体系，制定出台《交通运输船闸安全生产标准化达标创建评价标准》（2021版）、《基层港航事业发展单位（部门）安全管理标准化规范》。继续开展船闸安全生产标准化达标创建，推广有效做法和典型经验。紧盯船闸运行、危化品使用、工程建设等重点领域，加大隐患排查治理力度，提升第三方检查质量。提升安全风险防范和应急处置能力，在规划编制、岸线审查、危化品码头安全条件审查、港口初步设计、通航影响评价中严格落实安全要求，从源头推动港航安防水平不断提升。全面开展自然灾害综合风险水路承灾体普查。将船闸一体化管理、安全风险防控及隐患治理有机结合，提升船闸安全风险管控能力。启动建设安全生产警示教育基地，开展船闸应急演练。

持续提高港航养护运行水平。研究梳理港口公用基础设施和航道船闸养护职责，重点加强对沿海港口进港航道、干线航道养护的督查考核，明晰养护责任体系。加强航道日常维护与巡查，分类分级，细化措施，进一步提高航道定期测量、扫床的质量和效率，确保所辖航道通航保证率、船闸通航时间保证率、航标正常率、航道维护尺度达标。加强航道服务区养护管理，进一步拓展服务区功能，提升服务品质。梳理长江水上过驳作业取缔后锚地基本情况，及时恢复海轮锚地功能，加强统一调度，进一步提高锚地利用率。发布《江苏省内河航道养护管理白皮书（2021年版）》，完善干线航道养护项目库。抓好养护工程实施，完成玉带船闸、南通船闸、沂南沂北船闸、淮阴一号船闸、刘老涧一号船闸、刘山一号船闸大修工程，实现工程优良率100%。完成前黄、杨庄船闸等过闸费征收标准确定或续期工作。编制完善船闸运行方案。依法加强规费征收，严格落实集装箱和新能源船舶免费、优惠过闸政策，积极推广优先过闸网上申请。

（江苏省交通运输厅）

报告 3

浙江省水运发展综述

2020年，浙江水运认真贯彻落实交通强国、长三角一体化等国家战略，紧紧围绕“八八战略”再深化、改革开放再出发，全面推进“1210交通强省行动”和综合交通“三区”建设，按照“十三五”提出的“强港口、畅内河、兴航运”总体目标，在全体浙江港航人的共同努力下，取得新成效，实现新突破。

一、水运发展基本情况

疫情防控和复工复产。筑牢水上疫情防线，一级响应期间暂停跨省水路客运航线，核查内河入浙船舶2620艘次、船上人员6258人次。推行国际船员健康申报、船舶风险分类管理、“四定”引航等措施，完成国际航行船舶进港引航1.4万艘次，实现3万人次国际船员换班“零感染”，及时处置41起涉疫外轮、救治115名染疫船员，紧急救助650多名非疫伤病国际船员；实现进口百万吨冷链食品作业无异常。“一企一策”全力服务复工复产，推行“白名单”制度，快速破解水路复工复产堵点难点，保障重点物资及民生物资运输，今年2月份全省港航企业产能恢复率和水运工程项目复工率达95%以上。

谋划港航蓝图。根据现代内河航运发展特点，研究《高水平建设世界一流强港实施意见》《加快发展现代航运服务业指导意见》《关于深化宁波舟山港高水平一体化行动方案》等强港政策体系，开展现代化内河航运对标分析研究，制定《加快构建现代化内河航运体系实施意见》。编制和修订沿海港口布局规划、内河航道与港口布局规划、内河港口总体规划等一批中长期发展规划。全面开展水运发展、数字港航、安全应急、航道养护等方面的“十四五”规划编制工作。

港航建设投资。全年港航投资额达204亿元，创历史新高，连续5年居全国首位。基本建成京杭运河“四改三”、杭平申线等一批标志性航道工程，建成长湖申线西延等千吨级航道68公里，四级及以上高等级航道总里程为1630.3公里。浙北集装箱通道、曹娥江清风船闸等项目全面开工。新坝二线船闸、杭申线等重大项目前期加快推进。加强标准化航道养护，年通航保证率达98%，内河航标维护正常率95%以上。建成穿山1号集装箱码头等万吨级及以上泊位14个，达263个。国内设计等级最高的20万吨级梅山港区6号、7号集装箱泊位竣工验收。浙沪小洋山北作业区、绿色石化基地金塘原油码头配建项目规划方案通过部省联合审查。LNG码头港区规划调整、码头建设等加快推进。

运输结构调整。全面落实行业减负政策，加大水水中转货源开发力度，加强内贸航线开辟，推行港口单证无纸化等惠企举措，助力港口吞吐量保持正增长，全省完成港口货物吞吐量18.5亿吨、集装箱3327.0万TEU，同比分别增长5.95%、5.35%。宁波舟山港完成11.7亿吨、2872.2万TEU，分别增长4.67%、4.31%，蝉联全球第一、三位。完成水路货运量10.62亿吨、货物周转量9883.1亿吨公里，分别下降0.3%、1.8%。完成水路客运量3359.7万人，蝉联全国第一，为2019年的70%。完成江海河联运量3.76亿吨，增长14.5%。内河集装箱吞吐量、海铁联运量双双突破100万TEU，分别增长13.6%、24.2%。内河、海洋货船平均吨位分别达559.2载重吨、9105.5载重吨。

港航安全形势。安全生产专项整治三年行动全面推进，扎实构建安全风险管控和隐患排查治理双重预防控制体系，梳理问题隐患3293项，拟定措施清单60条，开展港口企业在役储罐检测等重点领域专项治理，全覆盖检查港航危货企业456家，闭环整改问题隐患1207项。强化省管内河交通安全监管，推动内河七市成立内河搜救机构，加强钱塘江中上游及非水网地区救助船艇等应急装备配置，省市县三级联动开展千岛湖水上应急演练。全年未发生较大安全生产事故，地方辖区发生有人员死亡的事故6起、死亡7人；沿海本省籍运输船舶发生有人员死亡的事故12起、死亡37人；全省港口有人员死亡的事故4起、死亡4人。

船舶和港口污染防治。完成内河400总吨以上船舶生活污水改造任务，排污设施全部达标，完成100~400总吨5980艘货船的生活污水改造任务。港口污染物接收设施实现全覆盖，建成含油污水储存池1039个、收集站（垃圾桶）4113个、生活污水储存池825个，并配备146艘接收船对船舶污染物实行流动接收。港口企业均落实转运处置措施，基本实现应上尽上、应收尽收、应转尽转。全年内河港口累计接收船舶水污染物5万多吨，其中生活污水4.4万吨、油污水0.5万吨，分别同比增长664%、24%。全省内河482家未取得环保手续企业全部完成整改，基本完成沿海279家码头环保手续问题整改工作。在全国率先出台全省域靠港船舶使用岸电一揽子支持政策，新建港口岸电157套，为年度计划的314%，累计建成1101套，使用岸电573万度，同比增长100%。累计完成63个沿海五类泊位岸电，覆盖率超70%。全面运行长江经济带船舶水污染物联合监管与服务信息系统。

港航服务。全省统一的智能过闸系统“浙闸通”启用，骨干航道14座船闸实现“一键”过闸服务，申报时间从2小时缩短到1分钟，三堡船闸普通货船年平均待闸时间缩短50%。基本完成水上交通公共服务大提升的年度任务，配套设施日益完善，便民服务更加丰富。陆岛、库区出行更加便捷，完成渡埠渡船提升改造108个，建成美丽渡口（含撤渡）22个，全省正常营运的152个内河渡口全面完成创建任务。建设、提升改造陆岛码头泊位40个，创建美丽航道244公里。

行业治理。深化港航最多跑一次改革，取消下放5项港航行政事项，累计取消32项，下放30项，涉及港航的171个事项已实现“最多跑一次”全覆盖。省级事项线上受理率达到100%，95%以上事项实现“掌上办”“跑零次”。浙江省首创内河船舶“多证合一”改革在长三角推广。智慧港航“五个一”基础架构基本成型，率先完成部省水运数据共享。推进海事通非接触式港航智能监管系统建设，现场掌上执法率达90%。实现长三角船联网数据共享，船舶数据共享率达90%以上，骨干航道和重点水域船舶自动识别系统覆盖率、船舶识别率达90%；杭申线智能航运试点加快推进。完成港口、航道管理条例适应性修改，修订港口、航道工程竣工验收实施细则。编制港口、水路运输信用管理细则，形成信用与许可审批、事中事后监管、执法的协同联动和管理闭环。落实“双随机、一公开”监管工作机制，“双随机”事项覆盖率达100%。

二、2021年工作思路

加大港航投资强度。推进沿海基础设施和内河航道网络建设，建成虾峙门口外30万吨级航道扩建、瓯江航道丽水段等一批重点项目，全面推进嘉兴LNG码头、京杭运河二通道等一批在建项目，开工建设大小门岛LNG、杭申线等一批重大项目，谋划杭甬运河宁波段三期等项目前期工作。加强标准化养护，骨干航道年通航保证率达98%、助航标志维护正常率99%以上。

港航决策落地见效。落实强港建设和内河航运发展政策，出台《高水平建设世界一流强港实施意见》《加快构建现代化内河航运体系实施意见》，修订出台水运项目资金管理办法。推进宁波舟山港高水平一体化改革，加快港口引航管理体制改革，着力解决核心港区主航道及锚地所在海域渔船碍航问题。出台一批港航规划。出台水运发展、数字港航、航道养护、港航安全等“十四五”规划，加快落地实施。

深化运输结构调整。大力发展集装箱运输，加快浙北等地区“公转水”，加大集装箱发展扶持力度，优化内贸航线和港口布局，力争内贸集装箱吞吐量增长10%以上。大力发展多式联运，布局建设浙北海河联运码头，打造高能级集装箱海河联运船队，搭建海河联运一体化信息平台，江海联运量达3.55亿吨，海河联运量达4000万吨；加快打通疏港、进企、入园“最后一公里”，力争集装箱海铁联运量增长20%以上。提升水路运输品质，加快水上交旅融合，开展湖州长兴城区至图影旅游航道试点，计划建成美丽航道100公里。培育浙东唐诗路人文精品线、大运河文化遗产线、钱塘江“水上诗路”线等内河精品航线。

打好船舶港口污染防治持久战。提高港口码头环保水平，巩固第二轮中央环保督查整治成果，推动港口企业雨污水、防风抑尘等自身环保设施建设；加强信息系统对接，实现全省船舶和港口污染物转移单证管理电子化；加强与生态、住建、发改等部门联动，开展联合执法，形成全天候、全覆盖的日常监督机制。加强内河船舶污染防治监管，推动建立长三角区域船舶水污染防治联合监管机制，全面开展省管内河通航水域船舶燃油质量监管。大力推进清洁能源使用，出台配套政策，以湖州试点为基础，适时向全省推广，做好50套岸电建设任务；加强新能源和清洁能源车辆、船舶等推广应用，推动京杭运河LNG加注站建设。

全力推进更高水平平安港航。开展重点安全专项整治，推进安全生产专项整治三年行动，开展港口危险货物等4大专项整治行动，突出抓好港口外包作业和动火作业风险防控，强化安全激励。强化省管内河船舶安全监管，以四类重点船舶治理为抓手，深入开展“平安船舶”、长期逃避海事监管等专项整治活动，完善动态监管机制，加强事中事后管理，加大船舶感知基础设施建设，加大船舶进出港报告信息化、智能核查力度。强化水上交通事故应急和处置，完善港航系统应急预案，建成2个省级水上交通应急基地；推进智慧海事

工程建设，加快推进监管救助船艇、保障装备设施建设。

进一步提升现代化治理能力。推进港航数字化转型，全面完成政务服务系统升级和好差评系统对接，实现智能导服、无差别受理、同标准办理、全过程监控、“好差评”闭环；依托数字交通统一基础平台，完成现有港航电子政务系统整合，100%迁入政务云，实现港航事项“掌办率”“掌上执法率”“电子证照应用”三个100%；推动船舶证书电子化，实现长三角地区高频电子证照跨省亮证、一网通办。推进港航法治建设，取消下放调整3项以上港航权力事项，力争完成水上交通安全管理条例、事故处理办法修订，加强重大行政决策、行政规范性文件等法性审核和公平竞争审查，推进非现场执法，推广应用掌上执法系统和海事通APP，继续推动杭州水上非现场执法示范区建设。持续推动智慧港航建设，推广应用水路运输综合监管系统，规划布局智慧港口、智能航道、智能船舶建设，完成6个水上服务区、15个水路客运站智慧化提升改造。持续推进船舶（渔船）检验高质量发展。深化信用分级分类监管和奖惩应用，出台水路运输、港口等专项领域细则；印发实施通航建筑物运行管理办法；内河七市船员考试发证机构建立运行船员管理质量管理体系。

高质量办好一批港航民生实事。全面推广内河船舶“多证合一”，新建内河普通货船和省内航行客船统一发放“多证合一”证书，全面完成跨省航行内河普通货船“多证合一”证书换发工作。深入实施港航“畅行工程”，“浙闸通”在全省干线航道船闸全覆盖，瓯江航道船闸“浙闸通”试运行。打造“船员驿站”特色品牌，全面深化提升27个内河水上服务区，打造一批全国一流服务区，深化水路客运站服务提升工作，加速站场数字化转型实践。实施水路连心工程，开展美丽渡口提升工程建设，渡埠（船）提升改造（含撤渡建桥）25个，积极推进渡运公交化，已建美丽渡口达标率保持98%以上；建设改造提升特色陆岛交通码头15个，方便山区、海岛群众出行。

慎终如始做好港航疫情防控。做好常态化港航疫情防控，持续迭代港航疫情防控措施，突出抓好水上客运站、对外开放码头等重点场所防控，强化港口引航、码头装卸、冷链作业、海上加油等重点环节人员防护、界面防控和消毒工作，确保闭环管控。协同做好船员换班和海港疫情防控，完善外轮船员登陆和换班入境管控体系，严格落实“应检尽检、应隔尽隔”等防控要求，确保船员换班持续平稳有序；继续稳妥做好抵港涉疫外轮闭环处置、涉疫或非涉疫伤病船员闭环救治；坚持“人物并防”，做好进口冷链港口全环节闭环管控。

（浙江省港航管理中心）

报告 4

安徽省水运发展综述

2020年，安徽水运坚决贯彻落实重大决策部署，扎实开展党建与业务工作，较好完成了年度各项工作任务。

一、水运发展基本情况

水运工程建设。强化交通重点项目调度督查通报，加快淮河干流航道附属工程、引江济淮庐江船闸、兆河船闸等水运重点项目设计文件审批。全年累计完成水运固定资产投资111.3亿元，加快推动长江干线武汉至安庆段6米水深航道整治工程、芜裕河段航道整治工程、江心洲至乌江河段航道整治二期工程，引江济淮工程航运工程、淮河、涡河等干支流航道整治工程，以及灵璧船闸、裕溪一线船闸扩容改造建设项目有序推进。合肥派河国际综合物流园港区项目一期工程、芜湖港朱家桥外贸综合物流园区一期项目码头工程、安庆港长风一期陆域改造项目开工。

港航管理服务。加强航道管理，保障航道畅通和安全。整治通航秩序突出问题，印发《关于开展合裕线航道通航秩序突出问题专项整治行动的通知》，打击合裕线各类船舶违法行为。加强涉航工程监管，出具省级权限内的64项涉航工程审核意见。开展通航建筑物调查摸底工作。全省累计完成水路客运量111万人次，旅客周转量1519万人公里，水路货运量12.3亿吨，货物周转量6095.8亿吨公里。加强港口管理，增强港口服务能力提升，全省累计完成港口吞吐量5.4亿吨，同比下降2.5%，集装箱吞吐量194万TEU，同比增长8.4%。落实港口降费政策措施，严格执行取消货物港务费、船舶检验费、船舶登记费等政策，港口设施保安费收费减免约2.6万元，过闸费减免1420万元。

船舶港口污染防治。落实长江经济带船舶和港口污染突出问题整治方案，推进400总吨以下运输船舶生活污水防污染改造工作，完成6383艘100~400总吨运输船舶生活污水防污改造。安庆化学品船舶洗舱站基本建成，芜湖LNG加注站开工。推进船舶污染物港口接收设施建设，完成港口和船舶污染物接收转运处置设施建设方案各项建设任务，累计建成船舶污染物港口接收设施3197个，283座码头全部覆盖船舶垃圾、生活污水含油污水接收设施。推进完善改造港口自身环保设施，完成18座码头环保设施改造。加快港口码头靠港船舶岸电设施改造，将岸电建设和使用纳入《安徽省港口条例》，全省共建成岸电设施541套，覆盖537个泊位，累计使用岸电18943次，用电42.7万千瓦时。加强船舶污染物监管，全省进港船舶累计270476艘次，检查62930艘，查处偷排超排55艘。全面推行船舶水污染物转移单证管理电子化，长江干线5港全部完成联合监管与服务信息系统覆盖，支线11港全部完成系统注册。

海事管理工作。加大船舶违法行为打击力度，处理内河船舶非法涉海运输安徽籍船舶498艘次，查处逃避监管船舶1944艘，进一步强化对航运企业和营运船舶的监督管理。船舶船检船员管理水平不断提升，起草安徽省推动船检高质量发展实施方案，拟定安徽省自贸区船员远程考试考点布局方案和实施方案，有序恢复船员线下培训和船员考试，完成船员培训教学人员梳理与清理工作。推进专项整治行动，开展合裕线航道通航秩序专项整治，累计检查船舶1.21万艘次，实施行政处罚661例；深入开展水上无线电秩序管理专项整治，累计检查船舶7122艘次，实施处罚141艘次，约谈航运公司11家；扎实推进安全生产专项整治三年行动，查处违法违规案件329件。推进长三角海事一体化融合发展，印发2020年度长三角海事一体化任务分工清单。

长江禁捕退捕工作。加强工作部署，印发《关于落实长江流域禁捕退捕工作有关要求的通知》《长江（安徽）经济带船舶和港口污染突出问题整治专项行动方案》等文件。各市交通运输部门融入地方联合治理机制，参加水上联合执法，加强巡航巡查，开展渔船检验工作。加强信息报送，建立全省交通运输系统禁捕退捕信息月度报送机制。开展督导检查，将长江禁捕退捕工作作为全省船舶逃避监管专项督查的一项重要内容。

二、2021年工作思路

加快水运基础设施建设。加强规划引领，继续做好全省水运“十四五”发展规划编制工作，积极配合省综合立体交通网等规划编制。推进合肥派河国际综合物流园港区项目一期和芜湖港朱家桥外贸综合物流园区一期、淮河干流、沱浍河、新汴河航道整治及淮河航道临淮岗复线船闸、裕溪一线船闸扩容改造工程、沱浍河航道临涣船闸、宣州港二期等一批重点项目。加快推进淮河蚌埠三线船闸、引江济淮二期等项目前期工作。

加强航道管理。推进《安徽省航道条例》立法调研论证工作。强化行政执法与监督，加强对跨、临、拦河建筑物建设的事前事中事后监管，从源头上保护航道资源。争取交通运输部同意安徽省执行长三角航道网净空尺度技术标准。开展全省航道建管养模式研究。

加强港口管理。推进省内港航资源深度整合，推动全省港口参与长三角港口群职责分工和港口一体化进程。参与长三角港口联盟建设，不断推进联合运输、江海联运等领域合作。加强内河港口集装箱与沿海港口无缝对接，完善集装箱江海联运体系。推进马鞍山芜湖、安庆江海联运枢纽，合肥江淮联运中心和蚌埠淮河航运枢纽建设，提升江海联运中转功能。

巩固船舶和港口污染防治成果。深入推进船舶和港口环保提升，确保港口和船舶污染物接收设施正常运转，切实发挥防污效能，持续推广船舶水污染物联合监管与服务信息系统应用，将信息化手段转化为监管服务效能。建成芜湖LNG加注站。巩固推广新安江流域船舶污水上岸工程成功经验，持续推进港口码头岸电设施建设改造和使用。巩固前期非法码头整治成果，持续做好码头环保手续完善和规范提升工作。

提升海事监管能力。做好《关于推进长三角海事一体化融合发展的意见》贯彻落实工作。开展船舶登记互查，提升船舶登记质量。做好一类船员考试发证工作，加强二、三类船员考试发证工作监督。推动商渔船检验融合发展，确保法定检验质量。进一步加强船舶监督管理工作，持续开展涉海运输内河船舶、长期逃避海事监管船舶等专项整治行动。

落实长江禁捕工作有关要求。加强与农业农村、公安、市场监管等部门的协调配合，加强联合执法，强化综合管理，确保“禁渔令”落实落地。

（安徽省交通运输厅）

报告5

江西省水运发展综述

2020年，江西省港航系统以落实“三大攻坚行动、三大提升工程”和水运改革发展实施意见为抓手，统筹推进疫情防控、规划编制、机构改革、“两江”三级通航、安全生产、环境保护等重点工作，较好完成了目标任务。

一、水运发展基本情况

突出精准防治，疫情防控成效显著。全力做好水运领域疫情防控工作，做好防控物资采购和调配，严格落实“日报告、零报告”制度，旅客体温监测、清洁消毒等措施，水运领域未发生新冠肺炎病例感染、扩散、传播事件。通过开辟业务办理绿色通道、开展线上服务、争取资金补助等措施，助力全省水运企业4月下旬全面复工复产。2020年完成港口吞吐量1.9亿吨、集装箱75.4万TEU，同比增长17.4%、6.2%；完成客运量113.2万人、旅客周转量1767万人公里，下降42.7%、35.8%；完成货运量10696.7万吨、周转量266.4亿吨公里，同比增长3.5%、4.3%。

理顺管理机制，体制改革有序推进。深化事业单位改革，省高等级航道事务中心挂牌成立。理顺船闸管理体制机制，组建赣江、信江船闸通航中心。推进航道管理体制改革，推进全省原11个设区市港航分局、23个航道管理处按流域整合为5个片区航道事务中心。完善搜救管理体制，出台《关于加强全省水上搜救工作的实施意见》，加快推进省水上救助服务中心组建。提前完成经营类事业单位改革，省港航设计院、省航务勘察设计院、路港工程局划转省港口集团管理。推动渔船检验职能划转，完成省本级渔检资料移交以及实船查验工作，各设区市已就5032艘渔船检验资料移交和实船查验工作进行交接。

强化规划引领，水运规划抓紧编制。内河水运规划方面，编制完成《江西省内河航道与港口布局规划》《浙赣运河（江西段）规划研究》《赣粤运河（江西段）规划研究》《袁河航道规划》《昌江航道规划》《抚河航道规划》《乐安河航道规划》和《江西省水运“十四五”发展规划》送审稿，完成《江西省内河航运发展规划》大纲。港口规划方面，鹰潭港、宜春港、上饶港、赣州港总体规划获批，南昌港总体规划（修订）通过部省联合审查，吉安港总体规划（修订）征求交通运输部意见。

聚焦重点难点，优化两江通航环境。加快推进水运基础设施建设，2020年全省水运完成投资65.3亿元（不含疏港公路）。信江枢纽界牌船闸和八字嘴枢纽东大河船闸主体工程完工，双港枢纽船闸基本建成，信江具备三级通航条件。完成井冈山航电枢纽和红光码头PPP

项目合规性整改工作，正式终止PPP模式。协商水位运行调度问题，与万安、峡江等水利枢纽管理单位就枢纽水位运行基本达成共识。推进全省船闸统一调度管理，龙头山水电站枢纽船闸统一交由江西省港航管理局管理，峡江水利枢纽完成统一调度协议签订。推进赣鄱黄金水道智能航运建设，试点实施方案即将印发实施。信江智慧航道施工图设计取得批复。鄱阳湖赣江航道225座遥测遥控航标及管理系统投入试运行，实现全天候24小时实时监控。京九线南昌赣江铁路大桥净高实时测报系统投入试运行，全省船闸智能调度系统完成招标，信江高等级航道整治工程信息化支撑保障系统开展招标。

强化检查监管，安全防线及时筑牢。深入开展安全生产三年行动，全省各级监管部门共开展检查1100余次，发现问题375条，督促整改到位372条，行政处罚84次。全面完成港航系统“一图一牌三清单”工作，全省187家水运企业、95家港口企业、5家航运枢纽（船闸）建立“一图一牌三清单”。开展“僵尸船”清理整顿，共摸排629艘、拆解509艘。强化“超限”船舶管控，查处超限船舶166艘次，行政处罚94起。加强风险管控和隐患排查，全省16家水路危险品运输企业视频监控系统平台建成运行，提升了水路危险品运输企业船舶科技监管水平。加强汛期航道维护，全省共计出动人员1800余人次、船艇600余艘次，及时调整航标1040座次，赣江、鄱阳湖等干线航道通航保证率达95%。强化险情灾情处置，科学处置“赣集1号”走锚、鱼山枢纽缓冲管涌、检修闸门移位等险情。

攻坚污染防治，绿色水运加快构建。全省现有1785艘100总吨以上船舶全部完成生活污水防污染改造，132座港口完成自身环保设施改造，21个船舶污染物接收站、九江港化学品洗舱站投入运行，九江港湖口港区LNG加注站开工。建立和运行了船舶污染物接收、转运、处置联单制度，船舶水污染物监管与服务信息系统实现全覆盖，接收转运处置实现闭环管理。提前3个月完成《港口岸电布局方案》改造任务。船舶港口污染防治突出问题整治工作任务已基本完成。

二、2021年工作思路

全面落实“6+1”方案。坚持把落实“6+1”方案作为推动行业高质量发展的主要抓手，梳理困难问题，制定任务清单，挂图作战，以目标倒逼任务、时间倒逼进度，超常规推进，确保“6+1”方案任务落地落实。

全面完成港航机构改革。完成省高等级航道事务中心、五个片区航道事务中心、省水上救助服务中心机构组建、人员配备等工作，全面完成改革各项任务。聚焦航道、搜救公益服务职能，完善全省航道（船闸）养护管理、救助服务网络，着力构建新的工作体制机制。

聚焦航道管养主责主业。加快赣江、信江枢纽和航道整治项目建设，解决峡江、万安枢纽蓄水位不足问题，推进峡江船闸资产划转和机构筹建工作。推进航道管理基层站点、工作船艇、航标等标准化、现代化建设，逐步升级航道、船闸管理装备设备。加快打造智能航道，推进遥测遥控管理系统建设，实现航标维护管理手段智能化；推进航道水位及涉航建筑净高实时测报系统建设，保障重点涉航桥梁通航安全；推进全省航道运行管理系统、全省船闸智能调度系统开发运用，加强船闸智能调度运行管理。完成赣江、信江电子

航道图测量。

加快内河水运规划编制。编制完成江西省综合立体交通网规划（2021—2050年）水运篇章和《江西省"十四五"水运发展规划》《江西省航道与港口布局规划》，推进《江西省内河航运发展规划（2020—2050年）》编制工作。加快赣粤运河规划编制，加强与广东省交通运输厅对接，深入开展赣粤运河"1+9"重点问题专项研究，合力推动赣粤运河纳入国家规划体系。

加强水运行业辅助服务。加强航道行政管理辅助服务工作，严格开展桥梁、隧道、码头等涉水工程航评审核工作。开展水路运输、港口及辅助业经营资质年度核查，规范水路运输经营市场秩序，完善以企业信用信息为基础的监管机制，促进航运企业守法依规经营。推进水路运输结构调整、港航物流发展等工作，着力做好老旧船舶改造、水运企业集约发展、江海直达与江海联运发展等工作。

提升全省水上搜救水平。贯彻落实《国务院办公厅关于加强水上搜救工作的通知》《江西省人民政府办公厅关于加强全省水上搜救工作的实施意见》，推进水上搜救体系建设与能力建设，修订完善工作预案和规章制度，调整优化水上搜救机构，加强水上搜救队伍建设，不断提升水上搜救现代化水平。做好全省水上搜救工作的组织、协调，着力提升鄱阳湖水域和赣江、信江高等级航道水上搜救能力。

（江西省高等级航道事务中心）

报告6

山东省水运发展综述

2020年，山东省港航系统全力做好疫情防控，充分发挥规范行业、服务行业、引领行业的作用，圆满完成了港口航道的规划、建设和经营管理，以及水路运输、危化品安全管理等各项工作任务，有效推动了水运行业有序、健康、快速和高质量发展。

一、水运发展基本情况

规划体系完善。编制完成山东省沿海港口中长期发展规划。研究制定关于加快建设世界一流海洋港口的意见。起草加快世界一流港口行动方案。启动山东省智能航运三年规划编制工作。

重点项目建设。强化项目设计审批管理，起草了山东省水运工程设计变更管理办法、小清河PPP项目设计变更管理办法等规章制度。强化重点项目推进，定期督导调度和通报进展情况。全年完成投资142亿元，同比增长32.7%。青岛港董家口30万吨级原油码头二期、日照港石臼港区南区25万和30万吨级通用泊位工程等项目完工，新增万吨级以上泊位14个，新增年通过能力超过5000万吨。日照港岚山港区南区12号、16号大型通用泊位工程、深水航道二期工程等项目开工。泰安港东平港区老湖作业区工程基本完成，达到试运营条件。京杭运河主航道升级改造工程（济宁段）、湖西航道整治工程等进展较快，韩庄复线船闸工程完工，新万福河复航工程基本完工。大清河航道工程开工。小清河复航工程累计完成投资52亿元，超额完成年度投资计划。

港口生产管理。坚持疫情防控与港口生产两不误，严格落实国务院港口降费政策，优化行政许可事项流程和口岸营商环境。全省港口共计减免货物港务费、港口设施保安费约1.9亿元。实施新增航线补贴政策，严格把关每月航线补贴资金申请材料审核，累计下达补贴资金9750余万元，新增集装箱航线35条（其中外贸航线18条）。全省沿海港口吞吐量完成16.9亿吨、集装箱3191万TEU，同比分别增长4.5%、6.0%，实现疫情影响下逆势“双增长”。

运输市场管理。加强港口经营管理，引入市场竞争机制，进一步放开经营市场，严格按照国家要求修订完善收费目录清单进行公示，做到清单之外一律不收费。强化水路运输市场监管，明确省内水路运输经营许可、省际普通货船运输经营许可为市级，并将国内船舶管理业务经营许可委托下放至市级；组织开展水路运输及其辅助业和国际船舶运输业年度核查，落实“双随机、一公开”检查计划，督促强化企业主体责任落实，严厉处罚违法违规行为。制定《山东省水路运输市场信用信息管理实施细则（试行）》，升级完善全省水路运输市场信用信息管理系统，建立企业信用档案，对守信及失信行为采取积分制管理。加强航道管理，完成船闸运行方案编制报批工作和安全隐患排查工作；加快跨（临）航道工程航评报告审核工作，督导第三方技术服务机构提高审核质量，确保符合通航标准要求。

智慧绿色发展。加快智慧港口建设，印发《交通强国智慧港口建设实施方案》。具有全球领先水平的青岛港集装箱全自动化码头二期工程建成运营，全国智慧港口示范工程青岛港“云港通”电商平台建成运行，各类注册用户及企业总数达55万，构建起“互联网+港口+业务”新型业态及服务体系；推进传统码头智能化改造，日照港集装箱自动化堆场减少操作人员70%，烟台港干散货码头堆取料机作业效率提高108%；推进智慧港口信息基础设施工程建设，已建成5G基站超过50座，并开展基于5G的应用场景测试。全年完成16个已建泊位的岸电设施改造，提前完成交通运输下达的改造任务。印发《关于进一步加强港口岸电建设使用工作的通知》，鼓励各地出台优惠措施，完善保障机制，强化来鲁船舶岸电使用。

港口一体化发展。深入推进港口整合工作，召开省港口建设专项小组会议，研究部署加快推进完成公用资产及负债剥离工作。12月29日完成股权划转协议签署，山东省沿海港口一体化改革掀开崭新一页。省港口集团全年完成货物吞吐量14.2亿吨，同比增长7.5%，居全国沿海港口第一位；完成集装箱3147万TEU，增长6.5%，居全国沿海港口第二位；外贸8.7亿吨，增长5.2%。

港口水运安全生产专项整治三年行动。贯彻落实交通运输部和省委省政府关于港口水运安全生产工作的部署要求，对照三年总体目标，分年度细化工作任务，压实工作责任，明确阶段性工作目标，扎实开展交通运输安全生产专项整治三年行动。深刻汲取黎巴嫩贝鲁特港口区重大爆炸事件事故教训，做好国务院安委会两次安全检查、交通运输部一次安全督查及交通运输厅危险货物港口装卸仓储企业安全专项整治发现问题整改工作，109条问题隐患全部整改到位。

二、2021年工作思路

山东水运将突出建设世界一流海洋港口、提升服务新发展格局能力目标导向，树牢安全底线，强化工作创新，补齐工作短板，力争在提升行业服务水平、推动行业转型升级、提高本质安全水平等方面取得新成绩，为“十四五”开好局起好步。

抓进度，推动基础设施建设取得新突破。按照年度投资计划，进一步加快项目设计审批进度，建立项目进度清单制，强化督导调度，全力推进项目建设，确保完成投资230亿元，较2020年增长61.9%。推进沿海港口建设，提升集装箱、液体散货等大型深水泊位供给能力，重点推进青岛港前湾港区泛亚集装箱码头工程、烟台港西港区30万吨级原油码头二期工程等在建项目建设，争取建成日照港岚山港区30万吨级原油码头三期工程、日照港岚山港区南区12号、16号大型通用泊位工程等项目。推进京杭运河扩能，加快京杭运河主航道升级改造工程等在建项目建设，推进大清河航道等支线航道建设。推进小清河复航工程，围绕2022年底前完成航道主体工程、2023年上半年实现全线通航目标，统筹推进航道扩挖、船闸建设和桥梁改建等工程进度；加快推进沿线港口建设，重点启动建设济南主城港区、章丘港区和博兴湖滨作业区等项目。

补弱项，推动内河高质量发展取得新成果。落实《内河航运发展纲要》，研究制定全省内河航运高质量发展行动方案。研究起草内河集装箱船优先过闸等相关支持政策，支持内河集装箱运输骨干企业发展壮大。研发经济高效的海河直达船型，加快推进特定航线审批及船舶技术标准立项修订等工作进度，确保实现小清河“复航即通航”目标。加强内河航道建设养护管理，研究完善京杭运河项目建设养护管理办法。

抓提升，推动行业转型升级取得新进展。落实省政府支持建设世界一流海洋港口的意见要求，巩固全省沿海港口一体化改革成果，推进以青岛港为中心的东北亚国际航运枢纽建设，助推港口企业加快建设内陆无水港，培育涉海高端服务业，实现从装卸港向枢纽港、贸易港、金融港的升级。推进智慧港口建设试点，深化5G、区块链等前沿技术应用，推进集装箱自动化码头生产管理系统升级、传统码头智能化改造、信息化基础设施建设等，提升港口生产作业智能化水平。推进智能航运发展，编制完成智能航运发展三年行动计划，在小清河复航工程中，着手打造集航道建设、港口码头、船型研究、运输组织和海事监管于一体的智慧化运管管理平台。推进绿色航运发展，强化岸电建设使用，进一步提升集装箱专业化泊位拥有岸电设备数量占比，加强对航运公司加装船舶受电设施的引导，推动重点航线岸电使用常态化。督促港口企业提升船舶污染物接转处能力，引导发展水水中转、“散改集”和“件改集”。

筑底线，推动水运本质安全生产见到新成效。强化底线思维，树立本质安全目标，紧盯港口危险货物和渤海湾水路客运等重点领域，推动港口安全生产形势持续稳定。细化完善港口安全生产专项整治三年行动方案，动态更新问题隐患和制度措施两个清单，专题研究重点领域突出问题，实化具体整治措施。加强港口危险货物建设项目源头管控，严格液化烃、剧毒等高风险货种准入条件，加强现有货种安全作业条件的核实与监管。强化安全监管和应急能力建设，开发建设港口危险化学品安全监管与应急系统，打造全天候、全方位、全过程监管平台，建立港口危险货物安全管理专家库，修订山东省水路运输突发事件应急预案。开展重点领域专项整治，推进客滚船码头安全管理专项提升、化工产业做强做优专项整治、桥梁防碰撞隐患治理、中韩客货班轮专项整治、港口危险货物专项治理等，深入开展安全风险分级管控和隐患排查治理。

优服务，推动市场监管水平得到新提升。落实减费降费政策，充分激发市场活力，推动水路运输降本增效。做好事中事后监管，建立健全市场监管体系，推进跨部门联合监管和“互联网+监管”，建立完善企业信用信息档案，构建以信用为基础的新型监管机制；做好省级权力事项下放工作，有序开展国内水路运输及其辅助业和国际船舶运输业核查、港口设施保安年度核验，按要求开展“双随机、一公开”检查。推动行业自律，规范港口企业经营和收费行为，推广青岛港全程物流“阳光价格清单”模式；畅通服务投诉渠道，加强信息公示管理，优化口岸营商环境，切实提高行业服务水平。

（山东省交通运输厅）

报告 7

河南省水运发展综述

2020年，河南省港航系统紧抓水运发展战略机遇，全面履职，全力推进水运建设攻坚、深化改革、转型升级和提质提速，水运发展取得显著成绩。

一、水运发展基本情况

水路运输能力。淮河淮滨至息县航运工程淮滨段、周口中心港区建设工程基本完工，唐河省界至社旗航运工程（省界至马店段）开工。沙颍河、淮河航道具备千吨级单船、万吨级船队通航能力，周口港先后开通至上海港、连云港港等5条集装箱航线，实现全省水路集装箱运输“零”的突破，加强了全省与华中、华东地区的联系，开辟了豫货出海新通道。大力推进“公转水”，水路承担的大宗货物运输量显著增加，顺利完成运输结构调整三年行动目标。2020年，全省完成水路旅客运输量172.4万人、旅客周转量3417.4万人公里，分别为2019年的56.25%、52.12%；完成货物运输量1.5亿吨、货物周转量1101亿吨公里，分别为2019年的87.90%、90.80%；港口吞吐量创历史新高，达到3115万吨，为2019年的153%。“十三五”期间，全省累计完成货物运输量7.1亿吨、货物周转量5059.1亿吨公里、旅客运输量0.14亿人，分别为“十二五”期的222%、245%、144%；累计完成港口货物吞吐量8026万吨，是“十二五”期的3.1倍。

水上交通安全。推进水路安全生产三年行动，开展护航、涉海运输集中整治、水上无线电专项整治、水路非法危化品排查、安全检查“三个百分百”、长期逃避海事监管船舶整治等专项整治，检查船舶6938艘次，查处非法载客、非法渡运船舶64艘，排查脱管船舶496艘，召回涉海运输船舶100艘，全省水上交通安全保持零事故。深入开展“兰舟行”水上安全知识进校园活动，“兰舟行”讲师团被评为河南省5星级“青年文明号”，被交通运输部海事局评为2020年“三化”建设好品牌。“十三五”期间，全面强化安全监管，探索建立“放管服”改革后的水路安全监管新机制，在船舶艘数、运力、船员数量大幅增加的前提下，全省水上交通连续6年保持零事故、零死亡，首次实现五年规划期内没有发生水上交通事故；全面强化“三基工作”，累计投入8527万元升级改造86道农村渡口，累计投入4.52亿元实施32个通航库区（水域）港航安全监管基础设施标准化建设。

长江经济带船舶和港口污染突出问题整治工作。落实《关于印发长江经济带船舶和港口污染突出问题整治方案的通知》要求，印发《关于开展长江经济带船舶和港口污染突出问题整治调研的通知》，摸清了全省1302艘待改造船舶的生活污水收集或处理装置的安装情况，制定了省际运输船舶生活污水收集或处理装置改造实施方案，明确了船舶改造工作目标及任务、设备技术标准等，全省1302艘待改船舶全部完成生活污水防污染改造任务。

水上搜救能力建设。持续开展“库区（水域）港航安全基础设施标准化”建设，2020年在7个库区（水域）实施标准化工作。培育发展水上搜救社会力量，全省27支队伍获得国家海上搜救中心表彰，获奖队伍数为内陆最多的省份；全省水上义务救援队由2012年的1支发展到55支，人数由12人发展到3250余人，河南省水上搜救社会力量建设走在全国前列。据不完全统计，河南省水上搜救社会力量自成立以来，参与水上搜救行动2300余次，成功救助860余人，打捞遇难者遗体2500余具，打捞汽车28辆、沉船19艘、直升机1架。

信息系统建设与应用。河南省水路路网运行监测信息系统试运行，建设了353路视频监控、50个水文气象站、70个情报板、2套电子卡口、60套船载北斗定位设备，用于获取全省水路路网运行的静态和动态信息，实现对水上交通安全事故的预报预警。

二、2021年工作思路

加快航运基础设施建设。结合全省内河航运发展实际，提请省政府出台《河南省航道网规划（2021—2035年）》和《河南省人民政府关于加快内河航运高质量发展的意见》。继续推进航运工程建设，全年计划完成投资16亿元，重点建设唐河省界至社旗航运工程（省界至马店段）和黄河小浪底库区洛阳境、济源境港航建设工程等项目，力争淮河航运工程息县段等项目开工。强化工程建设监督，开展行业督导和水运建设市场督查等工作，提升项目建设管理水平。组织举行水运建设现场观摩会和工程建设管理相关培训，推进水运项目施工标准化、品质工程和平安工地建设，促进项目建设管理水平不断提升。加强库区（水域）港航安全监管基础设施工程建设，提高库区（水域）水上运输安全和应急救助能力。做好航道养护管理和应急抢通工作，开展全省内河航道养护技术考核工作，保障航道安全畅通。

加强水上交通安全监管能力。落实部门监管责任，深入推进水上三年行动落实，按照时间节点准时完成。继续做好“时段、水域、船舶、人群、环节”五个重点监管（重点时段是春运、两会、法定节假日、汛期、暑期；重点水域是渡口和取得水路运输许可证的库区；重点船舶是三船一桥；重点人群是学生和游客；重点环节是监管的规范化流程）。建立健全水路安全监管责任体系，完善属地主管、行业监管、企业负责的责任体系，形成省、市、县三级责任链条。完善风险管控和隐患排查体系，推进企业安全标准评价和企业双重预防体系建设。加强港口企业安全监管，开展自然灾害综合风险水路承灾体普查和船舶防碰撞桥梁整治。加强省际运输船舶等船籍港源头管理，严格行业准入和信用管理落实，不断强化长期逃避海事监管船舶和涉海运输船舶整治，对管理不到位、造成重大事故或多次被通报的船籍港机构和企业，参照河南省道路运输“四个严禁、四个一律”实施监管。加强安全培训教育，计划对船员管理、船舶登记和安全管理人员开展培训，持续开展“兰舟行”工作。进一步加强水上搜救工作，持续抓好机构建设、队伍建设、装备建设，提升应急处置能力和水上搜救技能水平。

提升水路运输服务效率和能力。发挥周口港、漯河港、淮滨港等港口集装箱运输优势，开辟新航线，引进适航船舶，2021年港口吞吐量力争达到3200万吨、集装箱吞吐量1万TEU。培育省内水运市场，鼓励水运企业回到省内经营。加快沙颍河、淮河运输能力提升，免费向水运企业提供新型船舶图纸。吸引国内外有实力和影响力的平台货运企业落户河南，提升船运物流效率。推进内河船型标准化，加快推广三峡船型、江海直达船型和节能环保船型，做好船型标准化资金清算收尾工作和长江经济带防污染改造船舶的资金补助工作。持续提升航务海事信息化水平，以河南省水路路网运行监测信息系统为基础，加强前端感知设备建设，开展智慧港口研究，编制智慧水运标准体系。

积极研究推进港航投融资、航道建管养体制等改革。研究省级层面港航投融资平台的实现途径和模式，研究推进以沙颍河水系为试点的水资源协调、航道管理和功能发挥协调、船闸联合调度等协调管理体制改革。推进以黄河小浪底库区港航建设为示范的交旅融合发展工作。

（河南省交通事业发展中心）

报告8

湖北省水运发展综述

2020年是湖北水运发展史上极其特殊、极不平凡、极不容易的一年。面对极其严峻复杂的挑战，全省港航海事系统挺身而出、顽强拼搏，超额完成了2020年重点目标任务，实现了“十三五”圆满收官。

一、水运发展基本情况

基础设施建设。2020年，全省完成固定资产投资78.0亿元，其中11月达10.8亿元，创“十三五”以来单月最高纪录。雅口航运枢纽完成投资28.2亿元，占汉江总投资的84%。全省建成12个港口项目，“十三五”项目库中已建成的项目达43个。汉江碾盘山至兴隆段航道整治工程竣工。雅口枢纽主体土建工程基本完成并实现船闸通航，孤山枢纽3台机组投产发电，新集枢纽开工。

水路运输量。全年新增航运企业7家；完成水路货运量4.1亿吨，同比增长4.1%；集装箱吞吐量229.3万TEU，增长9.4%，居长江中上游第一位，其中11月集装箱量达“十三五”期单月最高水平；集装箱铁水联运量达4.9万TEU；江汉运河完成通航船舶6852艘次、船舶总吨573万吨，分别增长20%、29%。

多式联运建设。武汉阳逻港铁水联运二期开工。花山港首次承揽纸浆“散改集”铁水联运业务。华中最大的煤炭铁水联运项目——荆州煤储基地开港试运营。全省新增2条品牌航线。武汉至日本集装箱江海直航实现班轮化运转。“日本—武汉—欧洲”集装箱铁水联运国际中转新通道、“孝感—东北”铁水联运专列和武汉至徐州、淮安集装箱班轮航线开通。

绿色生态建设。对再清查再整治中发现的22个码头全部拆除完毕。完成8个码头的港口岸线手续补办申报，宜昌港、黄石港、钟祥港等规划修编获批。19个岸电建设任务全部完成。全省累计设置固定污染物接收设施3724个，移动接收设施144艘（辆）。武汉、宜昌两座水上化学品洗舱站和武汉、十堰两座50吨溢油应急库建成运营，宜昌、鄂州两个LNG码头开工。港口自身环保设施整改达标并取得明显成效。全省共排查生产性码头292个，检查进出港船舶1.37万艘次。武汉、荆州、襄阳、荆门等地推广“船e行”系统应用，宜昌“净小宜”与“船e行”实现全面对接。

水上安全发展。全年实现零险情、零事故、零伤亡，全省水运连续十年保持无3人以上较大事故记录。开展水路交通安全大检查、水路交通危险品存储和运输安全检查、长期逃避海事监管船舶检查等各类专项行动，摸排8330艘船舶状态，查改问题隐患118个。印发《港口危险货物安全“十条规定”警示函》，开展港口危货安全“专家会诊”，查处各类问题44个。全力保障了长江、汉江危化品油库码头、荆州螺山船闸等关键点位的汛期安全。加快推进巡航救助一体化建设，推进建设应急搜救指挥船1艘、趸船11艘、工作艇15艘，“通衢一号”指挥艇建造进展顺利。

交通强国水运示范建设。组建汉江2000吨级航道整治工程建设筹备指挥部、江汉平原航道网水网联通工程前期工作专班，工可和研究论证工作已实质性展开。武汉铁水联运二期自动化码头开工，宜昌长江三峡游轮母港、白洋港专用铁路投资过半，襄阳港小河港区现代化综合码头主体工程基本建成。编制湖北省“十四五”水运发展规划。结合《湖北省疫后重振补短板强功能“十大工程”三年行动方案（2020—2022年）》，规划实施水运补短板项目8个，总投资109亿元。宜昌区域性港口建设迈出实质性步伐。襄阳新港公司挂牌成立，谋划打造汉江流域航运中心。

体制机制创新。全年办理审批事项66件，其中深水岸线审批24件、航道通航影响评价12件、国内水路运输经营许可10件。受疫情影响，审批总数较2019年的162件有较大幅度下降。研究湖北省航道、船闸日常养护管理事权划分，编制印发《湖北省内河航道、通航建筑物日常养护费用标准》。探索形成危化品码头初步设计和安全设施设计合并审查机制。推行船检“网上受理、远程检验”等新方法，全年完成建造检验船舶538艘、55.1万总吨，同比增长25%、39%。湖北汉江航道新基建项目初设编制完成，汉江航运监管服务平台初具雏形。汉江交通环保安全视频监控系统一期工程建成。长江流域第一个干支联网的汉江电子航道图上线。健全完善基本支出保障机制，港航海事部门基本支出纳入同级财政预算保障范围。

二、2021年工作思路

2021年，湖北省确保完成水运固定资产投资45亿元、力争60亿元，新增港口吞吐能力1000万吨，长江大保护、中央环保督查整改完成序时进度，运输结构调整“公转水”持续增长，绿色智慧水运建设取得新成效，遏制10人以上重大水上交通事故发生。

推动水运大发展。对10个交通强国水运试点项目分别制定详细实施方案，落实任务清单和时限清单，定期开展督办调度，确保完成序时进度。争取地方出台水运建设专项资金政策，创新投融资工具，拓宽市场化渠道，构建投资建设合作新模式。抓紧开展项目前期工作，力争做到全年完成前期工作比例超30%，动工比例超20%。加大与地方政府协调沟通力度，全面梳理项目落地过程中的“堵点”“卡点”，消除环保、土地、地方资金配套等制约性因素。

畅通水运大通道。完成武汉至安庆6米水深航道整治工程和试运行工作，争取交通运输部、长航局加快推进武汉至宜昌4.5米航道整治工程。推动开展荆汉运河新通道项目相关技术专题研究和外部影响评估。推动三峡水运新通道相关工作。配合做好三峡—葛洲坝两坝船闸停航检修期运输调度组织工作。推进汉江兴隆至蔡甸2000吨级航道前期工作，启动兴隆枢纽2000吨级二线船闸、王甫洲1000吨级二线船闸前期工作。基本建成雅口、孤山航运枢纽，全面建成汉江河口至蔡甸2000吨级航道，加快新集、碾盘山枢纽建设进度。加快完成松西河、唐白河航道整治工程和汉北河、内荆河、江汉航线、沦河、田关渠、东干渠、藕池河等航道前期工作。高标准完成全省航道、港口、船舶等水运基础设施普查工作，推动《全省航道及通航设施养护管理办法》《汉江、江汉运河船闸统一调度管理办法》等出台。

建设水运大枢纽。重点抓好武汉港阳逻铁水联运二期、黄石港棋盘洲三期、荆州港江陵煤炭储备基地一期、宜昌港秭归LNG码头、鄂州港富地富江LNG码头等项目建设。推进全省港口一体化整合工作。优化近洋远洋航线运输布局，重点支持培育武汉至日本韩国集装箱近洋直航，巩固“江海直达”“泸汉台”、武汉至东盟四国及内支线集装箱班轮航线。支持“武汉—淮安—徐州”集装箱班轮航线发展，拓展长江—京杭大运河航线。推进汉江集装箱班轮化运输，拓展钟祥、沙洋、仙桃等汉江沿线港口至武汉港、黄石港集装箱喂给航线。研发适应兴隆以下和江汉运河、长江航行的汉江干支直达新船型和过闸新船型。推进宜昌白洋“车船直取、无缝连接”铁水联运、武汉金控粮食物流、鄂州公铁水空联运等示范项目建设，支持荆州港铁水联运争创国家级示范项目，确保黄石棋盘洲多式联运示范工程通过国家验收。推动武汉中欧班列与江海联运衔接。重视浩吉铁路与湖北省境内汉江、长江港口铁路线的规划、建设。推进大宗散货、集装箱、商品车等货类长江沿线下水，引导水路适箱货物集装箱化运输。拓展长江三峡库区载货汽车滚装运输，培育水陆滚装联运精品路线，持续提升水路货物运输在综合运输体系中的比重。

服务能力大提升。推进政务服务“一网通办、一窗通办、一事联办、跨省通办”，探索船舶证书“多证合一”和证件电子化。做好电子航道图系统、铁水联运信息平台等拓展升级。加快建设智能装卸、运输、仓储的新一代自动化码头，推广汉江船闸统一调度系统和“船闸通”软件，推动松西河、唐白河数字航道建设，推进5G、大数据、物联网、区块链等新技术与基础设施建设、水运行业管理的深度融合。推进水运客票电子化和联网化进程。加快建设宜昌三峡游轮母港和武汉、恩施游轮客运中心，支持武汉、宜昌水路旅游客运企业加快研发新能源动力游轮。优化三峡、丹江口库区以及洪湖、梁子湖等湖区旅游码头布局，实现品牌宣传同步、线路资源同享、建设监管同力、产品开发同筹，打造交旅融合核心品牌。

推进长江大保护。建立健全船舶和港口污染防治长效机制，提升规范已建船舶污染物接收转运系统。推进《400总吨以下内河船舶防治水污染管理办法》实施，加强船舶防污染监督联合执法，综合运用无人机、可视化视频监控平台等技术手段，加大船舶污染物偷排超排行为查处力度。探索汉江航道疏浚土综合利用。推进LNG加注站、水上服务区等绿色服务基础设施加快建成投运。提高洗舱作业安全管理水平，落实“应洗尽洗”要求，规范洗舱作业流程。做好《长江保护法》宣贯工作。继续加大船舶受电改造力度，推广船舶靠港使用岸电，加快港口岸电建设。加大船舶使用燃油质量检查力度，加速老旧船舶拆解报废进程，对不符合环保标准的船舶实行强制退出机制，大力推广清洁能源动力船应用。加强港内港外锚地管理，推进锚地资源共享共用。

构建海事发展大格局。推动12395新思路在湖北落实落地。扎实开展水路交通安全生产专项整治三年行动。狠抓水路客运、危险品运输、船舶碰撞桥梁、港口危化品装卸存储作业等专项整治。夯实水上无线电秩序管理专项整治工作成效，保障水上无线电通信安全。深化加强“平安百年品质水上工程”建设，组织开展“平安工地”创建。建立水上安全事故“一案双查”新机制。推动制定湖北省水上搜救条例，加强水上搜救应急站点布局，推动建立省级水上搜救基地，建设社会化专业化救捞队伍。落实船舶污染应急能力建设规划，加快推进汉江潜江段50吨级溢油应急设备库建设。做好重大活动、重点时段水上安全监管和应急保障工作。开展法治能力提升行动。构建水路交通执法与港航事业中心深度融合工作机制。

推进理念作风大转变。构建工程建设、运输市场、安全管理等信用评价结果应用体系，有效惩治失信行为。落实航道养护定额、汉江应急抢通、船闸大中修、重点项目定期调度、港口危货监管专项工作综合考核评价与经费挂钩等一系列新运行机制。及时跟进各地机构改革和职能调整进展，动态调整权责清单，推动改革后的船检、渔检体制机制构建，明晰海事权责边界。适应新的内河水路货运量统计方式，加强航运、港口与直属和地方海事部门的对接。推进船舶检验证照数据等政务信息资源共享。积极推动《湖北省小型客船运输管理办法》《湖北省港口管理办法》《湖北省乡镇船舶安全管理办法》等条例法规出台。开展航运企业安全生产风险评估与防控培训。鼓励支持航运企业发展船舶交易、货运交易、航运人才、航运金融、法务咨询等高端航运服务。开展内河船员心理健康评估和危机干预服务，开发内河船员远程培训考试系统和学习微信小程序。

疫情常态化大防控。畅通信息传递渠道，严格值班值守制度，确保遇有情况能及时应对、及时处置。严格渡口渡船、旅游客运港站、港口物流园区、水运工程建设现场等领域常态化疫情防范和应急处置措施，加强海运进口冷链运输、码头装卸作业过程中的安全卫生管理和员工防护，构建全覆盖、无死角、无盲区的水运常态化防控网络体系。落实水路客运实名制、电子客票制度。

（湖北省交通运输厅港航管理局）

报告9

湖南省水运发展综述

2020年，湖南水运系统在疫情防控、安全监管、污染防治中彰显新担当，在基础设施保障、水运结构调整、推动高质量发展、服务国省战略中展现新作为，在深化“互联网+政务服务”、拓展便民服务、战枯保畅、提升水运服务能力中呈现新风貌。

一、水运发展基本情况

基础设施建设。全年完成投资17.8亿元。内河航道完工96.8公里，其中改善三级航道70公里，改善五级航道26.8公里。新建3000吨级泊位2个、2000吨级泊位5个。湘江二级航道二期、岳阳城陵矶港区二期工程建成投产。

水路运输生产。2020年，全省完成客运量840.4万人，同比下降48.8%。完成旅客周转量1.9亿人公里，下降45.4%。完成货运量2.0亿吨，下降1.2%。完成货物周转量395.3亿吨公里，下降6.2%。全省港口完成货物吞吐量1.4亿吨，下降0.6%，其中，内、外贸吞吐量分别下降0.7%和增长0.6%。完成集装箱吞吐量67.3万TEU，下降2.6%。

水路运力。2020年末现有营运机动船舶4551艘、同比减少3.8%，总载重量435.9万吨、增加1.4%，6.2万客位、增加0.5%，标准箱位9704TEU、减少9.9%。机动船舶平均总载重量增加5.4%，运力结构进一步优化。

二、水运发展特点

统筹推进疫情防控和交通运输复工复产。迅速响应疫情防控要求，成立疫情防控领导小组，定期召开调度会议。全面开展暗访督导，督促疫情防控工作落实。落实联防联控措施，开通防疫和民生物资保障水运绿色通道。在综合监管平台开发了高风险地区船籍港船舶提示功能。落实常态化防控，关注水运口岸、冷链运输防控。从油补统筹资金中安排790万元，支持企业有序复工复产，促进水运经济在第二季度恢复至疫前水平，6月份实现正增长。

行业安全生产形势稳定。强化重点时段安全保障，开展了春运、“两会”、中秋国庆等9轮水上交通安全检查督查。进一步规范“四类重点船舶”管理，加强了视频监控等手段运用。专项整治有力开展，落实安全生产专项整治三年行动，推进危险货物水路运输安全、内河船舶涉海运输、长期逃避监管船舶、水上无线电秩序管理等专项整治行动。安全隐患动态清零，省级督查处理隐患近300项，交叉检查处理隐患500项，危化品港口隐患排查处理隐患215项。搜救能力持续增强，组织湖南（岳阳）水上搜救演练，联合开展衡阳、郴州、浏阳等水上搜救演练活动。全年未收到行业上报事故，安全生产形势稳定。

水运绿色发展有序推进。长江经济带水运突出问题全面整改，完成全省71个船舶污染物收集点建设，推广船舶污染物免费接收，船舶水污染物联合监管与服务信息系统投入运行；岳阳港危化品船洗舱站投入使用；环洞庭湖建设18个危化品安全监管应急基地建设加快推进。岸线保护修复全面推进，完成长江湖南段港口岸线整治工作，年度港口提质改造投资3.4亿元。“一湖四水”非法码头渡口整治强力推进，完成382处码头、250处渡口关停任务。节能减排稳步推进，岳阳广兴洲LNG接收站开工，长沙金钩寺LNG、郴州东江长盈头LNG加注站建设有序推进，建成重点港区港口岸电设施31套。

智慧水运治理体系不断完善。加快智慧水运综合监管平台推广，出台《智慧水运综合监管平台运维管理办法》；推进平台功能、性能更新和优化，逐步充实数据，智慧水运APP使用总用户数近千人，日均在线人数380人左右。信息化手段不断完善，湖南省重点库区通航水域AIS补点建设、北斗试点推广工程通过竣工验收，建成内河航道智能卡口管理系统、客渡船智能识别系统。

行业服务和治理能力建设持续深化。体制改革顺利推进。构建改革期间全省水运工作联系协调机制，建立水上安全、污染防治、岸线整治等调度协调机制。启动了水运服务提升年活动，完善信息推送服务，广泛开展安全生产月、水上安全知识“五进”活动。重大公共卫生事件一级响应、防汛期间，积极开展运力、物资储备；极端低温期间，组织开展战枯保畅，公益助航船舶583艘次，有力保障了电煤、石油等重要能源和金属矿石、钢铁等重要物资运输。完成就业扶贫海员培训62人，完成单位对口帮扶工作。

“十四五”规划工作有序开展。省政府常务会议通过了《湖南省“一江一湖四水”水运发展规划》，省交通运输厅审议了《湖南省港口布局规划（修编）》《我省水运投资体制及融资方式研究》《湖南省LNG水上加注站布局规划（修订）》《湖南水运发展与生态环境影响研究》等专题研究成果，“十四五”湖南省交通运输发展规划中水运专题研究和专项规划有序开展。《岳阳港总体规划（2035年）》获交通运输部和湖南省人民政府批复。

三、2021年工作思路

为“三高四新”[❶]当好先行。支持岳阳港高质量发展，推动岳阳自贸片区建设。对接长江黄金水道，增强基础设施有效供给。主动服务先进制造业发展，适应制造业运输需求。推动运输结构调整与需求侧对接，推动老旧船舶拆解退出，鼓励砂石船舶等过剩运力改造。加快集装箱、汽车滚装、特种运输发展，提高钢铁、金属矿石运输效率，加强煤炭、石油及其制品运输保障。

提升本质安全水平。加强安全风险溯源管理，督促企业落实安全生产主体责任，推动企业安全生产标准化。完善安全监管机制，支持水上执法专业化，形成工作合力。落实重点问题专项整治，推进安全生产三年整治行动。不断提升应急搜救能力，推动支保系统二

❶ 三高四新：着力打造国家重要先进制造业、具有核心竞争力的科技创新、内陆地区改革开放的高地，在推动高质量发展上闯出新路子，在构建新发展格局中展现新作为，在推动中部地区崛起和长江经济带发展中彰显新担当，奋力谱写新时代坚持和发展中国特色社会主义的湖南新篇章。

期建设。

筑牢绿色发展基础。严格落实污染物回收处置，深化长江经济带船舶和港口污染突出问题整治。加快推进“一湖四水”非法码头和渡口整治，高质量实施码头渡口提质改造。加快船舶清洁能源技术推广，推进郴州市资兴长盈头、长沙市金钩寺、岳阳市君山广兴洲LNG加注站点建设，加快“一湖四水”重点港区、锚地岸电设施建设。

落实疫情防控“三同防、两畅通、一保障”。完善疫情防控指挥调度、应急反应体系，做好应急预案，严格落实常态化疫情防控措施，强化国际冷链运输疫情防控；重点保障春运旅客运输，保障煤炭、石油制品等民生物资和金属矿石、钢铁、集装箱、滚装汽车等重点物资运输。

完善行业治理体制机制。推进直属事业单位机构改革，打造高素质、专业化工作队伍。构建重点工作协调联席机制。加快“智慧水运”发展，加强综合监管平台、电子卡口系统推广，建设客渡通小程序，加强综合监管平台功能模块开发。建立健全水运工作制度，加快水运诚信体系建设，强化信用评价结果运用，促进行业自律，发布远程执法等工作指南。

持续提升服务能力。构建以船舶检验与船员服务为核心的基础服务能力。突出以互联网为载体的水运信息化服务，研究探索依托微信开展船舶船员服务信息推送、服务业务办理等工作。打造“四好”航道，将“四好”理念贯穿到航道建管养运全过程。

（湖南省水运事务中心）

报告 10

重庆市水运发展综述

2020年，重庆水运系统围绕“航道网络化、港口枢纽化、船舶标准化、安全常态化、发展绿色化、服务优质化、党建科学化”建设目标，全面提速重庆水运发展。

一、水运发展基本情况

基础设施建设。累计投入资金28亿元。航道方面，启动朝天门至涪陵段4.5米水深航道整治，加快嘉陵江利泽、乌江白马、涪江双江航电枢纽建设，持续加大重要支流航道支持保障系统建设力度，开工渠江、蝙鱼溪、黛溪河航道整治工程。港口方面，加快推进万州新田、忠县新生等重点港口建设，推动港口综合管理系统启动实质性建设。全市航道通航里程4468公里，三级及以上航道里程达1106公里，5000吨级单船和万吨级船队可直达重庆主城。

水路运输生产。全市累计完成水路货运量19819.1万吨，同比下降6.0%，完成货运周转量2270.5亿吨公里，下降7.5%。其中集装箱运量106万TEU，增长6.2%。全市累计完成水路客运量523.3万人，下降30.8%，完成客运周转量2.1亿人公里，下降62.6%。全市累计完成港口货物吞吐量16497.8万吨，下降3.7%。

船舶运力。大力发展三峡船型、豪华游轮等专业化运输船舶，全市货运船舶运力808万吨，占长江上游总运力的85%，船型标准化率提高到85%，船舶平均运力增加到3460载重吨。

安全形势。开展危险化学品专项整治、航运枢纽大坝安全鉴定等专项行动，充分发挥地方水上应急救援铁军作用，应对长江5号、嘉陵江2号特大洪水过境，出动应急救援人员500余人次、救援船艇100余艘次，处理汛情险情30余起，成功救助遇险船舶30余艘、转移遇险人员300余人，直接挽回经济损失6000余万元，实现洪峰过境“零事故”“零死亡”。

绿色生态。推进船舶和港口污染突出问题整治，完成3165艘100总吨以上船舶防污染改造和36艘客运船舶岸电改造，完成111座老码头综合评估，持续加大港口码头船舶垃圾、生活污水、含油污水接收设施建设和使用力度。

水运服务。川渝两地开启国内首次“铁江联运一单制”试点。水运经济复苏回暖。争取税费减免和资金补贴2.2亿元，助力企业纾困解难，主要指标较年初均实现40%以上增长。

二、2021年工作思路

全年主要目标是计划投资30亿元；完成水路货运量2.15亿吨，货运周转量2465亿吨公里，完成港口货物和集装箱吞吐量1.79亿吨、126万TEU；四级以上航道通航保证率达95%以

上；地方水上交通不发生重特大事故，严控一般等级及以上事故，力争实现“零死亡”。

推进长江上游航运枢纽建设。航道方面，全力配合开展长江朝天门至涪陵段4.5米深水航道整治，持续推进嘉陵江利泽、乌江白马、涪江双江等重要支流梯级渠化工程，实施渠江、黛溪河、鳊鱼溪等支流航道整治，加快推进涪江重庆段智慧美丽航道、乌江彭水二线千吨级船闸扩能前期工作。港口方面，有序推进主城果园、万州新田、涪陵龙头、江津珞璜等港口建设，力争开工渝北洛碛港一期、主城黄磏港一期，推进朝天门片区码头整合搬迁，加快水上巴士停靠点改造升级，推动三峡库区水上交通绿色综合服务示范区建设。船舶方面，加快运力结构调整，争取船型标准化地方补助政策，积极淘汰退市非标船舶，研发推广干支联动等新船型，开展重庆港至上海洋山港江海直达船型研究。运输组织方面，推动铁公水多式联运发展，推广甩挂运输应用，优化水水中转运输组织，拓展长江上游地区水运市场，促进重庆—四川（宜宾、泸州、广元、广安）、重庆—云南（水富）等航线集装箱水运发展。

加强水上交通安全。落实企业主体责任，扎实推进安全生产标准化建设，健全落实全员安全生产责任制，严格执行“日周月”隐患排查制度；落实区县属地责任，健全安全监管联动机制，持续推进安全生产风险管理和隐患治理双重预防机制建设；落实行业部门责任，强化安全生产形势分析研判，认真执行年度安全生产监督检查计划。推进专项整治三年行动集中攻坚，突出重点时段、重点部位、重点船舶，深入开展水上涉客运输、载运危险化学品船舶、航运枢纽大坝除险加固等专项治理，落实隐患整改责任、措施、资金、时限、预案“五到位”，实施重大隐患挂牌督办、约谈问责，确保整改销号。以港口综合管理系统为载体，整合基础数据库并及时更新，推动GPS等现有监控系统与北斗技术衔接运用，加强信息预警发布和在线实时监测，强化“静态+动态”双监管。启动“十四五”地方水上应急体系建设，加快应急基地标准化建设、规范化管理、常态化运行，全面提升地方水上应急救援能力。

发挥水运生态环保示范作用。严格按照第二轮中央环保督察反馈意见及整改方案要求，加强督促指导，确保如期整改销号违建码头、违规侵占岸线等问题，深入开展支流非法码头整治。巩固提升港口船舶污染突出问题整治成果。实行港口船舶污染物接收设施建设“一港一策”。争取出台船舶污染物免费接收政策，强化“船e行”和电子联单融合运用，健全“船—港”污染物移交双向确认机制。加快研究出台100总吨以下船舶环保设施改造实施方案。推进三峡游轮码头岸电设施建设，加快推进LNG加注码头。推广电力推进、LNG动力船舶，鼓励发展三峡船型。加强航道整治新技术、新结构研发应用，推广使用高降解、低污染、植生型等新型材料。持续推进“两江四岸”货运码头退出或转型，按照“四个一批”原则，加快推进朝天门片区和广阳岛周边区域停泊船舶新一轮治理，推进公务船舶集中停靠。

全力提升航运服务水平。有序推进《重庆市水路运输管理条例》《重庆市航道管理条例》立法修订。做好行政审批、行政许可各项事务性工作。推进“信用水运市”建设，深化信用“红黑名单”管理机制，强化水路运输市场信用信息管理系统运行使用，建立健全企业信用信息动态更新、上网公示和联合奖惩工作机制，与企业经营资质保持相挂钩。加强航运发展研究，大力争取水运发展的惠企政策出台。推动大数据、北斗等新技术与水运融合发展。加大船闸检修、汛期高洪水位等重点时段三峡船闸优先过闸协调力度，确保外贸集装箱、航空煤油、电煤等重点物资优先过闸。建立嘉陵江川渝段船闸联合调度机制，提升过闸效率。

全面深化改革。逐步理顺与相关部门的职能职责边界，划分界面清单，杜绝出现履职真空、履职空档的现象。完善制度建设，强化内部管理，找准工作着力点，创新方式方法，推动工作清单化、规范化、科学化。推动设立重庆市地方水上应急救援中心，落实机构、编制、人员和经费。加强部门协作，建立工作动态联系机制、信息共享机制，加强市区联动，推动形成全市水运“一盘棋”工作格局。

（重庆市港航海事事务中心）

报告 11

四川省水运发展综述

2020年，四川水运统筹建设、运输、安全、环保等各项工作，重点推动实施专项工程，全年完成水运建设投资52.6亿元，发展基础不断厚植。

一、水运发展基本情况

水运发展谋划。加快四川省综合立体交通网规划纲要（2021—2050年）水运专项规划、交通强省实施意见水运篇章、内河水运“十四五”规划等编制，规划重点项目30个、规划投资300亿元。加快重要航道及各市港口总体规划编制工作，岷江流域综合规划环评通过生态环境部审查；渠江、岷江（成都至乐山段）航道规划环评取得批复，规划报告已完成待上报审查；金沙江规划基本完成、规划环评已启动；全省18个城市开展港口总体规划编制或修编工作，7条高等级航道上涉及的14个城市已完成港口总体规划编制。川渝签署《推动成渝地区双城经济圈水运发展共建长江上游航运中心合作备忘录》，将在水运规划、环保、航运设施建设、运输服务等方面加强合作。

基础设施建设。全年水路交通完成投资53.7亿元。8个续建项目顺利推进，完成投资36亿元，岷江犍为航电枢纽实现蓄水、通航、发电三大目标，广元港张家坝作业区一期工程泊位基本形成。岷江港航电综合开发和嘉陵江利泽枢纽资金筹措方案落实，岷江老木孔、渠江风洞子枢纽开工动员，东风岩枢纽前期工作加快推进。维护高等级航道900公里，完成专项养护工程15个。制定渡改人行桥建设推进实施方案，全年建成渡改人行桥15座。

水路运输结构调整。全省完成水路货运量6527万吨、货物周转量292亿吨公里、港口货物吞吐量1360万吨、客运量954万人、旅客周转量1亿人公里。全年完成港口集装箱吞吐量27.4万TEU，大件运输42批次、1.1万吨。完成四川省港投集团组建，川南港口运营管理平台挂牌运行。全省现有港口企业60家，运输企业344家，其中省际运输企业68家。省际运输船舶365艘，其中千吨级船舶259艘，平均吨位3161吨，过三峡船闸船舶标准化率90%。大力发展多式联运，已建成攀枝花等无水港7个，开通铁水联运班列11条，完成铁水联运集装箱量4.3万TEU，增长7.3%。

水路绿色发展。全面完成全省4758个船舶和港口污染突出问题整治，完成省内主要通航河流380座非法码头整治，港口岸线管理进一步规范，28座码头新办港口经营许可证。眉山、广元、乐山3个客船提档升级试点工作有序推进，20艘试点船舶全部启动建造。泸州、宜宾、乐山、广安等12个市推广运行船舶水污染物联合监管信息系统，实现污染物接收转运处置信息化管理。

水上安全形势稳定。实施安全监管巡航救助一体化、客船提档升级等本质安全工程，建成中高洪水位防洪桩860余个、排查辨识管控风险源700余个，开展“三无”船舶专项整治，排查“三无”船舶10287艘，完成取缔处置6052艘、规范4235艘。加快老旧船舶更新改造，全省船舶减少到8616艘，其中10年以上老旧船舶减少到2681艘，成功应对岷江、嘉陵江等江河特大洪水，转移遇险群众4.5万人，救助群众145人。全年水上交通发生事故1起、死亡1人。

水路疫情防控。疫情一二级响应期间，全省旅游船舶率先停运，渡口码头相继停运，有效阻断水路运输传播链条；水路货运通道采取“七步防疫法”，水运大动脉未因疫情中断；水运重点项目落实“十五字防疫决”，2020年2月17日率先实现100%复工复产。

二、2021年工作思路

围绕实施两项专项行动、四大专项工程、两类试点改革，奋力谱写交通强省建设四川水运新篇章，确保“十四五”水路运输发展开好头起好步。

统筹谋划，抓好水运发展顶层设计。完善内河水运“十四五”规划并推动落地实施，启动四川省“社会资本+政府补助合作”内河水运项目管理办法研究。加快推进渠江、岷江（成都至乐山段）航道规划审批，完成金沙江规划环评报告编制。与重庆方面共同制定长江上游航运中心“十四五”建设方案并尽快启动实施。启动四川省公共锚地布局及建设研究。

分江施策，系统推进水运建设发展。优先发展嘉陵江，推动嘉陵江航运配套工程建设，实施马回船闸改造工程；启动亭子口通过能力研究；加快广元港张家坝作业区一期工程建设；会同重庆市推动建立嘉陵江梯级通航建筑物联合调度中心；联合重庆设计发布嘉陵江全线通航标准船型；探索开行南充、广安至重庆集装箱班轮航线，稳定广元至重庆散货“水上穿梭巴士”运输，推动嘉陵江—长江干支联运航线常态化运行；引导甘、陕、疆及沿江适水货物通过嘉陵江运输。积极发展金沙江，继续加快推进向家坝、溪洛渡等金沙江枢纽翻坝转运体系前期工作；实施向家坝上下游夜航航道设施建设，推动向家坝升船机夜间作业和金沙江水富至宜宾段夜航；协调缓解向家坝过坝货物压港问题；严格执行《过向家坝升船机适应性技术要求》。重点推进岷江，加快犍为、龙溪口、汤坝、虎渡溪、尖子山等航电枢纽续建项目建设，犍为枢纽主体工程建成；龙溪口枢纽至宜宾合江门航道整治一期工程及老木孔枢纽工程实质性开工，力争岷江东风岩航电枢纽开工动员。统筹推进其他，实现渠江风洞子航电枢纽、沱江（自贡段）航道升级工程实质性开工，加快推动涪江三星船闸、遂宁港大沙坝作业区前期工作。启动航道管养综合保护改革，推进航道定级及养护管理评价，探索创新航道养护工作机制，研究通过疏浚砂石综合利用反哺航道管养。

压实责任，全力保障水运发展安全。推动安全生产清单制、安全生产标准化落地，全面落实企业主体责任、政府属地责任。深入开展专项整治，落实行业监管责任。加快建桥撤渡工作，确保已建桥渡口应撤尽撤。启动长江上游航道的三峡升船机标准船型设计。启动船舶碰撞桥梁隐患治理三年行动，加快设置桥梁防撞设施及加固改造。积极探索船检工作机制和检验方式创新。严把船员培训关，提升船员实操能力。完善高洪水位系泊区域，加快建设防洪桩，提升安全停泊能力。完善安全风险分级管控和隐患排查治理标准，加快自然灾害综合风险水路承载体风险普查。实施“冬安行动”，做好春运运输组织和安全保障工作。开展涉砂船舶专项整治，强化采、运、卸、停各环节监管。开展水上涉客运输安全治理，全面推行水上客运公司化，鼓励老旧和非标准客船提前退出水运市场。落实流域汛情传递机制，强化强风、强降雨等突发恶劣天气和开闸放水等水位突变信息的预警预报。严格渔船检验，开展“三无”船舶专项整治，做好长江十年禁捕。推动建立社会应急奖励补偿机制。推进攀西、川西南、川东救助基地及成都水上应急救助物资储备库中心建设，加快市级救助站和县级救助点建设。开展省市联合应急演练，提升水上应急救援能力。

多措并举，进一步优化发展环境。深化运输结构调整“公转水”研究，出台扶持水运发展的支持政策，明确各级政府及行业管理部门、省级国有企业职责。对全省运输港口企业开展信用管理及评价工作。研究启动全省绿水绿航示范市创建活动。鼓励新建清洁能源船舶，加快22米和29米纯电动海巡艇船型设计。对新、改、扩建港口严格按照相关法律法规和标准规范要求配置防污染设施，开展港口防污染能力研究。提升防污染设施设备运行和管理水平，严格落实垃圾免费接收政策，推广使用信息系统，强化船舶污染物接收转运处置联合监管；加强码头自身环保设施维护管理；做好船舶和港口船舶污染突出问题专项整治省级资金清算工作。加快船舶定位设备安装，推广应用码头及船载视频智能监管系统。开展嘉陵江、金沙江、岷江等高等级航道电子航道图建设前期工作。整合沿江气象、水文等数据信息，加强气象水情信息传递。

（四川省交通运输厅航务管理局）

报告 12

贵州省水运发展综述

2020年，贵州水运以交通强国建设试点为契机，以“补短板、强弱项、激活力、抓落实”为行动指南，围绕交通运输打造“交通美省”总目标，实现贵州水运行业综合发展“高质量大提速”。

一、水运发展基本情况

基础设施建设。全省水路交通固定资产投资完成8.8亿元，同比增长6.8%。基本建成清水江平寨、旁海航电枢纽，总体形象进度分别达75.1%、80.0%；乌江索风营、乌江渡等库区航运建设工程总体形象进度分别达80.6%、100%；都柳江从江、大融、郎洞、温寨等航电枢纽建成投用，累计发电4.6亿度。完成12座渡改桥主体、16座便民码头主体建设。通航里程达到3957.8公里，其中四级航道988公里，新增及改善航道里程335.6公里。

运输服务。累计完成客运量、旅客周转量、货运量、货物周转量分别为1017万人、3.6亿人公里、1231万吨、37.5亿吨公里；港口吞吐量23.4万吨。交通运输厅与贵州乌江水电开发有限责任公司签署《乌江构皮滩、思林、沙沱水电站通航设施运行维护管理委托协议》，进一步理顺了乌江通航管理体制，乌江思林、沙陀升船机过闸闸次和船舶艘次在2019年基础上均翻番，乌江构皮滩升船机首次过船调试成功。

创新发展。推进交通强国建设试点任务贵州智慧水运（一期）前期工作，完成“智慧党建+目标管理+数据铁笼”应用管理平台建设，推进局数字党建、数管目标、数据铁笼等工作。完成水运系统科研项目验收4项，获得立项3项，组织申报21项。

绿色发展。投入2360万元专项资金建设船舶防污和港口污染物接收设施。围绕“2020年底前完成内河生活污水排放不达标船舶改造”工作目标，完成船舶改造任务302艘，完成率100%。

安全发展。开展长期逃避海事监管船舶、水上无线电秩序、船舶消防风险大起底大排查大整治等重点领域专项治理。制定问题隐患和整改措施“两个清单”，精准实施差别化监管；统筹推进“平安船舶”“平安渡口”创建，深化“海事六项禁令”和船舶“七不出航”制度落实，强化船舶翻沉风险管控；组织各级水上交通执法部门实施长江流域重点水域禁捕专项执法行动，打击“三无”船舶非法航行，“打非治违”成效明显；强化应急救援演练，完成水上交通事故跨区域联合应急救援演练；社会力量水上救援参与度不断提高，安顺“7·7”公交车坠湖事件发生后，安顺市虹山顺风游船有限公司第一时间参与救援，受到中国海上搜救中心表彰。

行业治理。深入开展“扫黑除恶”专项斗争和行业乱象治理，建设完善水运建设项目防范打击黑恶势力长效机制建设措施。加快推进行业治理，水路交通营商环境进一步净化。省管航道航标维护正常率达95%，赤水河航道维护水深保证率达88%以上，乌江、南北盘江—红水河维护正常率达94%以上。全年未发生因航道维护水深不足而发生船舶滞航、搁浅等碍航现象，或因信号司挂错误而发生船舶航行安全事故。推进“放管服”改革，加快职能转变，行政审批程序不断优化，由法定时限20个工作日压缩至7个工作日。

二、2021年工作思路

加快水运基础设施建设步伐。协调推进红水河龙滩水电站通航建筑物由通航500吨级船舶调整为1000吨级建设方案工程可行性研究、通航影响评价等报告编制和前期工作，力争开工建设。乌江沙沱第二线1000吨级通航设施工程、乌江索风营库区航运建设工程、清水江平寨航电枢纽工程、清水江白市至分水溪航道建设工程形象进度分别达7%、95%、90%、11%。完成《贵州省“十四五”水运发展规划》《贵州省乌江、南北盘江红水河“十四五”水路交通发展专项规划》《贵州综合立体交通网水运专篇规划》编制和批复。加快改善港口集疏运体系，推进一批集疏运道路建设。开展“平安水运”示范创建，大力弘扬“工匠精神”，努力打造“品质工程”。

加快水路运输市场培育步伐。继续深入推进乌江水路运输市场的培育力度，实施水路运输振兴工程，推动出台相关政策，引导将公路中长距离大宗货物运输转到水运。探索推进内河集装箱运输发展，实现水路运输转型升级。加大宣传工作，加快与沿江大宗货源企业合作协调，引导基础能源、新型建材、现代化工、装备制造等产业向沿江布局，依托乌江连接长江、南北盘江—红水河连接珠江优势，实现“黔货出海”。加快港口码头“园区化”设计布局，打造乌江、红水河流域煤电磷、煤电铝、煤化工、煤电钢、石材产业经济走廊，形成新的经济增长点。全面推进主要通航水域运输船舶标准化工作，促进运输船舶大型化、专业化、标准化、绿色化发展。全面接管乌江、思林、沙陀升船机运行维护工作，保障升船机高效、畅通运行。加强赤水河、乌江、南北盘江红水河等航道管养力度，完成航标维护10万座天；航标维护正常率不少于95%；航道维护水深保证率乌江、南北盘江—红水河不低于94%，赤水河不低于88%。深化水运绿色发展，进一步巩固船舶防污和港口污染物整治成果，抓好赤水河、乌江生态环保修复工作。继续推进智慧水运（一期）和网络安全建设。

推进水运服务民生行动。继续实施索风营库区航运工程、乡镇便民码头及渡改桥建设项目，确保库区周边以及沿江群众安全、便捷出行。适时开展智慧水运工程研究和建设，大力推进水路运输客运实名制工作。加强商渔船检验工作融合，探索船检服务方式，推进船检体制机制改革创新。

强化水运交通安全监管。深入推进水上交通安全生产专项整治三年行动，着力防范化解水上交通安全生产重大风险，持续深化水上交通安全监管能力建设，加强船舶防污染监

管，做好长江流域重点水域全面禁捕工作，全力打造水上交通安全发展新格局。深入推进“平安贵州”建设和“扫黑除恶”专项斗争，盯紧水路交通行业容易出现安全问题的水运工程、质量、通航设施、航运枢纽大坝、航道等领域，增强重心下移，形成闭环管理，加强源头治理管控力度。

强化法治政府建设。建立健全法治建设领导小组，切实推进党政主要负责人履行好法治建设统筹协调、组织推进、示范带动、监督检查职责。不断强化依法治省和普法工作，切实转变政府职能；持续深化“放管服”改革，完善好权责清单。开展好“双随机、一公开”“互联网+监管”工作；严格落实水路交通行政执法“三项制度”工作。做好行业信用体系建设，进一步健全完善全省水路交通建设行业监管体系，推进巩固“信用交通省”创建工作，把水路交通建设企业农民工支付工资情况纳入建设市场信用体系，将水路交通信用评级与农民工工资支付保障挂钩。

统筹推进水路运输疫情防控工作。建立健全常态化疫情防控工作机制。按照分区分级防控指南，严格落实水路交通运输工作及港口码头通风消毒、人员防护、乘客测温和信息登记等措施。全力做好常态化疫情防控工作。

（贵州省地方海事（航务管理、通航管理）局）

报告13

云南省水运发展综述

2020年，云南水运行业面对各项重大任务，全力推动行业复工复产，建设、安全、运输、管理、养护协同推进，为全省疫情防控阻击战、决胜全面建成小康社会彰显了水运力量。

一、水运发展基本情况

水路疫情防控。全行业第一时间启动应急响应，建立联防联控机制，压实群防群控责任，全省港口码头船舶强化"防、控、管、制"各项工作措施，建设了69处洗手设施，消除客运码头旱厕，暂停澜沧江—湄公河国际水路客货运输和国际渡运，协调63名滞留境外船员和10艘船舶回国，严把入滇水路关，全省未发生境外疫情通过国际水路输入的情况。

水路复工复产。全省7个水运在建项目于2020年3月底实现安全有序复工，全年完成水路投资11.9亿元，同比增长11.4%，新增航道通航里程570.7公里，总里程达5138公里。金沙江溪洛渡至水富高等级航道项目开工，《云南水运"十四五"发展规划》《云南水运中长期发展规划（2021—2035）》完成编制；百色水利枢纽通航设施项目工可获批；右江百色库区（云南段）高等级航道可研上报；国家发改委印发了金沙江下游翻坝转运设施项目方案。通过协调免收船舶港口靠泊费，帮助水运企业申请省级财政贷款贴息等鼓励措施，4月起全省运量逐步回升，全年完成综合周转量7.43亿吨公里。

水上安全形势。完成水上安全管控能力提升工程，改造渡口325道、渡船348艘，建设渡口监控系统102套、监管船艇100艘，建成3座应急仓库，发放救生衣1.1万件，受理新建船舶建造检验157艘，船舶营运检验2120艘，安全基础不断夯实。强化现场监管，全省共投入执法人员4000余人次、执法车船艇1700余艘次，对690余项问题隐患整改闭环。配合开展好长江"十年禁渔"，编制风险管控一张图，风险防控和隐患治理双重机制不断完善。全省开展应急搜救演练29次，水上应急搜救能力不断提升。2020年全省未发生水上交通安全事故，水上安全形势稳定。

绿色水运建设。全省投入航道养护资金1000余万元，开展航道疏浚养护，排除航道安全隐患40余项，确保重点航段通航保障率达95%以上。争取国家绿色发展专项资金加快澜沧江244界碑至临沧港生态航道示范建设。全力推进船舶和港口污染突出问题专项整治，完成139艘400总吨以上船舶和479艘400总吨以下设卫生间船舶生活污水收集或处理装置建设改造，75个码头完成垃圾接收、生活污水、含油污水处置设施配置，建立船港防污长效机制，监管实现常态化。新建岸电设施5套，完成3个码头岸电设施的改造，昆明市新增电力推进船舶85艘。

行业治理能力。深入学习民法典，组织开展第五个全民国家安全教育日活动；健全完善法治建设工作机制，进一步梳理行政执法权责清单；不断完善制度建设，完成《云南省航道管理规定》《云南省澜沧江航务管理规定》的起草工作；依托“互联网+监管”平台，建立常态化监管数据归集共享机制，组织开展“双随机、一公开”检查；加强信用体系建设，完成《云南省水路运输市场信用管理办法》《云南省海事信用信息管理办法》起草工作。

二、2021年工作思路

2021年，围绕“两出省、三出境”目标，以云南水路交通补齐短板、实现后发赶超，加快融入现代化综合交通体系为目的，确保“十四五”开好局起好步，奋力开创水路交通高质量发展新局面。

笃定目标任务，奋力开启水运强省新征程。加快完成《云南省水路交通“十四五”发展规划》《云南省水运中长期发展规划》《云南省综合立体交通网水运规划（2021—2050年）》《澜沧江海事局海事“十四五”发展规划》等规划，与四川联合编制《金沙江下游航运发展规划》，配合交通运输部海事局编制好《“陆海空天”一体化水上交通运输安全保障体系建设规划（2021—2035年）》。确保全年完成水路交通投资5亿元。加快推动政府专项债券发行使用，加快推进金沙江中游库区航运基础设施一期二期工程、金沙江溪洛渡至水富高等级航道工程、水富港扩能二期工程、东川港建设项目一期工程建设。确保右江百色枢纽通航设施建设项目6月底前开工建设，力争右江百色库区（云南境内段）高等级航道建设工程、西部便民码头（一批）等项目完成前期工作。新增及改善航道里程263.8公里，其中四级及以上航道提升200公里以上。持续推进金沙江下游乌东德白鹤滩溪洛渡翻坝转运设施建设项目、富宁港二期等项目前期工作，适时开展金沙江下游白鹤滩至溪洛渡、乌东德至白鹤滩高等级航道建设工程、西部便民码头（二批）等项目前期工作，开展水富港“公铁水”联运枢纽项目研究，配合四川加快推进金沙江宜宾至水富航道建设前期工作。

提升运力运能，着力优化运输服务品质。巩固疫情防控成果，抓实抓细外防输入、内防反弹各项措施，特别是进口冷链等关键环节的疫情防控；加强水运市场监管，有效利用年度核查、“双随机、一公开”检查，保障运输市场健康有序。继续推进运输结构调整，积极培育水路运输市场，推进金沙江下游翻坝转运系统建设；推进金沙江港口运输与铁路、公路有效衔接，充分发挥水富港集疏运功能作用。有序恢复澜沧江—湄公河国际客货运输；以澜沧江、洱海、滇池等库湖区为代表，推进昆明盘龙江、澜沧江—湄公河普洱段航旅融合发展示范。做好《生物多样性公约》第十五次缔约方大会等重大时段和活动期间水路运输服务保障工作。

统筹发展和安全，建设高水平的平安水路交通。持续开展全省安全生产督导工作，完善安全生产责任体系；发挥问题隐患和制度措施“两个清单”指挥棒和导向标作用，扎实推进水上交通安全生产专项整治三年行动“集中攻坚年”，着力防范和化解水上交通安全生产重大风险；强化“四重”监管，加大日常监督检查及执法力度，严厉打击“三无”船舶、自用船、农用船违法违规载人载货行为；加快澜沧江临沧港—关累电子航道图建设，持续推进全省海事信息化及应急搜救能力建设，实现水上巡航救助一体化；加强船舶防污染监管，配合做好长江流域重点水域全面禁捕工作；深入开展平安工地、品质工程、质量安全红线行动等活动，全力打造水上安全发展新格局。

不断推进改革，着力强化法治政府建设。加强法治宣传工作，组织开展宪法宣传周、国家安全日等活动；推进“放管服”改革，组织实施水路交通运输事中事后监管三年行动，做好“互联网+监管”能力提升工作，扎实开展“双随机、一公开”检查；完成《云南省乡镇船舶和渡口安全管理责任制度》规范性文件的修订工作。

加强航道管养，科技引领发展绿色航运。加强重点航段航道巡查，采取航道疏浚、清障等养护手段保障重点航段通航保障率达95%以上；加大水域环境整治力度，对金沙江、澜沧江干流和洱海、滇池重点湖泊航道通航水域环境进行整治，打击非法采砂影响通航安全的行为，保障航道通航安全、环境安全；常态化推进船港污染防治，巩固港口和船舶水污染专项整治成果；依托科技项目成果建造一批新能源绿色环保船舶，加快行业科技创新推动绿色发展。

（云南省航务管理局）

报告 14

陕西省水运发展综述

2020年，陕西省港航海事系统统筹疫情防控和水路交通发展，积极适应交通运输机构改革形势，全面加强行业管理和服务保障，认真落实好全面建成小康社会和“十三五”规划收官之年的各项工作，努力推动水路交通行业高质量发展。

一、水运发展基本情况

重点项目建设。推进黄河陕西段航运开发建设。推进黄河壶口至禹门口航运建设工程工可审批前置手续，完成防洪影响评价线上审批申报工作并通过黄委会预受理，种质资源保护区经农业农村部审查后正在修改完善，湿地自然保护区审批经协调进行保护区范围调整，航道影响评价审查准备工作基本就绪。开展黄河府谷至吴堡段航运建设工程通航方案论证研究工作，编制完成论证方案初稿。启动黄河、渭河、洛河三角区旅游航道建设前期工作。编制完成陕西省水路交通“十四五”发展规划征求意见稿。

船员船舶事务。强化船员管理，完成船员考试标准化建设任务，规范实操技能考试船舶及无纸化电子考场设施，开展一期船员系统管理培训，全年二类船员到期换证37人。严把船舶建造审验关，全年完成船舶建造检验118艘，定期检验船舶990艘，审查图纸60套。规范船舶检验工作，完成陕西省塑胶浮筒质量安全检验规范前期调研，组织一期船舶检验业务培训。推进全省船型标准化工作，在全省范围内组织宣传推广活动。开展电子船票应用前期工作，推进全省水路客运电子船票应用进程。

水上安全监管。开展水上交通安全生产大检查，拟定加强水上搜救工作实施意见征求意见稿、水上搜救体系建设方案等。强化疫情、节假日等关键时段水路运输保障。开展以“水上平安交通、安全伴我成长”为主题的水上安全知识进校园活动。开展扫黑除恶各项工作任务，制定关于建立扫黑除恶长效机制的措施办法。开展新冠肺炎疫情防控工作，疫情防控态势持续稳定。

港航建养。推进汉江安康至白河航运建设工程项目验收前各项准备工作，补充完善项目前期洪评手续，编制完成《汉江安康至白河航运建设工程整改方案》，全面启动项目审计。完成汉江洋县至安康航运工程建设收尾工作，组织项目移交并转入代管，整理完善工程档案资料，编制工程决算报告，完成设计服务报告、监理工作报告。完成府谷县墙头客货运码头、佳县泥河沟客运码头、神木县盘塘客货运码头、岚皋县4个渡口改造、岚皋县大道河和江北客运码头等建设任务，完成投资392万元。

信息化发展。完成陕西省航运海事综合业务管理平台（汉江瀛湖火石岩至紫阳汉王智慧航道）年度建设任务。完成航道沿线链路铺设施工，启动监控杆路建设及摄像头等感知终端的安装调试工作。完成《汉江紫阳汉王至石泉坝下智慧航道工程初步设计方案》编制。

二、2021年工作思路

推进港航基础设施建设。完成汉江洋县至安康航运建设工程，力争完成竣工验收。推进蜀河、旬阳、白河水电枢纽通航设施建设。继续推进黄河壶口至禹门口航运建设工程工可报批工作，力争2021年开工建设。加大黄河府谷至吴堡段航运建设工程、黄洛渭三角区旅游航道建设前期工作。完善沿江沿河小型码头、湖泊库区封闭水域码头及停靠点建设。完成紫阳港客运码头工程项目审计工作，推进紫阳港货运码头工程与541国道衔接。

促进运输保障水平提升。培育规范水路运输市场，优化船舶运力结构，大力推进老旧船舶更新改造，完善细化船型标准化工作，实施渡口标准化建设和老旧渡船改造。鼓励水运企业整合重组，扶持建立水运经营龙头企业做大做强。做好水路客运电子船票推广工作。推动水路交通+旅游融合发展，丰富水上旅游内涵，提升水上旅游运输服务品质，高标准打造精品航线。

强化行业监管服务能力。继续加大海事装备建设力度，加强船员船舶事务管理，做好在航船舶的法定检验和船员证书核发管理工作，提升船舶检验管理水平和技术能力。完成全省水路运输业年度核查。强化船员职业技能和船舶检验机构人员储备、培训、考核，提升船舶检验服务水平和服务群众综合能力。

完善水上应急救助体系。加强水上安全日常监管，层层落实安全监管责任。做好水上应急搜救体系建设规划，推动成立省级搜救指挥中心，启动建设安康搜救分中心。有序开展水上交通安全三年整治行动和船舶碰撞桥梁隐患治理三年行动，持续开展水上交通安全知识进校园活动，扩大水上救险避险自救知识宣传科普。重点关注水上漂流、水上旅游等水上活动的安全监管，做好水上旅游旺季和节假日的现场交通安全监管，确保水路交通安全形势稳定。完成小型工程、海事执勤站点建设任务。

推进绿色智慧水运建设。落实水污染防治行动计划，做好港口码头、船舶水污染防治相关工作。利用信息化手段，融合应用“互联网+”、大数据、人工智能等新技术，提升水路交通支持保障水平。做好《陕西省航运海事综合业务管理平台》（汉江瀛湖火石岩至紫阳汉王智慧航道）建设项目施工管理工作，全面完成项目建设任务。

（陕西省水路交通事业发展中心）

专 题 篇

专题 1

交通强国建设情况综述

2020年是加快建设交通强国的紧要之年。长江水系各地各试点单位以交通强国建设为统领，在做好疫情防控的同时，加强统筹协调，强化试点支持，健全试点机制，充分调动各方积极性，试点工作取得了积极成效，交通强国建设由试点探索向扩面铺开、全面建设迈进。

一、贯彻落实《交通强国建设纲要》总体情况

《交通强国建设纲要》掀开了新时代交通运输工作新篇章。自纲要印发以来，长江水系各省市交通运输系统和长航局进一步学习领会、宣传贯彻、重在落实相关工作，强化顶层设计，做实试点方案，加快推进交通强国建设。

加强学习宣贯。党的十九届五中全会提出，加快建设交通强国。各地坚决把思想和行动统一到党中央对形势的分析判断，统一到立足新发展阶段、贯彻新发展理念、构建新发展格局，坚持系统观念，统筹发展与安全，加快建设交通强国等部署要求上来，开展多形式多渠道的学习研讨、专题培训等活动，进一步深化对交通强国建设的认识与理解。

强化顶层设计。交通运输部开展《国家综合立体交通网规划纲要（2021—2050年）》编制，同步启动"十四五"综合交通运输发展规划编制，国家综合立体交通网规划纲要已于2021年2月由中共中央、国务院印发。各地加快编制交通"十四五"发展规划及专项规划，做好与交通强国建设纲要的衔接与落实。江苏省以"建设顺畅、绿色、文化运河"为导向，编制完成《江苏省大运河现代航运建设发展规划》。浙江省研究构建强港"1+2+1"政策体系，制定加快构建现代化内河航运体系实施意见。安徽省综合立体交通网规划纲要、高速公路网规划修编、交通基础设施国土空间控制规划、交通运输"十四五"发展规划等系列规划加快编制，部分规划已形成初步研究成果。山东省编制完成《山东港口智慧绿色港顶层设计方案》。湖北省编制"十四五"期水运发展规划，结合湖北省疫后重振补短板强功能"十大工程"三年行动方案（2020—2022年），规划实施水运补短板项目8个，总投资109亿元。四川省加快《四川省综合立体交通网规划纲要（2021—2050年）水运专项规划》、交通强省实施意见水运篇章、内河水运"十四五"规划编制。长航局编制完成了《长航系统"十四五"发展规划》。

有序推进试点。2019年10月、12月，交通运输部先后确定了2批共34家交通强国建设试点单位，包括长江水系范围内的上海、江苏、浙江、安徽、江西、山东、河南、湖北、湖南、重庆、四川、贵州、云南、陕西、宁波等省市交通运输部门。2020年，各试点单位围

绕重点领域、优势领域、急需领域或关键环节，相继制定交通强国建设纲要实施意见，召开动员大会，掀起加快建设交通强国的热潮。浙江省出台深入贯彻交通强国建设纲要建设高水平交通强省的实施意见，提出了20项主要任务，发布推进高水平交通强省基础设施建设三年行动计划（2020—2022年）。山东省在深入开展《建设交通强省的发展战略研究》等10个方面专项研究基础上，起草完成山东省贯彻交通强国建设纲要实施意见并印发实施。四川省制定了贯彻落实交通强国建设纲要加快建设交通强省的实施意见，确定至本世纪中叶分4个时间节点来推进交通强省建设。安徽、江西、云南等省制定贯彻落实交通强国建设纲要的实施意见，对交通强国建设作出总体安排。

二、交通强国建设试点实施方案

试点方案获批。各地交通运输系统和长航局根据交通运输部关于开展交通强国建设试点工作的通知要求，落实地方政府实施意见要求，加快研究编制交通强国建设试点实施方案及试点任务申报表，并报交通运输部。开展试点预评审工作，结合“十四五”规划编制，组织开展各项试点的支持政策研究。交通运输部强化对各地上报材料的审查，各地试点方案陆续获批。实施方案的批复，标志着各地交通强国试点建设有了施工图。从获批的方案看，14省市和宁波市共15家试点单位，试点方向共计86个，见图1。

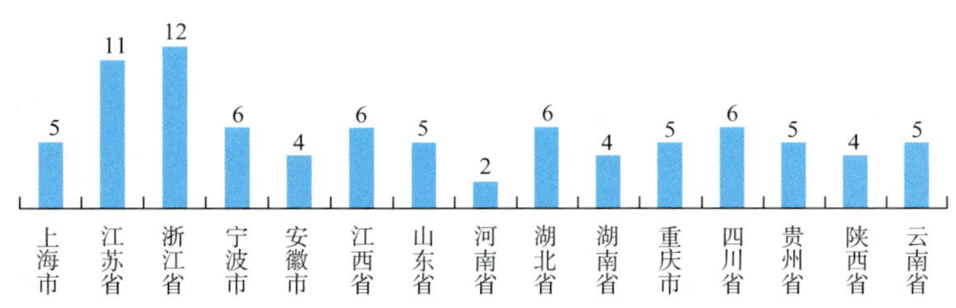

图1 试点单位交通强国建设试点方向统计

水运试点任务。各地获批的方案中，试点方向涵盖综合交通一体融合、一流航运中心与枢纽建设、智慧交通、平安交通、绿色交通、行业改革治理、交旅融合与交通文化、品质工程建设、四好农村路、运输结构调整、联运通道建设与多式联运发展、投融资模式创新等方面，很多内容涉及到水运的建设与发展，详见表1。长航局制定的试点实施方案已报交通运输部待批，方案提出了船岸协同、北斗应用、污染防治、信用监管、绿色航道、智慧养护、智能通航、港口船舶岸电等8个方向的试点任务。

交通强国建设试点任务涉及水运的重点建设内容 表1

试点单位	试点方向	涉及水运部分建设重点内容
上海市	推进长三角交通一体化	协同推进世界级港口群建设，加强沪浙港口、沪苏港航合作
	打造世界一流国际航运中心	推动国际海港枢纽功能升级，推进航运与旅游融合发展，提升高端航运服务能力
	提升交通创新发展能力	推进高性能绿色客货船研制，推动智慧港口建设，加快新能源、清洁能源车船推广应用，提升船舶岸电使用率，加强船舶污染物排放治理

续上表

试点单位	试点方向	涉及水运部分建设重点内容
上海市	提高交通运输治理体系精细化管理能力	完善综合交通体制机制，加强国际航运技术专业人才和港口生产一线技能人才培养，加强水路客运、危险货物运输等重点领域安全管理
江苏省	品质工程建设	推进绿色航道、绿色港口和智慧港口、智慧船闸建设
	打造新亚欧陆海联运通道	打造连云港港陆海联运核心节点，打造长江集装箱运输新出海口
	打造枢纽经济新格局	优化枢纽空间布局，提升港口枢纽综合服务能力，推动枢纽经济发展
	智慧交通关键技术攻关	建设南京港和张家港港等智慧港口及苏州港太仓港区无人码头、京杭大运河江苏段智慧航道以及刘老涧三线等智慧船闸
	提升科技兴安水平	提升交通基础设施运行安全水平，推进港口危险货物监管平台建设，加大岸基监控系统在长江汽渡等渡运过程的应用力度，推广应用水路安全畅通和应急处置系统
	长江经济带运输结构调整	畅通高等级航道网，加快多式联运枢纽建设，加快发展集装箱多式联运，提高物流信息服务水平
	打造运河绿色文化带	完善航运基础设施，提升航运装备技术水平，提升航运服务品质
浙江省	构筑现代综合立体交通网络	完善水路运输网络，打造“一主两翼”发展格局，推进沿海港口一体化发展和“八通四畅”内河高等级航道主骨架建设
	打造义甬舟陆海统筹双向开放大通道	高标准推动宁波舟山港港口资源一体化整合，大力发展海河、海铁联运等多式联运。完善宁波舟山港班轮航线全球网络。加快建设小洋山北侧集装箱江海联运码头作业区等多式联运泊位及分拨平台
	打造美丽经济交通走廊	完善水上陆岛交通网络，打造海岛码头精品工程，布局水上巴士线路
	打造世界一流港口	创新管理体制机制，优化功能业务布局，完善集疏运体系建设，深化重大平台打造，推进航运服务发展
	打造平安交通	打造京杭运河八堡船闸“平安百年品质工程”水运示范工程，强化港口危化品管理应急处置能力
	优化调整交通运输结构	组建海港、陆港、空港、信息港联动运营商联盟，规范多式联运服务标准，构建多式联运设施体系，打造“四港”联动综合服务大数据交换平台
	绿色交通发展	全面推进船舶与港口污染防治
宁波市	双层集装箱海铁联运创新	完善双层集装箱海铁联运技术，推广应用海铁联运全程运输提单，加快海铁联运信息平台对接，创新全程物流作业模式
安徽省	推进皖南交旅融合发展	建设“慢游”交通基础设施网，推进新安江旅游航道建设，促进航道建设与生态环境、文化遗产、旅游游憩、产业扶贫等深度融合
	提升合肥综合交通枢纽辐射能力	建设兆西河通江一级航道，推动合肥港江海河联运发展，重点培育合肥港至长三角其他大型港口集装箱江海河联运航线。完善枢纽集疏运体系，推动铁路专用线进港口、物流园区、大型工矿企业等
	推动智慧交通技术应用	推动长距离、大挖深的人工运河建设工程技术创新，创新内河生态航道的建设模式和方法。建设芜湖港智慧港口，探索智慧堆场建设

续上表

试点单位	试 点 方 向	涉及水运部分建设重点内容
江西省	赣州革命老区交通运输高质量发展	加快建设综合立体交通网，统筹铁路、公路、水运、民航等基础设施规划建设，推进赣粤运河前期研究论证
	推进赣鄱黄金水道智能航运发展	推动智能航运基础设施建设，系统推进智能港口、智能航道、智能船闸联合调度，强化智能船舶建设。提升智能航运融合发展水平
山东省	智慧港口建设	区域性港口物流生态圈综合服务平台，港口企业集团智慧大脑平台，自动化集装箱码头信息系统工程，传统码头智能化改造工程，智慧港口信息基础设施工程，加强自动化码头相关技术标准的研究
	综合交通运输体制机制改革	优化完善机构职能，推进综合执法改革，建立“多规合一”的综合交通运输规划工作机制，打造综合交通运输投融资平台和建设运营主体
河南省	内陆型多式联运建设	加快周口等港口和淮河等高等级航道网建设，重点推进周口、漯河、信阳港集疏港铁路建设，推动铁海联运线路常态化运行，以周口港集装箱运输为重点拓展河海联运。推动港口企业设立陆港和集装箱提箱、还箱点，推动内陆无水港纳入启运港退税试点范围。建立省内多式联运信息平台
湖北省	现代内河航运建设	打造高效绿色内河航道，打造环保智慧特色港口，建设现代化船舶
	智慧交通建设	打造省级综合交通运输信息平台，推动水路重要节点的交通感知网络建设，加强智能水运、智慧物流等重点项目建设，深化政务服务“一网通办”
	交通运输投融资体制改革	探索政企合作新模式，推动项目建设与养护结合、交通与旅游等融合，探索实施流域矿产、水电资源、土地产业等与航道港口统一开发
	多式联运创新发展	推进基础设施互联互通，优化运输组织模式，推动多式联运创新发展
湖南省	湘赣边区域综合交通运输发展	打造区域综合立体交通网络体系，推进区域内河航道扩容提质，加快多式联运发展，拓展港口服务功能
重庆市	内陆国际物流枢纽高质量发展	加快推进长江干线涪陵至朝天门段航道整治工程，推动5000吨级船舶直达重庆。以港口枢纽为节点，推动果园港区等物流枢纽互联互通，加快建设涪陵龙头、万州新田、江津珞璜等集疏运铁路
	成渝地区双城经济圈交通一体化发展	加快推进嘉陵江利泽枢纽建设，提升涪江、渠江、小江等航道通过能力。打造川渝地区功能互补、差异发展的港口体系，积极发展水水中转，强化果园港区枢纽和集并功能。强化无人船舶推广应用
	山水城市交旅融合发展	打造立体畅联的交通旅游设施，建设高品质旅游码头，完善水上航线停靠点布局。开行朝天门至九龙坡、磁器口、广阳岛等水上巴士，推出重庆至武汉、南京、上海等地长江全域游轮产品
	内河水运集约绿色发展	推动城市核心区港口集约转型发展，推广清洁船舶示范应用，打造涪江智能美丽航道

续上表

试点单位	试点方向	涉及水运部分建设重点内容
四川省	成渝地区双城经济圈交通一体化发展	推动共建长江上游航运中心，加快推进长江、嘉陵江、渠江、涪江等高等级航道以及嘉陵江利泽、涪江双江、三星船闸、唐家渡航运枢纽建设，积极推进雅安等无水港发展，探索开通广元、南充、广安、遂宁至重庆港的货运水上穿梭巴士，推动川渝船舶体系标准统一
	提升交通防灾减灾体系韧性	制定重大灾害公路水路应急处置能力建设标准、配置方案，建立应急救援合作机制。组建水上搜救队伍，强化社会救助力量战略协同
贵州省	交通与旅游融合发展	探索开发旅游航道等新业态新模式，丰富旅游交通产品
云南省	数字交通建设	构建路网感知体系，建设互联网+数字监管体系，融合线上线下资源，整合物流数据资源，加强应急指挥闭环建设，提升交通安全应急能力
陕西省	打造现代多式联运区域物流中心	提升多式联运设施能力，强化与湖北、湖南、江西等地运输联系。推动一体化标准化装载。创新运输组织管理模式，打造集装箱精品线路

三、试点建设任务推进情况

各地按照交通运输部工作部署和交通强国建设试点方案，建立统筹协调推进交通强国建设实施工作机制，制订具体实施意见、行动计划，强化部门协同、上下联动、分级负责，并对每一项试点任务提出了年度目标任务，全面推动交通强国试点任务落实。

完善工作机制和实施方案。各地加强对试点工作的组织领导，建立健全试点工作推进机制，明确责任分工，落实具体举措，强化政策支持，为全面推进交通强国建设当好先行、做好示范。多个省份成立推进交通强省建设领导小组，建立领导小组工作规则、会议规则等工作机制，强化对上协调、对下指导，及时研究解决好重大问题，高质量、高效率推动试点建设。按照交通运输部批复的试点工作意见，加快研究出台实施方案，统筹研究重大工程、重大改革、重大政策，做好试点任务和“十四五”规划的有机结合。江苏省制定《交通强国江苏方案》。安徽省召开推进贯彻落实大会，25家试点实施单位加快编制具体的试点实施方案。山东省研究制定了智慧港口建设、综合交通运输体制机制改革等专项试点实施方案，建立了协调推进和督导调度机制。湖北省按照示范项目工作要求，完善示范项目实施方案，细化工作内容和阶段目标。重庆市研究制定推动交通强国建设试点实施方案（2021—2025年）。四川省制定推进交通强国建设试点的工作方案，细化分解形成责任分工方案。

全力推进实施和重大项目建设。各地把工作任务落到实处，落实专班专人，定方案定计划，全力争取规划、审批、政策等支持，并行开展前期工作，加快项目落实落地。浙江、江西、四川等省召开推进交通强省建设动员大会，进一步明确总目标、任务书、路线图和时间表。山东省落实交通强国试点重点任务共有23项，确定示范样板项目30余个。湖北省组织召开全省交通强国建设试点项目推进会，对10个湖北省现代内河航运建设试点项目的建设进度进行全面调度。贵州省试点方案细分为33项约束性任务、20项预期性任务，2020年计划的14项约束性任务、2项预期性任务已全面完成，其余19项约束性任务、18项预期性任务均完成年度目标任务。一批重大项目加快推进，浙沪小洋山北作业区规划方案通过审查，浙北集装箱通道全面开工；江苏省通州湾长江集装箱运输新出海口加快建设，京杭运河全线绿色现代航运综合整治工程前期工作有序推进；江西省推进赣鄱黄金水道智能航运建设，试点实施方案通过专家评审；山东省智慧港口建设试点加快推进，港口云生态平台、智慧大脑平台、自动化集装箱码头信息系统工程、智慧港口信息基础设施等建设不断加快；湖北省组建汉江2000吨级航道整治工程建设筹备指挥部、江汉平原航道网水网联通工程前期工作专班，武汉铁水联运二期自动化码头开建；重庆市长江朝天门至涪陵段4.5米水深航道整治和嘉陵江利泽、乌江白马、涪江双江等航电枢纽开工。

加强调度督导和宣传报道。各地对准目标任务，成立督导组现场督导，加强跟踪分析和督促指导；将试点建设项目现场接入地方重大交通项目视频调度平台，随时调度进展；召开中期评估会、现场会和推进会，加强精细化过程管理，适时开展评估，视情况调整目标任务和工作时序。各地策划开展多种形式的主题宣传，积极引导社会各界支持参与交通建设，形成全社会“关心交通、理解交通、发展交通”的共识。重庆市主流媒体报道9800余篇次。江西省在政府网站设立推进交通强省建设专栏，积极宣传交通运建设成效、交通强省建设进展等。

（长江航运发展研究中心）

专题 2

新冠肺炎疫情对长江航运的影响分析

2020年，新冠疫情在短期内给我国经济、行业生产和人民生活带来前所未有的冲击，也给长江航运带来前所未有的挑战。疫情暴发初期，长江水路运输需求急剧下滑，长江省际旅游客运和载货汽车滚装运输市场进入停航状态。随着统筹常态化疫情防控和经济社会发展交通运输各项工作发力见效，长江航运逐渐步入正轨，载货汽车滚装、省际旅游客运先后复航。全年长江水路运输生产呈现先抑后扬、超预期增长的态势，长江干线货物通过量再创历史新高。

一、新冠肺炎疫情对长江航运的影响

疫情导致短期内水运需求明显下降，运力阶段性过剩，运价普遍下跌，众多企业面临严峻挑战，但长江航运韧性较强，中长期向好的趋势没有变。具体表现在：

货运市场短期内受到严重冲击但恢复较快，长江航运运输量率先实现同比转正。长江航运主要服务于沿江大型厂矿和制造企业，承担着大宗能源、原材料、半成品和产成品等运输，疫情暴发初期，大部分企业停工减产、复工延迟，导致短期内水路运输需求明显减少。疫情对长江货运市场的影响集中在一季度，随着疫情防控取得阶段性成效，二季度以来总体呈现稳中有进态势。从长江海事辖区进出港船舶货运量情况来看，4月实现自年初以来首次同比转正，相比全社会货运量、全国水路货运量，分别提前1个月、2个月实现正增长，至6月底基本恢复到2019年同期水平，二季度实现同比增长8.8%；三季度受流域大洪水影响有所下降，四季度迅速恢复至同比增长8%以上，全年与2019年同期基本持平。全年长江干线货物通过量、港口吞吐量均实现同比增长，分别达到4.4%、2.2%。分区段情况看，长江干线安徽及以上河段港口吞吐量下降9.4%，三峡船闸货物通过量下降6.3%，长江干线安徽及以上河段受疫情和洪水影响程度明显大于江苏及以下河段。长江海事辖区进出港船舶货运量情况见表1，长江航运与不同运输方式货运量同比走势见图1。

长江海事辖区进出港船舶货运量总体情况表（亿吨） 表1

年份	一季度	二季度	三季度	四季度	全年
2020年	6.9	8.6	7.8	9.2	32.5
2019年	7.6	7.9	8.6	8.5	32.6
同比	-8.8%	8.8%	-9.4%	8.2%	-0.2%

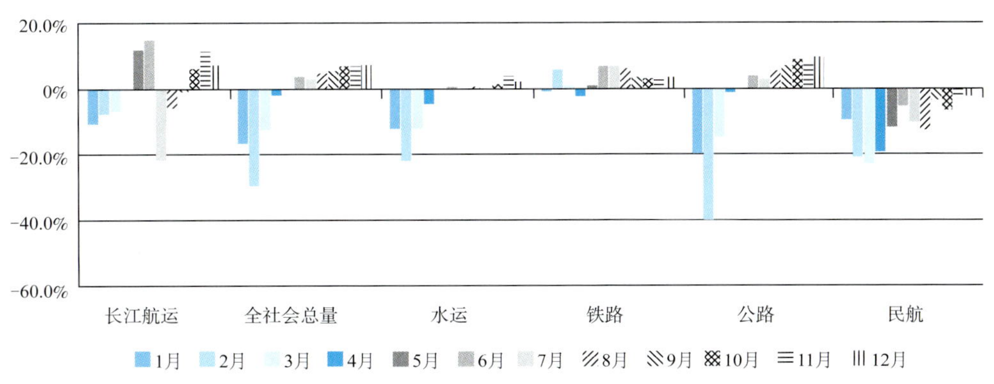

图1 长江航运与不同运输方式货运量同比走势

长江外贸运输受冲击后快速回稳，在疫情大流行与经贸摩擦交织中逆势增长。疫情暴发初期，世界卫生组织将其确定为“国际关注的突发公共卫生事件”，对我国外贸经济活动造成一定影响。2020年3月以来，疫情在全球加速扩散，主要经济体生产消费萎缩，贸易活动明显减少，经济下行压力显著加大。同时，中美、中澳、中印关系日益紧张，进一步诱发和加剧经贸摩擦，我国进出口贸易受到明显影响，2020年上半年进出口总值同比下降3.2%。长江航运承担着长江经济带90%以上的外贸货运量，不可避免受到冲击，一季度长江干线港口完成外贸货物吞吐量约1亿吨，下降2%，长江引航中心累计引航外贸运输船舶载货量下降4.8%。随着我国统筹疫情防控和经济社会发展取得重大成果，支撑外贸发展的积极因素不断增多，长江外贸运输形势持续好转，4月以来呈稳步恢复态势，全年长江干线港口完成外贸货物吞吐量4.5亿吨，增长7.1%，长江引航中心引航外贸船舶3.5万艘次、船舶载货量3.7亿吨，分别增长1.7%、7.3%。

长江船舶运力出现阶段性过剩，水路运输价格持续低迷后逐步回归市场化轨道。疫情暴发初期，长江水路货运需求骤减，短时间内运力供给过剩问题突出，运输价格明显下跌。以煤炭运输市场为例，2020年一季度典型航线的运输价格同比降幅达20%~30%，张家港至重庆的煤炭单位运价下降15~20元/吨。随着“双循环”部署逐渐发力，“六稳”“六保”政策力度不断加码，沿江基础设施建设步伐加快，长江干散货综合运价指数至6月止跌，三季度环比大幅反弹，8月首次实现同比、环比正增长，并逐步回归市场化轨道。9月以来，流域大洪水影响逐渐消除，长江运能恢复较快，且房地产融资新政压降基建投资增速，拖累大宗散货运输需求，干散货运价有所下跌。临近年末，水泥需求缓慢复苏，矿建材料运价指数至11月实现年内同比转正。

旅游客运市场停航半年后缓慢复苏，自复航以来累计发航班次恢复至2019年同期的一半，接待游客人数恢复约三分之一。自2020年1月23日以来，长江干线省际旅游客运全部停航，至8月1日陆续复航，行业整体损失惨重。2020年长江游轮完成省际旅游客运航线1333个班次、接待游客16.7万人，同比分别减少76.9%、84.7%。“国庆中秋双节”期间，长江干线省际游轮共计发班143艘次，与2019年同期基本持平；完成客运量2.1万人，为2019年同期的77.7%。当前，疫情在全球的发展态势仍未得到有效遏制，民众对疫情的恐惧心理在短期内无法完全消除，长江省际旅游客运市场复苏进程较为缓慢，尤其是海外客源短期内将难

以恢复到疫情前水平。

长江港航企业受到不同程度影响，中小型航运企业面临生存挑战。自疫情暴发以来，持续跟踪30余家港航企业生产经营情况，总体上看，航运企业受影响程度大于港口企业，跟踪的22家航运企业全年运输量实现同比增长的仅2家，跟踪的10家港口企业全年实现同比增长的只有3家。另外，中上游航运市场受影响程度大于下游市场，受疫情影响严重的湖北及中上游地区港口企业，普遍存在复工未达产现象。全年港口货物吞吐量实现同比正增长的有3家，均分布在长江下游。相对于航运企业而言，港口企业总体复工复产进度较好，且沿江各省市均在省级层面组建了港口集团，具有较强的市场应变和抗风险能力。而航运企业大部分为中小型企业，市场集中度较低，自身抗风险能力较差，疫情导致经营效益下滑明显，经营压力增大。

疫情在给长江航运带来负面冲击的同时，也催生并促进了新业态、新模式发展。疫情防控期间，长江港航企业借助数字化、网络化赋能，通过“云上平台”实现复工复产，并将加强公共卫生防疫能力作为一项常态化工作。上海、宁波舟山、江阴、重庆等部分港口企业抢抓新基建契机，聚焦人工智能、5G、区块链、大数据等前沿科技，加快推进智慧港口建设。江苏金马云物流有限公司利用数字化平台创新开展在线交易、航运服务、物流可视化等业务，实现高效的船货匹配。南京长江汇水上绿色航运综合服务区依托电商平台积极拓展“无接触靠泊配送”服务。长江黄金游轮、冠达世纪游轮等部分游轮企业探索创新经营方式，以游轮为平台在游轮停靠码头开发“游轮+”产业，开展观景、文娱、住宿、餐饮等业务等。

二、新冠肺炎疫情影响前景分析

从国际航运看，疫情冲击最严重的时期已经过去，但全球海运贸易复苏进程存在不确定性。2020年全球海运贸易量约115亿吨，同比下降3.8%，略好于金融危机爆发后的2009年水平（下降4.0%）。2020年12月，全球远洋货船港口挂靠量同比降幅缩窄至2%（5月为–10%，8月为–5%）；克拉克森研究全球月度“一篮子”海运贸易指数降幅缩窄至3%（5月为–9%）；集装箱海运贸易量实现上涨8%。总体来看，疫情导致国际经贸合作持续下降，逆全球化和地方保护主义空前加强，全球海运贸易复苏发展仍存在一系列不确定性。

从长江航运看，疫情的影响是阶段性的，不会改变长江航运长期向好、高质量发展的基本面。我国疫情防控阻击战取得重大战略成果，经济社会运行在常态化疫情防控中逐步趋于正常，主要指标呈“V”字形发展态势，全年GDP同比增长2.3%。宏观经济形势持续向好，特别是以国内大循环为主体、国内国际双循环相互促进的新发展格局逐步形成，将为长江航运持续稳定健康发展注入强劲动力。疫情不会改变长江航运长期向好、高质量发展的基本面，预计2021年长江航运将总体保持稳中有进、稳中向好的发展势头。分货种运输市场情况看：

散货运输市场将回归稳步增长态势。随着“六稳”“六保”等政策措施的深入实施，我国经济发展企稳向好势头将继续巩固，将有力支撑沿江大宗散货运输需求不断回升。同时，“新基建”稳步推进，特别是一批5G基建、特高压、城际高速铁路和城际轨道交通等项目加快建设，将促进沿江能源、冶金、建筑等行业加快发展，带动煤炭、钢材等运输需求。长江散货运输需求稳步增长可期，但外贸进口矿石、煤炭、粮食等部分市场还受制于境外疫情防控形势及贸易摩擦影响，存在一定的不确定性。

集装箱运输市场内贸箱比重将不断加大。长江集装箱运输已经走出疫情暴发以来的至暗时刻，且受益于海外订单转移推动的出口高速增长有望至少持续到2021年上半年，将为长江集装箱运输市场带来需求增量。但国际关系紧张带来的经贸摩擦、边境摩擦仍将对我国外贸进出口复苏态势构成阶段性扰动。同时，在新发展格局下，国内需求将加速复苏，内贸集装箱将成为长江集装箱运输的新增长点，加之“散改集”持续推进，运输需求有望稳步回升。

商品汽车滚装运输市场有望延续向好态势。后疫情时期，无论是工作或休闲旅游，民众选择自驾出行的需求大幅增加。随着新能源汽车逐步实现相对于燃油车的平价销售，叠加中低端新能源车型下乡等政策利好，及大众、宝马等一线厂商优质供给上市，我国新能源汽车产销量持续保持高速增长。加之疫情暴发以来全国大部分省市出台了汽车消费刺激政策，有力促进了汽车消费需求稳步复苏，预计长江商品滚装运输市场环境总体向好，运输需求有望稳步增长。

载货汽车滚装运输市场前景堪忧。川江载货汽车滚装运输车源恢复较为缓慢，复航首月完成的滚装运输量不足2019年同期的15%；采取降价等措施后，7~12月运输需求有所回升，但较2019年同期仍下降近三分之一，运力过剩矛盾短期内仍将较为突出。随着春节消费刺激及运价下调吸引车源聚集效果显现，载货汽车滚装运输需求缓慢恢复，但载货汽车通过水路运输相对于公路运输的成本优势长期受到挤压，车源恢复情况不容乐观。

省际液货危险品运输市场趋于稳定。石化产业相关规划要求加快建设长江经济带海上原油进口通道，成品油依托长三角炼化基地集群和沿江炼厂，加快完善长江经济带管网布局，预计长江沿线原油和成品油水路运输需求增长空间有限。同时，随着长江经济带“生态优先、绿色发展”“共抓大保护、不搞大开发”发展理念的不断深入，安全环保要求将越来越高，对化工产业的整治力度将不断加强，预计长江沿线化工产业将以结构优化调整、产业升级为主，长江危化品运输需求也将趋于稳定。另外，长江LNG运输政策有望进一步明晰。

省际旅游客运市场受疫情影响将持续1~2年。根据公共卫生事件对各行业发展的影响规律，旅游等服务业的复苏速度比其他行业更为缓慢。特别是长江省际游轮旅游主要集中在湖北、重庆两地，航线以宜昌至重庆为主，受疫情影响尤为严重，运输市场和民众心理恢复均更缓慢，预计长江省际旅游客运市场短期内难以恢复到疫情前水平。待2021年上半年气温转暖及国内新冠疫苗大规模接种后，旅游消费需求有望迎来强劲复苏，将带动长江旅游客运量加快恢复。

（长江航运发展研究中心）

专题 3

重点联系港航企业运输生产经营调查分析

长航局组织对86家航运企业和18家港口企业的2020年运输生产经营状况进行了调查，被调查企业生产经营状况呈现前低后高、总体平稳的态势，有51家航运企业和13家港口企业实现盈利，企业盈利面分别占被调查企业的59.3%和72.2%，同比分别下降11.6和5.6个百分点。

一、航运企业

（一）干散货运输

被调查的37家干散货运输企业，拥有运输船舶1434艘/561.6万载重吨，同比分别减少7.7%和增加2.4%；完成货运量1.3亿吨、货物周转量1093.3亿吨公里，分别减少18.2%、5.1%。25家企业实现盈利，占67.6%，其中11家企业利润同比增加，占盈利企业的44%；12家企业亏损，占32.4%，其中9家企业亏损额增加，占亏损企业的75%；企业盈利面下降2.7个百分点。被调查企业生产经营特点：

（1）单位运力完成的货运量23.6吨、货物周转量19469.4吨公里，分别下降20.1%、7.3%。

（2）船舶平均营运率70%、船舶平均负载率为87%，分别下降3个百分点、2个百分点；船舶平均运距591.4公里，下降0.9%。

（3）船舶平均运价0.034元/吨公里，下降2.8%。长江干线主要货种的运输价格大约为：煤炭0.025~0.059元/吨公里；金属矿石0.025~0.057元/吨公里；矿建材料0.025~0.072元/吨公里。

（4）企业完成主营业务收入37.5亿元、主营业务成本34.7亿元，分别减少7.8%、7.5%；实现利润2.7亿元，减少11.4%。企业平均收入利润率7.2 %，下降0.3个百分点。

（二）液货危险品运输

被调查的20家液货危险品运输企业、拥有运输船舶701艘/111.9万载重吨，同比分别减少1.5%、增加0.9%；完成货运量1452.9万吨、货物周转量79.4亿吨公里，分别减少3.7%、8.5%。15家企业实现盈利，占75%，其中10家企业利润增长，占盈利企业的66.7%；5家企业亏损，占25%，其中4家企业亏损额增加，占亏损企业的80%；企业盈利面下降5个百分点。

被调查企业生产经营特点：

（1）单位运力完成的货运量13吨、完成的货运周转量7097.5吨公里，减少4.6%、9.3%。

（2）船舶平均营运率为77%、船舶平均负载率为67%，分别下降5.8个百分点、1.6个百分点；船舶平均运距658公里，下降4.1%。

（3）船舶平均运输价格0.15元/吨公里，下降0.2%。液货危险品不同种类和不同航区的运输价格存在较大差别，散装化学品0.09~0.25元/吨公里，成品油0.11~0.3元/吨公里，原油0.2~0.32元/吨公里。

（4）企业完成主营业务收入16.1亿元、主营业务成本14.6亿元，分别减少13.4%、12.1%；实现利润1.5亿元，减少24.6%。企业平均收入利润率为9.5%，下降1.4个百分点。

（三）集装箱运输

被调查的13家集装箱船运输企业、拥有运输船舶161艘/128965TEU，同比分别减少12%、2.3%；完成集装箱运输量215.5万TEU，减少2.8%。8家企业实现盈利，占61.5%，其中4家企业利润增长，占盈利企业的50%；5家亏损，占38.5%；企业盈利面与2019年持平。被调查企业生产经营特点：

（1）单位运力完成的箱运量16.7TEU/箱位，减少0.5%。

（2）船舶平均营运率77%、平均负载率51%，分别下降8个百分点、增加2个百分点。

（3）船舶平均运输价格0.56元/标箱公里，下降3.1%。

（4）企业完成主营业务收入29.4亿元、主营业务成本28.6亿元，分别减少15.7%、14.1%；实现利润为7550.1万元，减少50.6%。企业平均收入利润率为2.6%，下降1.8个百分点。

（四）旅客运输

被调查的6家长江干线省际旅客运输企业，拥有运输船舶32艘/11728客位，分别与2019年同期持平和增加1.1%；完成客运量16.5万人、旅客周转量7563.9万人公里、旅客平均运距576.4公里，同比分别减少72.6%、79.2%、5.7%。6家客运企业均亏损。企业完成主营业务收入1.8亿元，减少86.6%，主营业务成本5.4亿元，减少57.9%；总体亏损3.6亿元，2019年为盈利6078万元。受新冠肺炎疫情影响，1月下旬至7月中旬，长江省际游轮一直处于停航状态，长江干线旅游客运受到重大影响。

（五）载货汽车滚装运输

被调查的5家载货汽车滚装运输公司，共有运力25艘/ 1499车位，同比均减少10.7%，完成滚装车运输量4.9万辆，减少58.5%。5家企业均亏损。被调查企业生产经营特点：

（1）船舶平均营运率为13.5%、平均负载率44%，分别下降64个百分点、3个百分点。

（2）船舶平均运输价格为3.74元/车公里，下降1.3%。其中，上水平均运价为4.37元/车公里，下水平均运价为3.11元/车公里。

（3）企业完成主营业务收入5245万元、主营业务成本6850万元，分别下降61.7%、48.3%；总体亏损1605万元，2019年为盈利444万元。

（六）商品汽车滚装运输

被调查的5家商品汽车滚装运输公司共有运力50艘/ 41912车位，同比分别减少3.9%和0.3%，完成商品汽车量112.38万辆，减少15.7%。3家企业实现盈利，占60%；2家企业亏损，占40%；企业盈利面与2019年持平。被调查企业生产经营特点：

（1）船舶平均营运率为56.7%、平均负载率55.6%，分别下降30个百分点、2个百分点。

（2）船舶平均运输价格为0.38元/车公里，下降11.3%。其中，上水平均运价为0.4元/车公里，下水平均运价为0.37元/车公里。

（3）企业完成主营业务收入16.6亿元、主营业务成本15.5亿元，分别下降10.8%、10%；实现利润1.1亿元，下降20.1%。企业平均收入利润率为6.5%，减少0.8个百分点。

二、港口企业

被调查的长江干线18家港口企业，年综合通过能力3.5亿吨，同比减少6.1%，完成港口货物吞吐量5.8亿吨，增加6.4%。其中，完成外贸货物吞吐量1.4亿吨，增加13.1%；完成集装箱货物吞吐量1050万TEU，增长0.3%。13家企业实现盈利，占72.2%，其中8家企业利润同比增加，占盈利企业的61.5%；5家企业亏损，占27.8%。被调查企业生产经营特点：

（1）主要货种装卸价格与上年同期持平。长江上中下游不同区段、不同货种及内外贸装卸价格存在较大差异。其中，煤炭平均9.3~21.0元/吨；金属矿石9.4~18.0元/吨；矿建材料4.0~10.0元/吨；集装箱110.0~450.0元/TEU。

（2）企业实现主营业务收入135.6亿元，下降1.4%；主营业务成本111.0亿元，下降2.9%。实现利润24.6亿元，增加6.0%。企业平均收入利润率18.1%，增加1.3个百分点。

（长航局运输处）

专题 4

航运指数运行状况综述

一、波罗的海干散货运价指数

2020年，受新冠肺炎疫情影响，国际干散货航运市场走势前低后高，总体表现大幅差于2019年。全年波罗的海干散货指数（BDI）均值1066点，比2019年均值1355点下跌21.3%。2020年波罗的海干散货运价指数走势情况见图1。

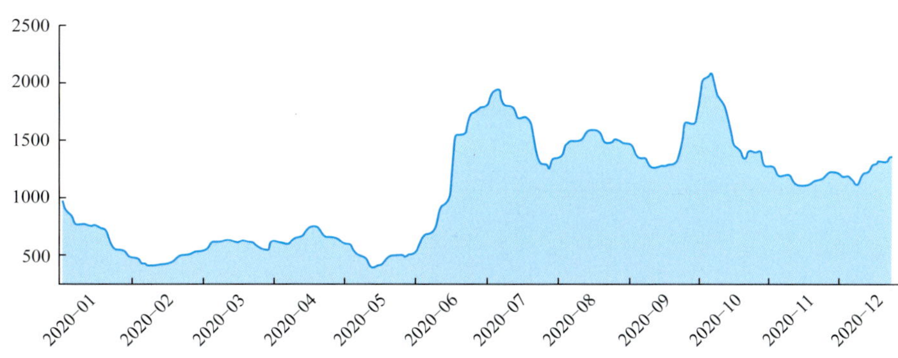

图1　2020年波罗的海干散货运价指数走势图

二、中国航运指数

中国航运景气指数。根据上海国际航运研究中心发布的中国航运景气报告，2020年一季度，受新冠疫情影响，中国航运企业经营严重受挫，中国航运景气指数跌至62.9点，进入较为不景气区间；中国航运信心指数仅39.1点，跌至较重不景气区间；中国航运景气指数与信心指数均创历史新低。二季度，中国航运景气指数为89.4点，小幅提升至相对不景气区间；中国航运信心指数为64.8点，较上季度上涨25.7点，进入较为不景气区间，虽然中国航运业仍处景气分界线以下，但疫情影响已大幅减弱。三季度，中国航运景气指数为118.4点，比上季度增长29.0点，上升至相对景气区间；中国航运信心指数为115.6点，比上季度上涨50.8点，进入相对景气区间，所有企业信心指数均大幅上涨；中国航运业已从疫情中全面复苏。四季度，中国航运景气指数达到122.6点，提升至较为景气区间，并较2017年最高点高出2.7点，景气指数创历史新高；中国航运信心指数为141.2点，较上季度上涨25.5点，进入较为景气区间，所有企业信心指数均大幅上涨。中国航运景气指数走势情况见图2。

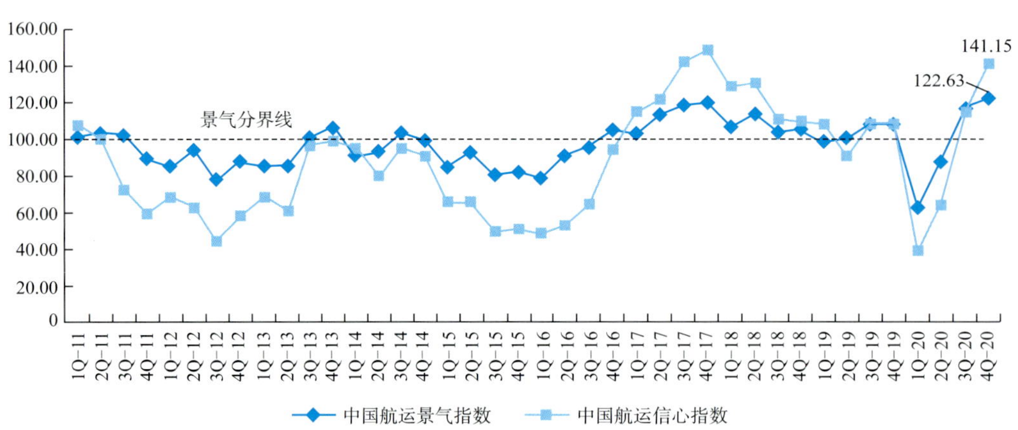

图2　中国航运景气指数走势图（2011—2020年）

中国沿海散货综合运价指数。根据上海航运交易所发布的中国沿海（散货）综合运价指数，2020年12月31日报收1324.4点，全年均值为1039.1点，较2019年下滑2.0%。受疫情影响，中国沿海散货运价指数于3月13日跌至2017年以来历史最低值901.2点。此后随着国内疫情逐步得到控制，企业复工复产稳步推进，4月中旬后迎来下游需求回升从而带动运价波动上扬。12月在冬季用煤高峰及煤价上涨等多重因素影响下，快速攀升至年内最高的1362点，见图3。

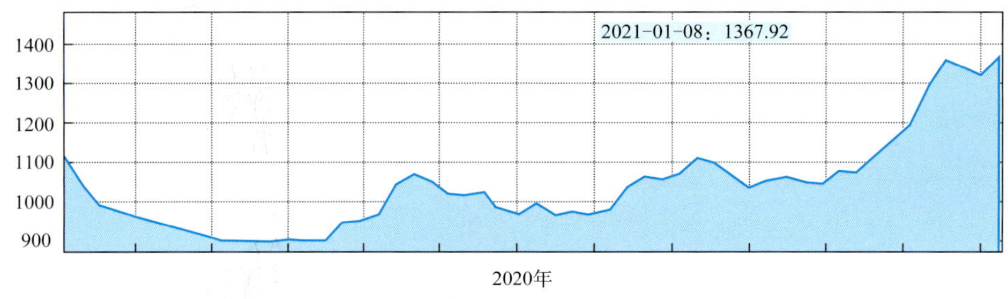

图3　2019—2020年中国沿海散货综合运价指数走势图

中国出口集装箱运价指数。根据上海航运交易所发布的中国出口集装箱运价指数，2020年12月平均值为1492.06点，反映即期市场的上海出口集装箱综合运价指数平均值为2455.54点，全年均值分别为984.42点、1264.77点，分别较2019年上涨19.5%、56.0%。在疫情影响下，多数国家和地区保持严格的防控举措，国际贸易及物流运输体系受到较大影响，中国出口集装箱运输市场货量持续低迷，1至5月中国出口集装箱综合运价指数平均值为892.23点。6月后随着疫情状况得到一定程度缓解，各国纷纷采取措施刺激经济复苏，带动整体运输需求回升，得益于我国疫情的有效控制，中国出口集装箱运输市场持续向好，至四季度叠加舱位紧张和空箱不足致卖方市场格局形成，多数航线订舱运价经历数轮大涨，综合指数呈持续快速上涨走势，见图4。

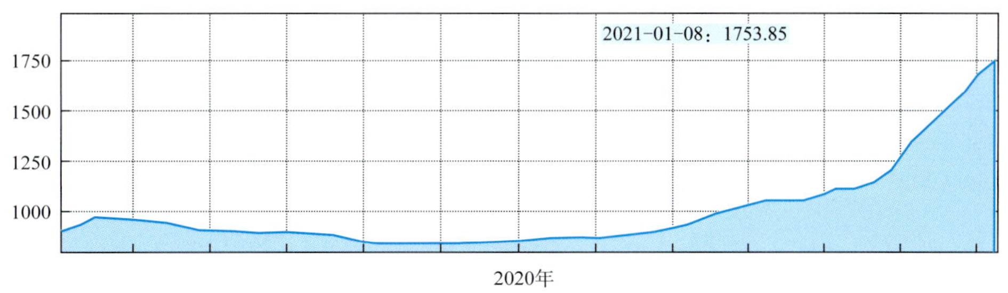

图4　2019—2020年中国出口集装箱运价指数走势图

三、长江航运指数

（一）长江航运景气指数

受疫情影响，长江航运景气指数全年走势前低后高，总体表现弱于2019年。一季度，长江航运企业经营严重受挫，长江航运景气指数和信心指数均跌入不景气区间。自二季度起，长江航运景气度持续回升，至四季度长江航运景气指数和信心指数均重回景气区间。一季度至四季度景气指数分别为89.0点、95.4点、98.4点、103.5点，与2019年同期相比分别下降9.8点、8.9点、6.3点、2.0点。一季度至四季度信心指数分别为85.8点、90.1点、99.8点、102.7点，与2019年同期相比分别下降17.6点、13.7点、1.5点、2.0点。详见图5。

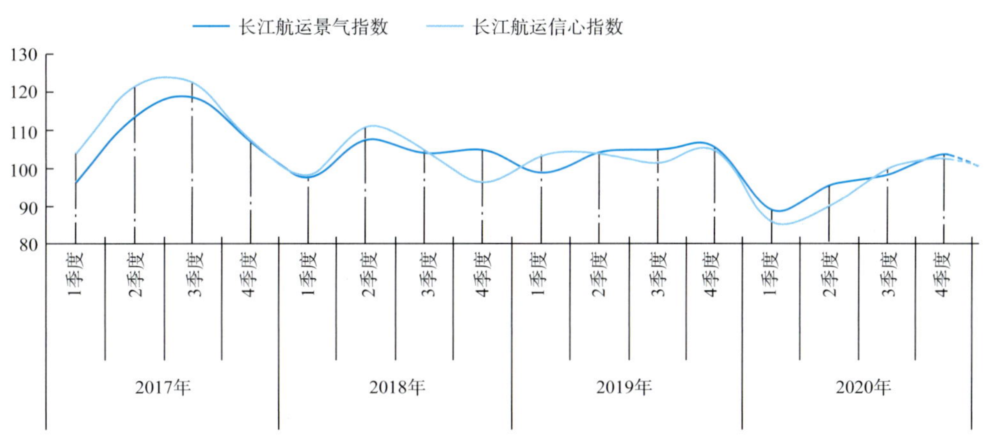

图5　长江航运景气指数和信心指数走势图（2017—2020年）

从企业类型看，港口企业景气指数均高于航运企业。从区域分布看，下游景气水平均好于上、中游。从运输分类看，除一季度外，货运景气水平均好于客运。从主要运输货种看，一、二季度液体散货景气指数均好于干散货、集装箱、滚装汽车，三、四季度干散货景气指数均好于液体散货、集装箱、滚装汽车。见表1。

2020年长江航运景气指数　　表1

景 气 指 数	一季度	二季度	三季度	四季度
长江航运景气指数	89.01↓	95.43↑	98.41↑	103.52↑
长江航运信心指数	85.80↓	90.12↑	99.77↑	102.66↑

续上表

景气指数	一季度	二季度	三季度	四季度
港口企业景气指数	90.27↓	97.96↑	102.16↑	105.78↑
航运企业景气指数	88.06↓	93.68↑	96.10↑	102.84↑
上游企业景气指数	86.69↓	92.94↑	92.81↓	101.64↑
中游企业景气指数	89.14↓	96.12↑	99.72↑	103.71↑
下游企业景气指数	94.53↓	101.99↑	104.07↑	105.89↑
客运景气指数	89.51↓	85.57↓	88.88↑	94.08↑
货运景气指数	88.28↓	97.85↑	99.56↑	104.23↑
其中：干散货运输	85.87↓	96.04↑	99.69↑	105.12↑
液体散货运输	96.39↓	100.27↑	97.49↓	98.63↑
外贸运输	89.91↓	92.51↑	97.81↑	103.64↑
集装箱运输	94.77↓	96.39↑	99.55↑	103.47↑
载货汽车滚装运输	89.53↓	85.63↓	90.19↑	94.37↑

（二）长江航运运价指数

2020年，长江航运运价指数呈震荡走势，总体下跌。一、二季度，新冠肺炎疫情全球扩散，严重抑制国际经济活动，局部国际经贸往来几近停顿，国内持续防控，刺激政策不断显效，但供需循环尚未完全畅通，长江航运运价指数持续下跌，三季度长江干流接连发生5次编号洪水，部分时段部分航段禁航，中下游部分码头暂时关闭，船舶油耗及周转成本增加，运力相对趋紧，长江干散货综合运价上涨，四季度长江流域汛期基本结束，季初水位恢复正常，港口码头恢复常态，船舶过闸等待时间缩减，船舶整体运能恢复较快，运价略跌。

长江干散货综合运价指数。长江干散货综合运价指数全年综合运价指数在684.9~846.4点之间波动，6月最低，8月最高，全年均值760.0点，同比下跌4.2%；煤炭、金属矿石、矿建材料全年均值较2019年分别下降2.6%、6.5%、5.7%，非金属矿石与2019年持平。12月指数较2019年同期下降1.2%。分季度看，一季度环比下降6.7%，二季度环比下降9.0%，三季度环比上升16.8%，四季度环比下降2.7%，运价指数走势见表2、图6。

长江干散货综合运价指数表 表2

指数分类	2020年平均	2019年平均	同比（%）	2020年12月
综合指数	760.0	793.6	-4.2	801.3
煤炭	772.5	793.3	-2.6	741.7
金属矿石	619.7	662.5	-6.5	612.3
矿建材料	1217.3	1290.9	-5.7	1544.5
非金属矿石	1051.8	1051.7	0	1136.6

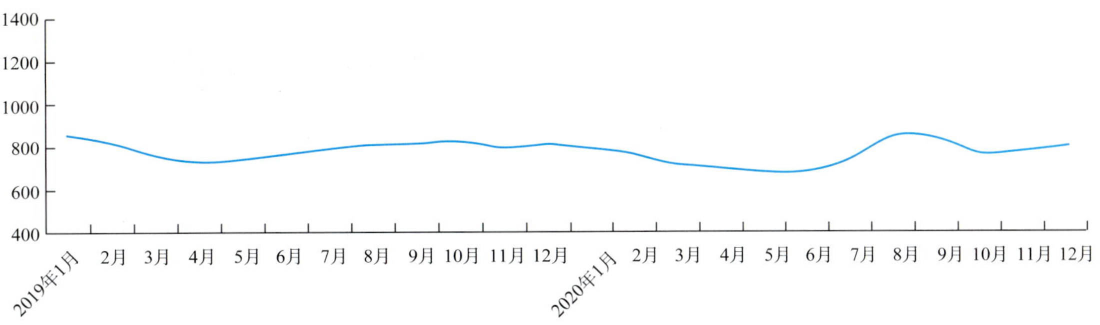

图6 2019—2020年长江干散货运价指数走势图

长江集装箱综合运价指数。2020年长江集装箱运价指数综合运价指数在978.1~1057.4点之间，全年均值1006.3，较2019年度均值下跌5.9%；其中12月较2019下降6.5%，上游、中游、下游区域集装箱运价指数同比分别下降2.2%、5.0%、16.9%。分季度看，集装箱运价指数一季度环比基本持平，二季度环比下降5.5%，三季度环比基本持平，四季度环比略降1.3%，见图7。

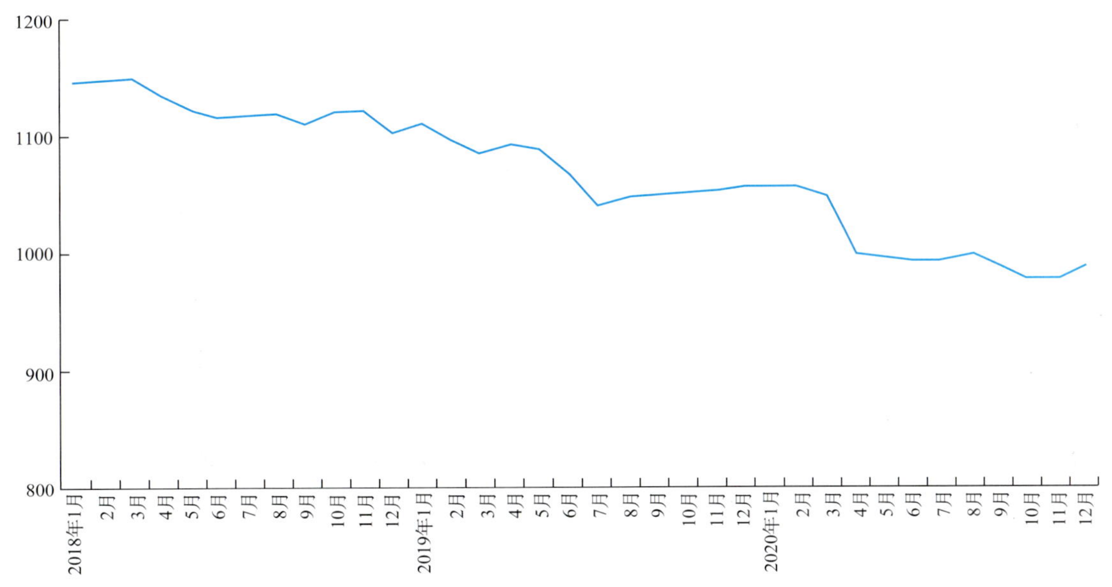

图7 2018—2020年长江集装箱运价指数走势图

长江船员工资指数。2020年，长江船员供需整体基本稳定，全年长江船员工资指数先跌后升，维持在1258.5~1296.8点之间，全年均值1274.8，较2019年度均值增长3.9%。分季度看，一季度环比下降1.7%，二季度环比上升0.6%，三季度环比上升0.9%，四季度环比上升1.5%。与2019年四季度相比，长江船员工资指数上升1.3%，其中普货一类船、旅游客运船、江海直达船船员工资指数同比分别上升1.9%、1.0%、7.9%，液货一类船、集装箱船、载货汽车滚装船船员工资分别下降1.8%、4.6%、4.9%。长江船员工资综合指数走势见图8。

长江船东满意度。2020上、下半年长江船东满意度分别为91.1、91.8分，均为优秀等级（分值大于等于90分为优秀等级）。分区域看，上游区域满意度上、下半年分别为91.6、

92.1分，中游区域上、下半年分别为90.6、91.5分，下游区域上、下半年分别为91.0、91.7分。长江船东满意度走势见图9。

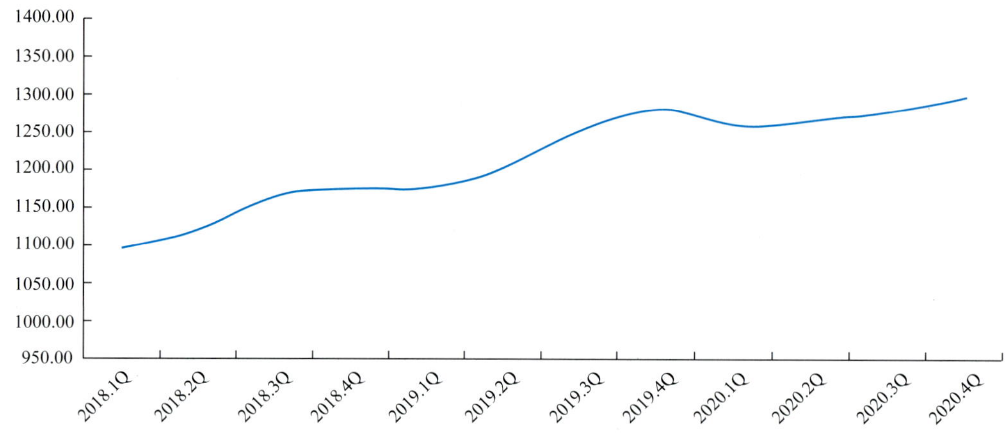

图8　2018—2020年长江船员工资综合指数

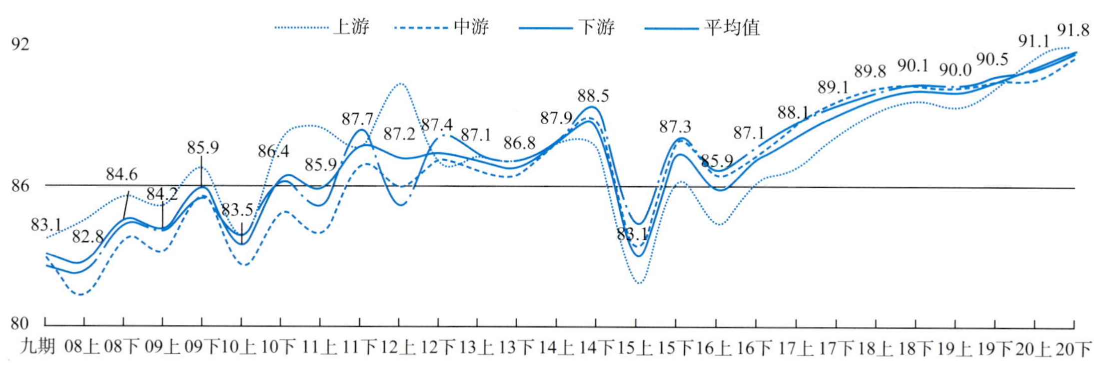

图9　2008—2020年长江船东满意度走势

（长江航运发展研究中心）

专题5

长江干线省际旅游客运市场监测分析

2020年，新冠肺炎疫情对长江游轮旅游业带来了前所未有的冲击，全行业停航长达半年以上，市场经营主体面临巨大的经营压力。长江干线省际旅游客运市场开放晚于一般旅游景区近4个月，为保障全国疫情防控形势稳定作出了巨大牺牲。“国庆中秋双节”期间，长江省际游轮发船班次基本恢复至2019年同期水平，客运量恢复近八成，全行业逐步进入疫情后的缓慢复苏阶段。

一、市场主体及运力情况

省际旅游客运市场情况。长江游轮旅游码头主要分布在重庆主城朝天门、丰都、涪陵、忠县、云阳、万州、奉节、巫山和湖北宜昌等地，包括重庆—宜昌、万州—宜昌、奉节—宜昌等往返航线。2020年，长江干线省际旅游客运企业12家、游轮52艘、17172客位，企业和游轮数量较2019年分别减少1家、1艘，客位数增加14。游轮企业分布在重庆市、湖北省两地，经营豪华游轮运输的企业有7家、游轮35艘，经营经济型游轮的企业有5家、游轮17艘，见表1。

游轮企业及运行船舶数量　　表1

豪华游轮			经济型游轮		
地区	企业名称	船舶艘数	地区	企业名称	船舶艘数
重庆	重庆长江黄金游轮有限公司	7	重庆	重庆渝鸿船务有限公司	4
	重庆冠达世纪游轮有限公司	6	湖北	宜昌隆基旅运公司	3
	长江轮船海外旅游总公司	5		宜昌江腾游轮公司	5
	重庆东江实业有限公司	8		巴东县楚天轮船公司	4
	重庆大美长江三峡游轮股份有限公司	2		宜昌新高湖滚装客船有限公司	1
湖北	武汉扬子江游船有限公司	5			
	湖北皇家长江旅游船有限公司	2			
合计		35	合计		17

三峡游轮航线及运力情况。长江游轮旅游航线主要为重庆—宜昌经典航线及万州—宜昌、奉节—宜昌短途航线，2020年为应对新冠疫情，开发了重庆市内航线。各航线的运力投入情况见表2。

三峡游轮航线及运力投放情况 表2

航线（往返）		企　业	运营船舶数	投入运力（载客定额）
省际航线	重庆—宜昌（含丰都）	东江	4	1648
		世纪	5	1714
		黄金	5	2505
		大美	2	749
		长江海外	2	674
		扬子江	2	1125
		渝鸿	1	270
		巴东楚天	1	190
		江腾	2	383
	万州—宜昌	黄金	2	795
		渝鸿	3	1136
		巴东楚天	1	396
		江腾	3	663
		隆基	3	550
		扬子江	1	190
	奉节—宜昌	新高湖	1	636
		巴东楚天	3	722
		江腾	1	280
		隆基	3	550
		东方皇家	1	187
市内航线	重庆—涪陵	东江	2	420
		黄金	1	446
		长江海外	1	222
	重庆—丰都	东江	1	402
	重庆—万州	世纪	2	800
	万州—巫山	黄金	2	1140
	万州—云阳	巴东楚天	1	396
		环湖船务	1	300
	重庆环线	黄金	2	1016
		长江海外	1	222
	万州环线	巴东楚天	1	396

二、市场运行情况分析

（一）市场运行情况

总体运行情况。2020年1月下旬至7月中旬，长江省际游轮处于停航状态。7月21日，交通运输部印发《关于稳妥有序恢复省际旅游客运切实做好旅游客运常态化疫情防控有关工作的通知》，要求国内游轮运输在充分、科学、综合评估分析的基础上，严格按照《国内游轮常态化疫情防控工作指南》审慎有序复航。长航局7月24日印发《稳妥有序恢复长江干线省际客船运输的通知》，部署复航相关工作，省际游轮运输陆续复航，市场总体稳步恢复。全年长江游轮完成省际旅游客运航线1333个班次、实名制查验16.7万人，同比分别减少76.9%、84.7%。其中，复航后8~12月运行1289个班次、接待游客16.6万人次，减少50.7%、65.6%。为缓解企业经营压力，促进游轮旅游消费复苏，部分游轮企业自7月下旬起开行了重庆境内环线及短途航线，共开行467个班次、实名制查验69987人，分别占总量的25.9%、29.2%。省际航线中，传统精品航线（重庆—宜昌、宜昌—重庆）客运量占总量的48.6%，万州—宜昌、宜昌—万州航线占32.1%，奉节—宜昌、宜昌—奉节航线占17.3%，其他航线占2.0%。重庆市内航线中，重庆—涪陵、涪陵—重庆航线客运量占总量的18.4%，重庆—万州、万州—重庆航线客运量占7.9%；重庆环线客运量占52.6%；万州环线客运量占4.9%；其他航线占16.2%。具体情况见表3。

长江干线省际旅游客运船舶运行情况表 表3

航线		发船班次（次）	载客数量（人）	船舶负载率（%）
下水	重庆—宜昌	212	42426	55.49
	万州—宜昌	291	39720	49.06
	奉节—宜昌	198	18787	36.88
小计		701	100933	48.44
水上	宜昌—重庆	211	38837	52.88
	宜昌—万州	214	13994	25.64
	宜昌—奉节	128	10176	30.44
小计		553	63007	39.03
其他航线		79	3387	14.72
合计		1333	167327	42.60

注：①涪陵、丰都统计到重庆；云阳统计到万州。
②数据来源为长江水路旅客运输实名制管理系统，系长江省际游轮数据，不包括省内航线游。

重点时段市场发展情况。2020年“国庆中秋双节”期间，长江干线省际游轮共计发班143艘次，同比基本持平；完成客运量2.1万人，为2019年同期的77.7%。其中，省际航线发班101班次、完成客运量1.5万人，重庆市内航线发班42班次、完成客运量0.7万人。省际客运航线中，重庆—宜昌、宜昌—重庆航线客运量占省际客运量的53.9%，万州—宜昌、宜昌—万州航线占25.2%，其他航线占20.9%。重庆市内航线中，重庆—涪陵、涪陵—重庆航线客运量占市内客运量的26.6%；重庆环线航线客运量占市内客运量的59.1%；其他航线客运量占14.3%。各航线运行情况见表4。

国庆、中秋期间长江省际旅游客运航线运行情况　表4

长江省际旅游客运航线				重庆市内航线			
航线		发船班次（次）	载客量（人）	航线		发船班次（次）	载客量（人）
下水	重庆—宜昌	20	4528	下水	重庆—涪陵	10	955
	万州—宜昌	19	2669		万州—巫山	2	340
	奉节—宜昌	12	1581	小计		12	1295
小计		51	8778	上水	涪陵—重庆	10	784
上水	宜昌—重庆	18	3348	重庆环线		18	3870
	宜昌—万州	10	1179	万州环线		2	598
	宜昌—奉节	16	1021	合计		42	6547
小计		44	5548				
其他航线		6	291				
合计		101	14617				

船舶负载率。2020年，长江干线省际旅游客运船舶平均负载率42.6%，同比下降20.1%。其中，下水航线平均负载率48.4%，下降22.4%；上水航线平均负载率39.0%，下降25.0%；其他航线平均负载率14.7%。分船型看，高端游轮运行962航次、接待游客15.3万人次，分别为2019年的32.4%、23.7%；平均负载率51.8%，下降26.6%。经济型游轮运行875航次、接待游客8.8万人次，分别为2019年的29.7%、18.8%；平均负载率36.5%，下降12.3%。

客源结构。从游客构成情况看，2020年长江干线省际旅游客船共计接待国内游客24.0万人，为2019年的21.7%；接待国（境）外游客413人，仅为2019年的0.4%。从国内游客来源地情况看，四川、贵州、江苏排前三，分别占市场总量的23.9%、6.2%、5.9%。从客源恢复情况看，游轮复航以来基本未接待境外游客，长三角、珠三角等传统市场启动困难，重庆、湖北等本地市场启动也较缓慢，依靠传统渠道营销的四川区域游客占比排在首位。从游客年龄结构来看，仍以中老年群体为主，各年龄段分布与2019年变化不大，18岁以下占3.9%，18~35岁占10.5%，35~60岁占39.1%，60岁以上占46.5%。

（二）运行特点

市场重启过程漫长，市场经营主体损失惨重。全行业停航达半年以上，省际游轮航线7月中旬筹备复航试营运，7月底渐进式开放，至10月12日所有游轮公司恢复营运，复航运力共计41艘，占长江干线省际游轮运力的75.4%。全年来看，游轮旅游行业面临前所未有的困难和经营压力，长江游轮旅游客运需求锐减，长江干线省际旅游客船仅为2019年的0.4%，船舶负载率较2019年下降20.1%，12家省际旅游客运企业全面亏损，经营收入不足2019年的两成。

新线路、新产品为市场复苏带来新的增长点。省际游轮停航期间，相关企业开展了一系列针对本地旅游市场的经营探索，创新开发了长江游轮酒店新产品和重庆—涪陵、万州—巫山等短途线路，有效缓解了企业停航期间的经营压力，为复航后市场需求的培育提供了新思路。同时，涪陵大裂谷、丰都双桂山、云阳龙缸、巫山神女景区等新景点，屈原故里夜游、三峡人家游轮新线路等产品的研发，也为长江游轮旅游市场复苏带来了新机遇。

"智慧旅游"等新业态、新模式将成为未来的发展方向。疫情防控期间，线上办公方式的普及极大重塑了游轮旅游市场的营销渠道，智慧化营销在长江游轮旅游市场复苏过程中发挥了重要作用。同时，游轮旅游业智慧化程度明显提高，智能体温监测系统、机器人送餐服务等无接触式智能化服务迅速在业界不同场景推广。新模式、新业态将成为疫后时代游轮旅游业的发展方向。

（重庆航运交易所、长江航运发展研究中心、长江港航物流联盟旅游客运专业委员会）

专题 6

长江水系省际液货危险品运输市场监测分析

2020年，受新冠疫情及洪灾双重影响，长江干线液货危险品运输市场整体略有下降，部分货种需求大幅下滑，企业盈利能力明显减弱，部分企业船舶运营效率及经营效益处于较低水平。

一、市场主体及运力情况

市场主体情况。2020年，长江水系共有省际液货危险品运输企业147家，较2019年减少7家，其中，重庆市11家，湖北省18家，湖南省6家，江西省13家，安徽省24家，江苏省65家，浙江省2家，上海市8家，见图1。从经营航线看，经营长江干线省际运输（含上、中、下游）及支流省际运输的企业48家，占企业总数的32.65%；经营中下游及支流省际运输的企业96家，占企业总数的65.31%；经营长江下游干线及支流省际运输的企业有1家，占企业总数的0.68%；经营长江三角洲长江支流内河港口至长江干线江苏段或上海段港口间省际运输的企业有2家，占企业总数的1.36%。从业务范围看，经营成品油船、化学品船运输的企业有144家(含2家从事植物油船运输企业)，经营原油船运输的企业有5家，经营液化气体船运输的企业有7家。其中，兼营成品油船、原油船运输的有5家，兼营成品油船、液化气体船运输的有4家。

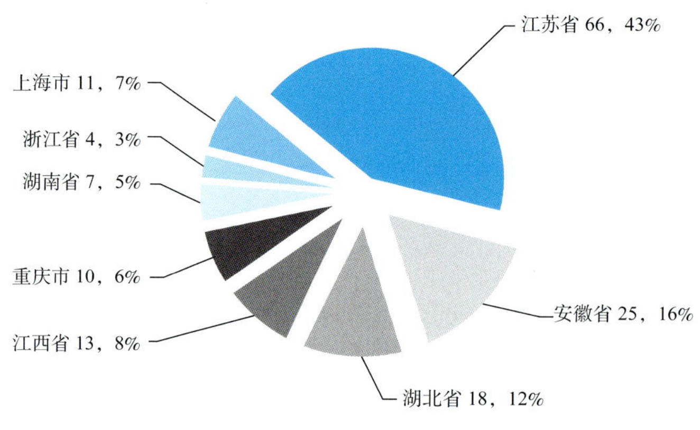

图1 长江水系省际危险品船运输企业地区分布情况

市场运力情况。2020年，长江水系共有省际液货危险品运输船舶2875艘、平均吨位854，较2019年分别减少80艘、389载重吨/艘；其中，原油船116艘、23.5万总吨，成品油船1404艘、115.3万总吨，散装化学品船1092艘、43.4万总吨，液化气船35艘、1.7万总吨。

二、市场运行情况分析

（一）总体运行情况

根据长江海事系统船舶报港数据（下同），2020年长江液体危险品运输市场（不含海进江运输）全年完成运输量约8900万吨，同比增长1.0%。其中原油505万吨、成品油（含沥青）4917万吨，分别减少20.0%、2.6%；散装化学品3070万吨，与2019年基本持平。

原油市场。省际运输主要航线包括江苏南京—湖南岳阳、湖南岳阳—四川泸州，省内运输主要航线为江苏仪征、栖霞—南京扬子、江苏淮安航线。2020年，海进江原油运输量1740万吨，同比增长3.6%，其中上海进港约438万吨、江苏进港约1304万吨。内河运输量505万吨，减少20.0%，其中江苏出港452万吨（省际330万吨、省内122万吨），湖南出港47万吨（省际）。

成品油市场。2020年，海进江成品油运输量约2987万吨，同比增长30.0%，其中，上海进港568万吨、江苏进港2348万吨。长江成品油内河运输量约4917万吨，减少2.6%，其中，省际运输量2557万吨、省内运输量2360万吨。长江成品油省际运输基本呈长江下游往上游阶梯式递送运输，重庆地区为最大目前地。江苏为长江成品油最大中转港，出港量达1730万吨。沿江成品油内河运输情况见图2。沿江省市进出港货运量见表1。

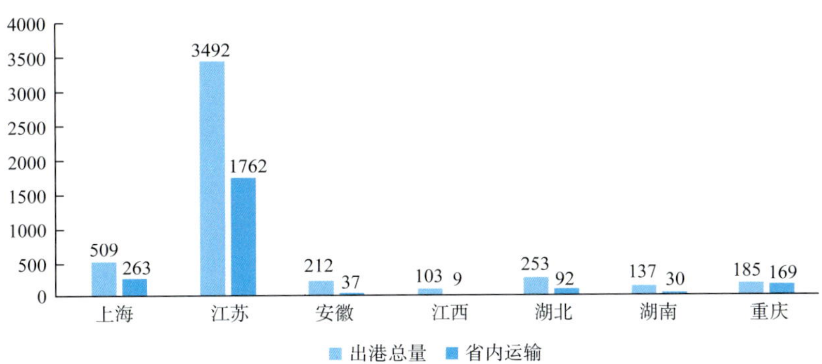

图2 长江成品油内河运输情况（万吨）

沿江省市成品油内河运输进出港货运量（万吨） 表1

始发港	目的港								
	浙江	上海	江苏	安徽	江西	湖北	湖南	四川	重庆	出港合计
上海	27	263	90	17	26	48	26	0	12	509
江苏	55	154	1762	162	176	377	349	12	445	3492
安徽	0	1	28	37	3	60	17	0	66	212
江西	0	4	39	0	9	14	6	0	31	103
湖北	0	1	14	17	2	92	22	4	101	253
湖南	0	0	68	1	0	31	30	0	7	137
重庆	0	0	4	0	0	2	0	10	169	185
进港合计	82	423	2005	234	216	624	450	26	831	4891

注：表中数据为“0”表示小于5000吨。

散装化学品市场。2020年，海进江散装化学品运输量1021万吨，同比增长62.6%，其中，上海进港109万吨、江苏进港897万吨、安徽进港12万吨。江出海散装化学品运输量260万吨，同比减少39.3%，其中，上海出港53万吨、江苏出港193万吨、安徽出港12万吨。长江散装化学品内河运输量2810万吨，减少9.4%，其中省际运输量1672万吨、省内运输量1138万吨。长江散装化学品运输主要航线整体呈由上游往下游运输态势，重庆为最大输出港，全年出港货运量达341万吨；南京为最大目的港，全年进港货运量达503万吨。沿江省市进出港货运量见表2。

沿江省市散装化学品内河运输进出港货运量（万吨） 表2

始发港	目的港									
	浙江	上海	江苏	安徽	江西	湖北	湖南	四川	重庆	出港合计
上海	108	17	70	1	0	0	1	0	3	200
江苏	130	43	902	33	27	234	26	0	18	1413
安徽	3	5	131	19	57	196	4	0	7	422
江西	0	0	30	14	38	26	3	0	2	113
湖北	0	6	56	5	15	99	14	0	4	199
湖南	0	0	32	0	0	3	4	0	1	40
四川	0	1	10	1	0	4	1	18	1	36
重庆	0	33	174	8	2	80	18	26	41	382
进港合计	241	105	1405	81	139	642	71	44	77	2805

注：表中数据为“0”表示小于5000吨。

（二）运行特点

分运输市场情况。原重油市场受沿江炼化企业受新冠疫情影响，大幅减少加工量，部分炼厂提前进行检修，造成原油运输市场下降幅度较大。成品油市场受疫情冲击最大，疫情管控导致成品油滞销，严重供过于求，石化企业被迫停产限产。国内疫情得到全面控制后，成品油贸易市场进入阶段性“黄金期”，水运需求明显提振，但受终端库存高企、船舶在港口积压严重等因素影响，未能弥补前期减量，2020年运输总量有所下滑。散装化学品市场降幅较大，上半年跨省运输受阻，特别是湖北、河南、山东和浙江等地管控严重制约了化工产品流通需求，沿江化工企业下调加工量或停开装置，带来化学品水路运输需求明显下降。

市场主体经营情况。从抽样调查的20家运输企业情况来看，2020年货运量同比减少11.3%，货物周转量增加22.1%，反映长江液体危险品运输市场需求总体下滑较大，其中干线运输需求下降明显。样本企业主营业务收入减少13.5%、成本减少11.8%、利润减少27.4%，运输企业在市场运输需求大幅下降的情况下，受疫情及洪水双重影响，船舶营运效率与运输价格处于较低水平。企业盈利能力大幅下降，样本企业亏损面扩大至25%，利润率小于5%的企业达20%，近一半企业处于亏损状态或徘徊在盈亏平衡点附近。

市场运价情况。从抽样调查的20家运输企业情况来看，船舶平均运输价格0.15元/吨公里，同比下降0.2%。液货危险品不同种类和不同航区的运输价格存在较大差别，散装化学品0.09~0.25元/吨公里，成品油0.11~0.3元/吨公里，原油0.2~0.32元/吨公里。

（三）市场供需关系评价

根据样本企业调研情况，综合新冠疫情及洪水双重影响，长江干线省际液货危险品运输的往返航次平均航速取14km/h，往返航次综合在港时取9~12天，待闸时间取7天，营运率取90%，装载率取96%，方向不均衡系数取2，时间不均衡系数取1，干线及中下游区段各有关参数见表3。

长江干线省际液货危险品运输相关参数 表3

区段	平均航速（公里/小时）	综合在港停时（小时）	平均待闸时间（小时）	营运率（%）	装载率（%）	方向不均衡系数	时间不均衡系数
干线	14	216	168	90	96	2	1
中下游	14	288	0	90	96	2	1

根据长江水路运输市场供需平衡指数模型，测算2020年长江干线省际液货危险品市场供需平衡指数，并得到市场供需平衡状态对应的预警信号，见表4。

长江干线省际液货危险品运输市场供需平衡指数与预警信号 表4

年份	干　线		中　下　游		综　　合	
	平衡指数	预警信号	平衡指数	预警信号	平衡指数	预警信号
2020	81.75	蓝灯	80.55	蓝灯	81.61	蓝灯
2019	93.45	绿灯	84.38	蓝灯	92.51	绿灯

2020年，长江干线省际液货危险品运输市场供需平衡指数为81.61，较2019年下降0.9，由绿灯区间落入蓝灯区间，表明存在明显的供给过剩现象，运力富余程度大幅增加。分航线来看，干线区段供需平衡指数为81.75，下降11.7，由绿灯区间落入蓝灯区间；中下游区段供需平衡指数为80.55，下降3.83，维持在蓝灯区间。

（长江航运发展研究中心、长江港航物流联盟液货危险品专业委员会）

专题 7

长江干线省际载货汽车滚装运输市场监测分析

受新冠肺炎疫情影响，2020年长江省际载货汽车滚装运输停航近半年，加之疫情防控期间高速公路免费，部分物流运输量前置，复航后车流量小，发航班次变疏，车辆待港时间延长，运量下滑严重，创近十年以来历史最低值。

一、市场主体及运力情况

运力情况。2020年，长江干线省际载货汽车滚装船45艘、2695车位，平均船龄15.2年，均为59或60车位的标准船型，见表1。实际投入运营运力为29艘/1738车位，其中宜渝航线11艘/658车位、宜忠航线9艘/540车位、宜万航线9艘/540车位。另外，宜渝航线停航16艘/957车位。

长江省际载货汽车滚装船运力运营情况表 表1

航　　线	船舶总数（艘）	车位总数（辆）	航线运力占比（%）
宜渝航线	11	658	37.8
宜忠航线	9	540	31.1
宜万航线	9	540	31.1
合计	29	1738	100

运量情况。2020年，长江干线省际载货汽车滚装运输总量7.46万台，同比下降60.2%，创近十年最低值，见图1。其中上行2.69万台、下行4.77万台。宜渝航线运量1.97万台，下降73.5%，其中上行0.86万台、下行1.12万台；宜忠航线运量2.72万台，下降50.8%，其中上行0.92万台、下行1.80万台；宜万航线运量2.77万台，下降52.1%，其中上行0.92万台、下行1.86万台。

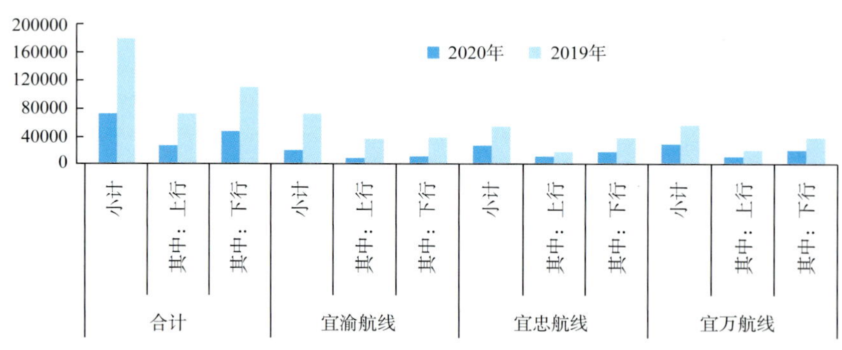

图1　长江省际载货汽车滚装船运输市场情况

二、市场运行情况分析

市场结构。分班期来看，宜昌至重庆双向每天固定一班，宜昌至忠县、宜昌至万州双向每天固定两班，每天四个滚装码头合计固定发班上行五班、下行五班，总计十班。除以上固定班次外，出现车流量突增情况时，则临时加开班次，以保障车辆及时离港；分航线看，宜渝航线、宜忠航线、宜万航线运量占比分别为26.4%、36.4%、37.2%，三条航线上行运量比较均衡，整体以宜万航线占比最大，主要是由于G42高速公路核桃树大桥维修带来车源增量；从装卸情况来看，下行车数占比高达65%，同比增长3%，下水顺流航速较快，货车驾驶员更偏爱在下行线路中选择滚装运输方式；从货源结构来看，百货、建材、食品运输车量位居前三；从车源分布来看，运输量排名前三的省市分别为重庆市、湖北省、四川省；从车型情况来看，滚装上行车辆中车长16~17米的车型（13米挂）共2.0万辆，占比约76%，比重最大；从节能减排贡献来看，对比公路运输，滚装运输全年累计节省燃油3877吨，减少CO_2排放630万立方米，为运输绿色转型发挥了重要作用。

运价情况。根据抽样调研情况，船舶平均运输价格为3.74元/车公里，同比下降1.3%。其中，上水平均运价为4.37元/车公里，下水平均运价为3.11元/车公里。

经营情况。2020年上半年受疫情影响，停航5月之久，码头无法正常开港，船舶停止营运没有任何收入，各项常规的固定开支又无法缩减，滚装码头和滚装运输企业均严重亏损。2020年1~5月和2019年同期相比，滚装船运费收入总损失约2.24亿元，部分实力较弱的企业银行贷款无力偿还。行业经营压力较大，尤其是宜渝航线，因船舶数量最多，且车流量降幅最大，已经停船16艘。

三、存在的主要问题

受疫情影响，全国宏观经济环境不景气，整体物流量有所下降，同时受疫情防控期间高速公路免费政策影响，客观上造成了一部分物流量的前置。与高速公路运输相比，滚装运输速度慢、运输时间长的劣势凸显。6月复航首月运量不足2019年同期的15%，运量虽呈逐月增长趋势，但复航后由于车流量较小，出于缩减运输成本的考虑，发航班次变疏，车辆待港时间延长。宜忠航线最长待港时间约12小时，宜万航线最长约24小时，宜渝航线最长约48小时，超长待港时间导致运输时间过长，滚装运输劣势更加凸显，加剧形成了“弃水走陆”的局面。长江省际载货汽车滚装船运输市场月份对比情况见图2。

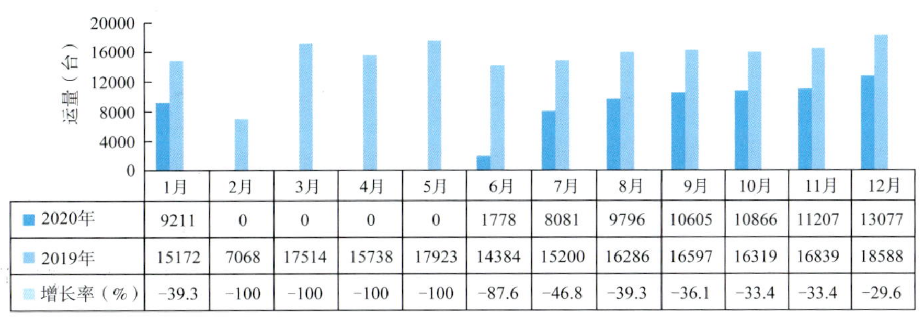

	1月	2月	3月	4月	5月	6月	7月	8月	9月	10月	11月	12月
2020年	9211	0	0	0	0	1778	8081	9796	10605	10866	11207	13077
2019年	15172	7068	17514	15738	17923	14384	15200	16286	16597	16319	16839	18588
增长率（%）	-39.3	-100	-100	-100	-100	-87.6	-46.8	-39.3	-36.1	-33.4	-33.4	-29.6

图2 长江省际载货汽车滚装船运输市场月份对比情况

（长江航运发展研究中心、长江港航物流联盟载货汽车滚装运输专业委员会）

专题8

长三角地区港口经济运行情况及形势分析

2020年，长三角地区经济在疫情冲击中体现韧性，长三角城市群在疫情防控中逆势凸显，高质量发展在逆周期中克难奋进，经济社会运行呈现稳步复苏、回升提速、增收增效态势，继续保持高质量发展的良好势头。面对疫情冲击和激烈的市场竞争，长三角港口群通过创新机制、协同发展、挖掘潜力，资源配置能力持续增强，港口生产稳步增长。

一、经济运行稳步增长，外贸规模再创历史新高

2020年，上海市、浙江省、江苏省、安徽省三省一市共完成地区生产总值为244713亿元，按可比价格计算，同比增长3.5%，经济总量占全国的24.1%。其中，上海市38701亿元，增长1.7%；浙江省64613亿元，增长3.6%；江苏省102719亿元，增长3.7%；安徽省38681亿元，增长3.9%。

长三角地区进出口总额为118421亿元人民币，同比增长4.9%，高于全国平均水平。其中：上海市34828亿元，增长2.3%；浙江省33808亿元，增长9.6%；江苏省44501亿元，增长2.6%；安徽省5284亿元，增长13.6%，增速排名全国第六。

二、长三角地区水路货运量统计分析

水路货运量和货物周转量。2020年，长三角地区完成水路货运量415490万吨，同比增长5.8%，占全国比重为54.5%，其中：上海市92590万吨，增长31.7%；浙江省106194万吨，下降0.6%；江苏省93467万吨，增长3.1%；安徽省123239万吨，下降1.4%。完成水路货物周转量55112亿吨公里，同比增长5.7%，占全国比重为52.1%，其中：上海市32095亿吨公里，增长8.9%；浙江省9883亿吨公里，下降1.9%；江苏省7039亿吨公里，增长10.3%；安徽省6096亿吨公里，下降2.1%。

港口货物吞吐量。2020年，长三角地区主要港口完成货物吞吐量60.6亿吨，同比增长2.8%，占全国规模以上港口货物吞吐量比重为35.1%。由于1月疫情叠加春节假期，吞吐量大幅下降，3月以来吞吐量呈逐月增加，5月恢复到历史平均水平，7月由于洪水致使部分内河航区高水位关闸封航，港口吞吐量小幅下降，进入冬天疫情反弹，11、12两个月吞吐量又有所下降。上海市完成货物吞吐量7.2亿吨，同比下降0.5%；浙江省主要港口完成货物吞吐量18.5亿吨，增长4.6%；江苏省主要港口完成货物吞吐量29.6亿吨，增长4.0%；安徽省

主要港口完成货物吞吐量5.4亿吨，下降5.2%。其中常州港吞吐量增长35.3%，主要是因为常州港统计口径变化，部分内河港口企业经改造提升，新纳入统计中。合肥港下降31.8%，主要是部分港口因环保问题被要求整改，另外修闸口影响船运的费用和时间，致使部分货物转为公路和铁路运输，再加上疫情叠加因素，致使合肥港下降比较明显。各港口情况见图1。

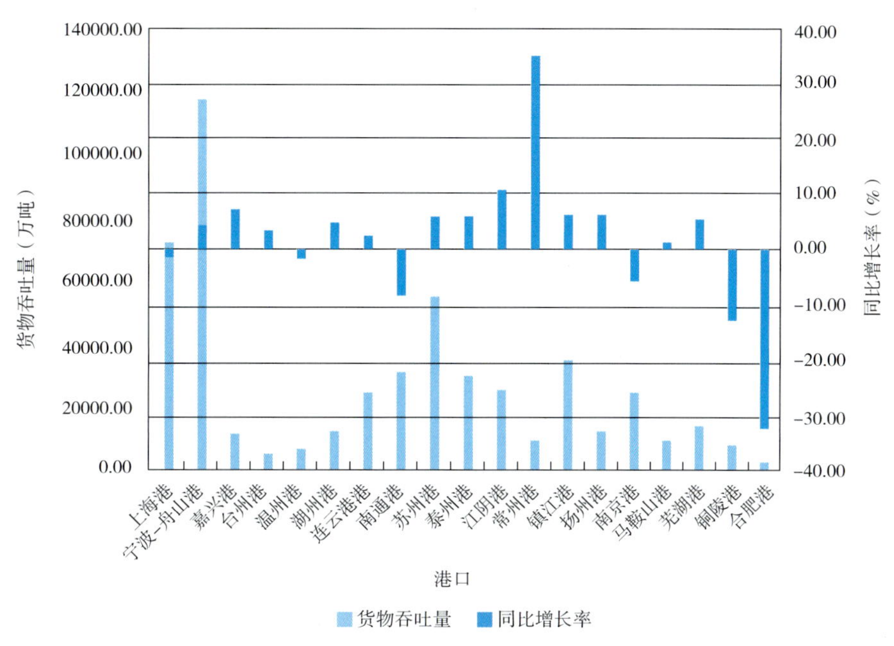

图1　2020年长三角地区港口货物吞吐量及同比增长率

港口外贸货物吞吐量。2020年，长三角地区主要港口完成外贸货物吞吐量15.3亿吨，同比增长3.7%，占全国港口外贸货物吞吐量比重为33.5%。我国疫情防控有力有效，稳步推动复工复产，全球对防疫物资和“宅经济”产品的需求大增，另外，我国也加大了大宗商品和农产品的进口量。3月以来外贸吞吐量呈逐月增加，进入冬天疫情反弹，11、12两个月吞吐量又有所下降。上海港完成外贸货物吞吐量3.9亿吨，同比下降1.8%；浙江省主要港口完成外贸货物吞吐量5.6亿吨，增长5.2%；江苏省主要港口完成外贸货物吞吐量5.6亿吨，增长6.4%；安徽省主要港口完成外贸货物吞吐量1610.0万吨，增长1.7%。各港口互有增降，其中温州港、湖州港增幅比较明显，分别是52.8%、46.5%，温州港同时开辟了印尼和俄罗斯近洋航线，及受市场采购贸易方式和跨界电商的推动，有力推动了温州外贸出口业务量增长；湖州经济转型效果明显，湖州港外贸货物吞吐量增幅连续多年都保持快速增长态势。长三角地区主要港口外贸货物吞吐量及同比增长率情况见图2。

集装箱吞吐量。2020年，长三角地区主要港口完成集装箱吞吐量9766万TEU，同比增长2.1%，占全国集装箱吞吐总量的比重为36.3%。自3月以来，长三角地区港口集装箱的吞吐量呈逐月上升态势，疫情反弹后出现了下降。上海港完成集装箱吞吐量4350万TEU，同比增长0.5%，保持集装箱吞吐量世界第一。浙江省主要港口完成集装箱吞吐量3327万TEU，增长5.1%。江苏省主要港口完成集装箱吞吐量1895万TEU，增长0.4%。安徽省主要港口完成集装箱吞吐量194万TEU，增长7.6%。各港情况见图3。

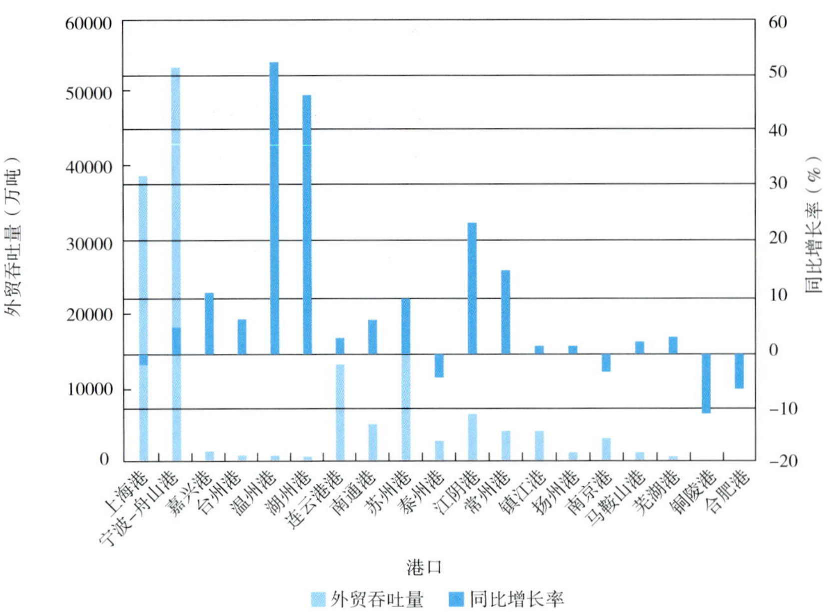

图2　2020年长三角地区港口外贸吞吐量及同比增长率

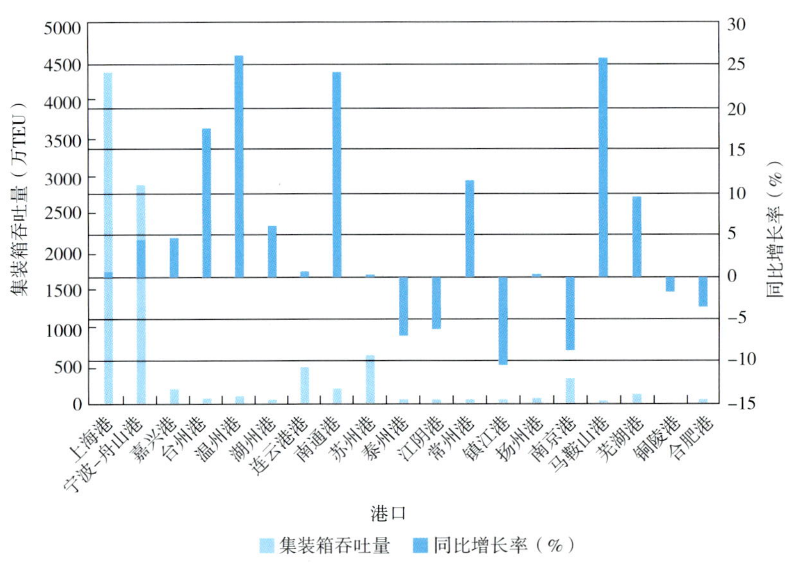

图3　2020年长三角地区港口集装箱吞吐量及同比增长率

三、2021年长三角地区港口经济运行态势展望

虽然疫情防控“外防输入、内防反弹”的压力仍然较大，但我国经济基础雄厚、产业体系完整、市场空间大、科技创新活跃，因此经济长期向好的基本面没有改变。特别是党的坚强领导、显著的社会主义制度优势为经济行稳致远、社会安定提供了根本保证，我国政府日臻成熟的经济治理能力，精准有效的宏观调控政策，也保证了疫情防控和经济社会不断发展。2021年是“十四五”规划的第一年，“十四五”规划的主题就是推动高质量发展，长三角港口群要坚定不移贯彻创新、协调、绿色、开放、共享新发展理念，继续推进

长三角港航一体化、内河航道一体化、投资主体一体化、行政资源一体化、市场一体化、绿色航运协同化、信息资源共享化，借助于长三角一体化发展的有利条件，在努力打造长三角世界级港口群的过程中，整合资源共建面向全球的航运枢纽，提高整体影响力和竞争力，全面建成全球领先的上海国际航运中心。

（上海组合港管委会办公室）

专题9

三峡枢纽通航情况分析

2020年，三峡通航管理部门克服新冠肺炎疫情影响，做好三峡、葛洲坝船闸停航检修延期一年有关工作，三峡河段通航组织顺畅和谐，船闸、升船机运行安全高效，管控措施成效显著，通航信息保障有力，待闸锚地管理有序，三峡坝区通航总体安全、平稳、有序。

一、三峡船闸过闸统计分析

2020年，三峡船闸年通航天数北线345.57天、南线347.01天，高于设计的年通航335天、日运行22小时。日均运行28.29闸次（北线13.97、南线14.32）。货船单次过闸平均吨位18884吨/闸（上行18901、下行18867），大大超出设计的10200吨。过闸船舶平均装载系数0.740（上行0.737、下行0.742），介于《船闸总体设计规范》（JTJ 305—2001）推荐值0.5~0.8之间，没有达到设计值0.9。运量不均衡系数1.267（上行1.369、下行1.236）。全年三峡船闸运行9798闸次、通过船舶39446艘次、货运量1.37亿吨，同比分别下降7.80%、8.79%、6.47%。

（一）过闸船舶吨位分析

2020年，三峡船闸过闸船舶3000吨以上船舶占比达到75.88%，5000吨及以上船舶占比达47.59%。过闸货船平均额定载重吨位数4693吨。三峡船闸过闸船舶额定载重吨位占比见表1。

三峡船闸过闸船舶额定载重吨位比例统计表　　表1

吨位级别	＜1000吨	1000~3000吨	3000~5000吨	≥5000吨	艘次合计
2020年艘次	213	9302	11160	18771	39446
所占比例	0.54%	23.58%	28.29%	47.59%	100.00%
2019年艘次	342	10869	12033	20004	46178
所占比例	0.78%	25.13%	27.83%	46.25%	100.00%

（二）过闸货运量情况分析

2020年没有开展船闸大修，汛期未出现因大流量造成船闸停航度汛的情况，全年船闸及升船机运行保持高效，但受新冠肺炎疫情影响，通过量同比有所下降。2011年以前，三峡船闸年均货运量增长16.57%，2011—2019年平均增速降至4.81%，2020年过闸货运量1.37亿吨，同比下降6.47%，船闸通过能力运用已经接近饱和，无法实现持续高速增长。三峡船闸分月运量见图1。

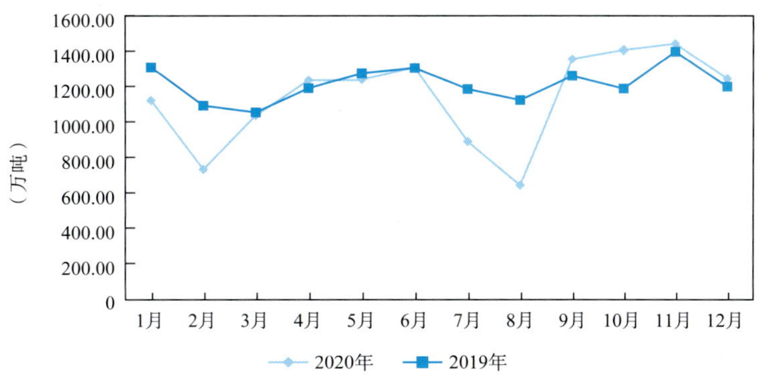

图1　三峡船闸分月货运量

上下行过闸货运量。2020年，三峡船闸上、下行货运量基本相当，上行49.6%，略低于下行，见图2。受新冠肺炎疫情、非法采砂打击力度加大、船舶污染防治要求提高，以及国内外经济形势波动带来的原上行主要过闸货物矿建材料、金属矿石等运量需求下降影响，5~9月上行占比低于下行。

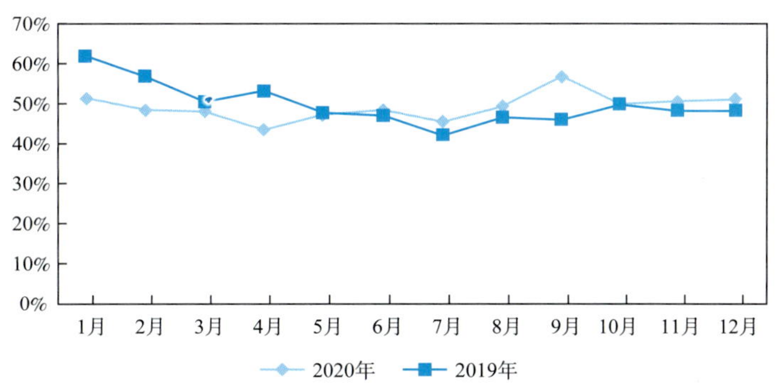

图2　三峡船闸上行货运量比例

过闸货种结构。2020年，三峡船闸主要过闸货物为矿石、矿建材料、集装箱、水泥、钢材、粮棉、煤炭、石油、木材、化肥等，占比分别为29.6%、24.3%、9.4%、7.4%、4.9%、4.5%、4.5%、4.5%、0.9%、0.9%，见表2。矿建材料受房地产市场调控及四川、重庆、湖北等地部分河段禁采砂石影响，以黄沙为主的上行运输量下降明显。铁矿石价格震荡上行带动金属矿石过闸货运量增长。钢铁去产能、汽车产业增速放缓及建筑用钢需求不足，带来钢材过闸货运量有所下降。

三峡船闸过闸主要物资（万吨、万TEU）　表2

货种	上　行		下　行		合　计		
	货运量（万吨）	增长率（%）	货运量（万吨）	增长率（%）	货运量（万吨）	增长率（%）	比例（%）
矿石	2441.14	1.60	1609.62	15.94	4050.76	6.85	29.60
矿建	685.35	-48.80	2641.96	-12.23	3327.31	-23.49	24.31

续上表

货种	上　行		下　行		合　计		
	货运量（万吨）	增长率（%）	货运量（万吨）	增长率（%）	货运量（万吨）	增长率（%）	比例（%）
集装箱	679.68	-3.22	605.09	-14.69	1284.77	-8.99	9.39
水泥	25.44	-20.92	980.46	9.19	1005.90	8.15	7.35
钢材	524.79	7.24	141.91	-17.96	666.70	0.66	4.87
粮棉	608.29	21.25	2446	-96.90	608.54	19.42	4.45
煤炭	453.98	-9.37	154.84	-2.75	608.82	-7.77	4.45
石油	576.74	7.91	32.29	-23.83	609.03	5.58	4.45
木材	117.77	-16.80	1.61	-16.76	119.38	-16.80	0.87
化肥	13.64	17.04	102.90	-37.00	116.54	-33.40	0.85

二、三峡升船机运行情况分析

升船机运行情况。三峡升船机自2016年9月试通航以来，设备设施运行总体平稳，通航管理各环节协调有力，分流部分三峡过坝船舶，较好发挥了快速通道功能，一定程度上提高了三峡枢纽综合通过能力。2017—2020年，三峡升船机实际通航时数分别为5556.62小时、7633.22小时、7390.02小时、4900.20小时，通航率分别为63.43%、87.14%、84.36%、55.79%。截至2020年底，三峡升船机共运行1541个有载闸次，通过船舶1579艘次，通过旅客3.08万人次，通过货物76.09万吨，见表3。

三峡升船机运行数据统计　　表3

年　份	厢　次	通过船舶（艘次）	旅客人数（人）	货运量（万吨）
2016	232	236	2114	2.42
2017	2289	2303	54954	55.00
2018	4257	4293	154153	151.39
2019	2902	2930	147258	114.17
2020	1541	1579	30849	76.09
合计	11221	11341	389328	399.07

通过船舶类型。2020年，通过三峡升船机的船舶类型以普通货船、客船为主，普通货船占比达62.16%，表明升船机除满足符合升船机通行条件的客船、商品车滚装船、集装箱船、公务船等优先过坝需求外，同时也兼顾了部分符合升船机通行条件的普通货船的过坝需求，成为符合技术要求的小型船、轻载（空载）船快速分流通道，见表4。

三峡升船机通过船舶分类情况表（艘）　　表4

年份	客船	货船	商品车运输船	集装箱船	其他	合计
2016	65	104	44	2	21	236
2017	411	1648	120	69	55	2303
2018	781	2839	247	335	91	4293

续上表

年份	客船	货船	商品车运输船	集装箱船	其他	合计
2019	749	1477	320	292	92	2930
2020	247	799	415	13	105	1579
合计	2253	6867	1146	711	364	11341

客运量。2020年，三峡升船机客运量为3.08万人次，同比减少79.1%。客运量减少主要受疫情影响，9月以后疫情防控形势缓和，旅客人次明显增长。三峡升船机分月客运量见图3。

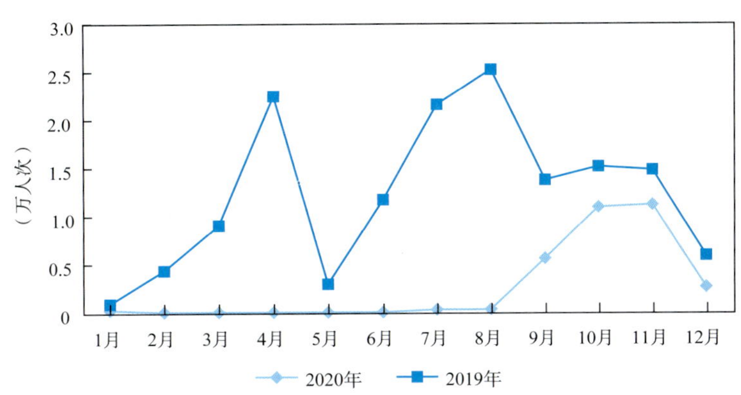

图3　三峡升船机分月客运量

三、通航建筑物运行情况

通航建筑物通航率。2020年未开展两坝船闸停航大修，全年因大雾天气致使船闸停航的总次数与停航总时间较2019年呈现下降态势，汛期没有发生因大流量造成通航建筑物停航的情况。在上述因素影响下，全年船闸停航时间少于2019年，船闸及升船机通航率均超过设计的84.13%。船闸及升船机通航率情况见表5。

船闸及升船机通航率统计表（2020年）　　表5

闸号		停航时间（小时）			年通航率（%）		
		2020年	2019年	同比变幅	2020年	2019年	同比变幅
葛洲坝	一号船闸	991.39	84.08	1079.10%	88.71	99.04	-10.33%
	二号船闸	121.77	81.55	49.32%	98.61	99.07	-0.46%
	三号船闸	62.95	60.38	42.56%	99.28	99.31	-0.03%
三峡	北线船闸	490.36	391.01	25.41%	94.42	95.54	-1.12%
	南线船闸	455.70	305.77	49.03%	94.81	96.51	-1.70%
	升船机	3883.80	1369.98	183.49%	55.79	84.36	-28.57%

通航建筑物面积利用率。三峡船闸和葛洲坝一、二号船闸平均闸室面积利用率维持在70%以上。但受过闸船舶大型化等因素影响，大小船舶搭配过闸的难度进一步增加。除一号闸外，其他闸室面积利用率有所下降。船闸及升船机闸室面积利用率情况见表6。

船闸及升船机闸室面积利用率统计表（2020年） 表6

船闸		2020年（%）	2019年（%）	同比变幅（%）
葛洲坝	一号船闸	70.34	71.67	1.33↓
	二号船闸	72.72	72.34	0.38↑
	三号船闸	66.24	66.27	0.03↓
三峡	北线船闸	73.24	73.24	0
	南线船闸	73.58	74.20	0.62↓
	升船机	62.32	62.65	0.33↓

四、三峡坝区滚装运输情况

2020年，坝上港口滚装专用码头进出滚装船舶1783艘次、作业滚装车61502辆，同比分别下降61.8%、67.1%。

五、三峡坝区船舶待闸情况分析

2020年，三峡河段日均待闸船舶585艘、过坝船舶平均待闸时间110小时，同比分别增长18.18%、32.01%。日最高待闸船舶1171艘次（9月2日），最大待闸时间1403小时。船舶待闸时间变化趋势、船舶日均待闸数量变化趋势分别见图4、图5。

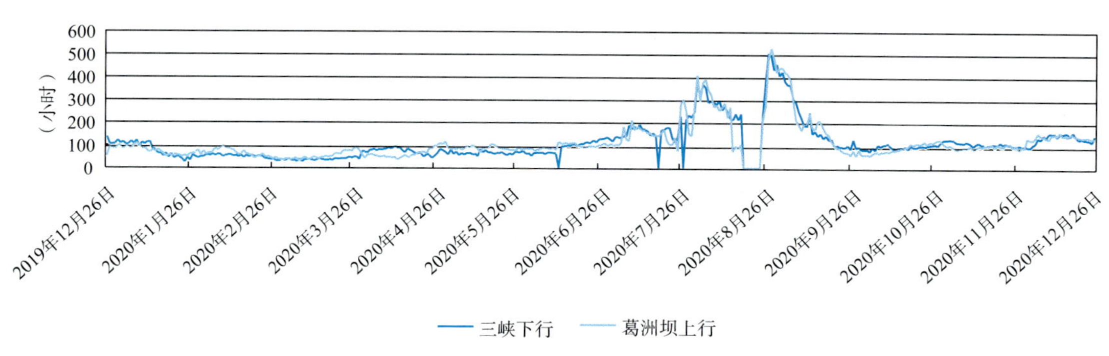

图4 船舶待闸时间变化趋势图

图5 船舶日均待闸数量变化趋势图

六、三峡坝区通航形势展望

总体来看，2021年三峡坝区通航形势将十分严峻，船舶过坝供需矛盾将更加突出，船舶积压待闸呈常态化，船舶待闸时间将进一步延长，通航供给能力已明显不足，通航安全管理与运输组织保障任务日益繁重。一是三峡船闸和葛洲坝船闸计划性停航检修将于2021年3月开展，届时待闸船舶将大幅增多，待闸时间将进一步延迟，预计检修期间上下游待闸船舶将超1600艘。检修期，通航保障工作和待闸船舶管理、调度任务繁重，安全维稳压力巨大。二是两坝船闸通过能力饱和，几乎没有挖潜空间，但过坝需求持续增长，加之受新冠肺炎疫情影响，前期被压制的运输需求将逐步释放，船舶待闸形势将更加严峻，通航组织、船闸运行、锚地管理等面临更大考验。三是三峡河段大风大雾等恶劣天气出现频度和强度依然严峻，两坝间汛期通航水流条件更趋复杂，液货危险品过闸需求进一步增长，大型船舶比例已超过70%，保障通航安全的压力进一步增加。

（长江三峡通航管理局）

专题 10

长江经济带航运中心建设综述

长江经济带布局有上海国际航运中心、武汉长江中游航运中心、重庆长江上游航运中心和南京区域性航运物流中心、舟山江海联运服务中心。2020年，各航运中心深入贯彻落实长江经济带、长三角一体化发展等国家战略，加快基础保障能力建设和航运服务功能拓展，在资源要素集聚、枢纽能级提升、航运服务功能完善、市场环境优化等方面取得了明显成效，上海已实现基本建成世界公认的国际航运中心这一阶段性目标，并以此为新起点，从“基本建成”向“全面建成”加速迈进。

一、建设成效

航运中心顶层设计与功能布局完善。坚持规划先行，加快推进港口功能布局优化，绘好航运中心建设发展蓝图。上海浦东综合交通枢纽专项规划获批，小洋山北作业区规划方案和沈家湾作业区规划调整方案通过部省市联合审查；武汉研究制定推动将武汉建成中部地区枢纽港实施方案、武汉航运中心新型基础设施建设培育发展三年行动方案等，武汉长江中游航运中心发展规划纲要（2019—2035）获国家发改委函复原则同意。重庆印发推动成渝地区双城经济圈建设加强交通基础设施建设行动方案（2020—2022），提出建设通江达海、联动协同的水运网络，着力打造长江上游航运枢纽。南京港总体规划获批，推进南京航运物流中心规划修编，完善区域性航运物流中心配套功能，通州湾新出海口开发建设战略合作框架协议签约。舟山编制航道锚地整合优化方案，小李岙、沙头山、鱼山等作业区规划调整加快推进。航运中心功能布局进一步优化，在综合交通和物流体系中的作用更加凸显。上海港连续11年保持国际集装箱第一大港地位，港口连通度位列全球首位；武汉港集装箱吞吐量保持并扩大在长江中上游领先地位；重庆港保持西部地区最大的集装箱集并港、大宗散货中转港、滚装汽车运输港及长江三峡旅游集散地的重要航运地位；南京区域性航运物流中心等枢纽竞争力显著增强；宁波—舟山港货物吞吐量再创新高，稳居世界第一，舟山江海联运服务中心地位进一步巩固。

航运基础设施建设。各中心加快推进航道、港口等基础设施建设，把疏港通道作为区域航运中心建设的重要环节，加快构建互联互通、多式联运的现代化集疏运体系。上海国际航运中心基本建成，长江口南槽航道治理一期工程整体通过交工验收，投入试运行，长江口在现有12.5米深水主航道的基础上，形成了“北主南辅、相得益彰”的良好态势。武汉积极推动阳逻国际港集装箱铁水联运二期香炉山项目建设，完成取水口搬迁、征地拆迁、水源保护区调整、港区用地出让、香炉山站改造等大量控制性难点问题，完成34项部省市级行政审批事项和688亩项目征收供地，水域、陆域、铁路站场全面进场施工，建成后将成为内陆地区最大的水铁联运枢纽。重庆果园港国家物流枢纽加快建设，忠县新生港一期等一批港口工程基本建成，长江干线朝天门至涪陵段航道整治工程开工，嘉陵江利泽航运枢纽船闸工程进入全面施工阶段。南京持续推进龙潭、西坝、铜井、七坝等公用新港区及配套的疏港公路、铁路及临港物流园区建设，综合交通枢纽初具规模。舟山系统推进港口码头、航道锚地、储罐管网、路陆通道等集疏运设施建设，黄泽山30万吨级油品码头投用，建成澳牛项目配套码头等万吨级泊位 3 个和大浦口集装箱码头3号10万吨级泊位，全年完成江海联运重大项目投资572亿元，港口枢纽承载能力进一步提升。

航运服务辐射能力。各航运中心之间加强协作，强化航线网络布局与完善，构建通江、达海、远洋的高效通道，着力打通国内国际双循环大动脉。上海在供应链节点地位与高端航运服务功能上加速融合，航运“软实力”的提升取得重要突破，全球航运资源配置能力持续增强，《新华—波罗的海国际航运中心发展指数报告（2020）》显示，上海首次跻身国际航运中心前三名。武汉开通阳逻港至经开港、金口港、花山港“水上穿巴”，打通东西港区“最后一公里”，全市“1+3”集装箱港口集群分工合作进入新阶段；开通武汉至徐州、淮安集装箱班轮航线，首次实现长江流域与运河连通，促进长江中上游地区与淮海经济圈互联互通；开通“孝感—东北”铁水联运专列；武汉至日本集装箱江海直航航线实现班轮化运输；推动日本直航航线对接中欧班列，首次在汉实施集装箱国际中转联运，形成东北亚—武汉—西亚、欧洲的国际物流贸易新通道。南京集装箱航线体系逐步完善，2020年新开通至日本的“南京—关西—广岛”近洋航线，月航班达720班，构建了直达日本、韩国主要港口及沿海河北、辽宁、福建、广东等主要港口的集装箱国际国内干线网络；开通至上海洋山的外贸内支线，实现与欧、美、地中海三大国际远洋干线无缝衔接；中转支线深入赣江、淝河、大运河，运行宁镇扬区域集聚龙潭港区“穿梭巴士”；国际货运班列常态化运行，“南京—中亚”班列周双班、“南京—欧洲”班列周班运行，基本形成了东西双向开放、海陆联动统筹的物流网络。

航运高端服务。各中心抓住发展机遇，不断完善高端航运服务产业功能布局，着力发展高端航运服务业，打造航运服务品牌。航运交易服务能力不断提升，武汉航运交易所完成交易额75.9亿元，同比增长4.3%；南京船舶竞拍平台、货运交易平台暨“e航无忧”项目等上线，货运交易平台与省港口集团和省电子口岸平台实现数据对接，完成43批次国资船舶网络竞价，累计交易船舶2193艘，成交额74.2亿元；舟山谋划进口粮食保税交易中心，做大船舶交易业务，全年累计完成船舶交易额52亿元、增长10.7%，船舶拍卖成交额、船舶经纪成交额均创历史新高。航运指数应用实现新突破，上海航运交易所发布上海出口集装箱结算运价指数（SCFIS），武汉新增铁矿石运输综合运价、长江煤炭运输综合运价两项航运指数，发布国内首个长江（内河）航运标准合同。航运金融快速发展，上海船舶险和货运险业务总量全国占比近1/4，成为航运保险国内市场中心，国际市场份额名列前茅。海事法务服务不断拓展，上海海事法院与上海海事局签署合作备忘录，为高端

航运业发展提供针对性司法服务；武汉航交所跻身武汉海事法院第一批特约调解机构。全面推行线上诉讼服务，网上立案、在线审判、智慧执行在疫情防控期间发挥重要作用，上海海事法院近60%的案件网上立案，25%的庭审线上进行。航运信息服务发展迅速，集装箱运价指数成为全球集装箱运输市场风向标，基于“港航大数据实验室”“中国航运数据库”的应用项目相继实施。舟山完成全国首期长江至宁波舟山港江海直达船舶船员培训考试。

航运资源配置与要素集聚。各中心航运产业加速集聚，临港物流园加快发展，供应链物流、跨境电商、冷链、保税物流等物流业态加快发展。武汉推进长江、汉江核心区公务码头优化调整和武汉航运产业总部区建设，巩固“上游全中转、下游全分流”水运集装箱运输组织模式。南京集聚全省14%的水路运输企业和30%的规模以上货运代理企业，下关航运物流服务集聚区引入港航管理机构及企业40余家。舟山新城航运服务集聚区初具规模，引进国际船舶总代、全球船供企业52家，累计超过250家，船用燃料油供应、船舶维修、检验检测、船舶代理、外轮供应、船舶交易、船级社等航运服务功能不断完善。各中心推进运输结构调整，创新物流组织模式，大力推进江海直达、多式联运发展，提升江海物流一体化服务水平。重庆周边地区货物经重庆港中转比重达到45%，水路进出口货物占全市国际物流总量的90%以上。舟山优化江海联运运输体系，与安徽郑蒲港合作开辟豆粕江海直达航线，成功探索粮食、铜精矿“散改集”运输模式，全年完成江海联运量2.6亿吨、增长8.1%，全程物流业务量突破2000万吨，增长30.8%。江海直达运输船队建设取得重大突破，舟山开建4艘1.4万吨“武汉”船型和4艘1186 TEU集装箱船。

功能平台互联融合。围绕提升现代航运服务功能，各地推动功能平台提档升级，打造航运中心服务“新高地”。上海港推出“长江港航区块链综合服务平台”，实现长江船货全链动态跟踪，推动“共舱联盟”沿江港口集并构建全链节协同。武汉新港空港综保区扩大保税加工新业态，湖北省首家木材保税加工项目运营投产、首家粮食保税加工项目开工，进口粮食、聚烯烃、中外运等一批保税物流分拨中心挂牌运营，园区产业链、供应链上下游实现协同发展，全年进出口货值达到22.3亿美元，实现逆势正增长，成为对外开放新平台。武汉航交所试水跨境资产处置业务，成为高端航运服务新平台。舟山依托国际海事服务基地、新城航运服务集聚区建设，深耕“船舶、船东、船员”服务，建成启用首个海事服务岸基基地，条帚门锚地实现浙沪跨港区供油常态化，全年完成保税船用燃料油供应量472万吨、增长15.1%；实现外轮供应货值165亿元、增长9.0%。舟山江海联运公共信息平台2.0版上线运行，实现与南京航运交易中心和易航海、易船代、海易行、长江汇等平台数据互联，应用企业超过3000家。

服务口岸环境优化与扩大开放。推动口岸监管模式和服务方式创新，大力推进通关一体化改革，加大指定口岸申报、建设、运营力度，推动“互联网+航运”发展，加快“智慧港口”“单一窗口”和“大通关”体系建设，推动提升口岸整体服务水平。上海全面落实国家减税降费部署，降低港口使用成本，口岸进口整体通关时间压缩50%以上。武汉电子口岸功能平台持续优化，智能通关服务系统实现全部功能上线，新增保税业务综合分析、转关单核销查询功能，节省人工成本约75%，外贸货物口岸提离时间平均缩短了2~3天。舟山

创新国际航行船舶转港申报数据复用并全国推广，国务院优化营商环境政策吹风会专门介绍“舟山经验”，企业申报耗时由1小时减少到最短5分钟，货物进、出口整体通关时限分别压缩至30小时、2小时以内。创新通关监管服务模式，舟山率先实现国际集装箱跨关区中转业务，推动铁矿检验监管方式优化，全面应用“提前申报”“两步申报”“两段准入”通关模式。航运服务业开放力度加大，上海除涉及国家主权和安全的国内水路运输业务，其他航运业务均已对外开放，洋山特殊综合保税区（一期）通过海关总署等八部委联合验收组验收，成为我国151个海关特殊监管区中唯一的特殊综合保税区；舟山打破口岸开放逐级审批常规，实现重大项目并联办理，黄泽山油品储运等5个项目对外开放启用，浙石化、澳牛、新奥LNG等4个项目获批临时开放。

二、2021年重点工作

结合自身区位条件、资源禀赋和发展现状，对标国际最高标准、最好水平，进一步聚焦功能定位、能力建设、现代服务、对外开放等方面协同，锻长板、补短板，努力打造以上海国际航运中心为核心，以重庆、武汉航运中心为关键支撑，以南京区域性航运物流中心为重要组成，以舟山江海联运服务中心为重要特色，布局合理、分工明确、业务清晰、政策协同的“一盘棋”发展格局，持续提升航运中心的资源配置力、核心竞争力和全球影响力，助力长江经济带高质量发展。

强化航运中心功能协作。强化航运中心顶层设计，有序推进航运中心规划编制、修编及实施工作，健全规划编制和落实机制。以《武汉长江中游航运中心发展规划纲要（2019—2035）》为基础，编制实施《武汉新港（武汉市）发展“十四五”规划》。积极对接交通强国、长江经济带、长三角一体化发展、成渝地区双城经济圈等战略及自贸区建设机遇，进一步明确新形势下航运中心发展方向和发展路径。围绕推进区域协调发展，强化各航运中心之间的联动协作，制定更有竞争力、更富操作性的发展举措。发挥政府引导、扶持作用，研究总结推广上海市推进国际航运中心建设经验，出台相关建设实施办法，推进各方面共同参与航运中心建设。

推动综合枢纽建设。以重大项目建设为抓手，强化港航基础设施和枢纽联运能力建设，打造产业偏好型枢纽港口，支撑长江经济带产业集聚。武汉重点推动阳逻水铁联运二期工程建设，按期实现项目试运行，完成内陆地区首个“智慧港口”阳逻西港区智慧港口首期工程，完成武汉至安庆6米水深航道整治工程和试运行工作，补齐航运中心建设功能性短板。重庆围绕长江上游航运枢纽建设，深化川渝两地水运发展一体化，全力开展长江朝天门至涪陵段4.5米水深航道整治，持续推进嘉陵江利泽、乌江白马、涪江双江等重要支流梯级渠化工程，有序推进主城果园、万州新田、涪陵龙头、江津珞璜等港口建设。南京重点推进龙潭港区六期、七期工程，以及铜井、七坝港区等码头建设，全面建成江海转运主枢纽港；争取启动龙潭公铁水联运区建设，完善铁水联运功能；推进尹公洲航段通航能力提升研究，争取开通和畅洲北汊水道。全面启动航运中心新基建，开展智能船舶系统研究，推进产业化进程。舟山将持续提升港口接收能力，围绕国际一流江海联运枢纽港建

设，进一步完善货物运输系统，建成新奥LNG项目二期，加快金塘大浦口集装箱码头二阶段4号和5号泊位建设，推进中石化LNG、浙能LNG、鼠浪湖西三区等项目前期工作，加快小洋山北作业区规划方案报批。

提升现代航运服务能力。推进航运服务创新，提升航运金融、保险、交易、人才、信息咨询、安全管理等服务能力。发挥航运中心所在地综合比较优势，在海事、航道、港航、物流等现有要素基础上，推动航运服务机构集聚，加快港航企业及管理机构总部或区域总部入驻，南京重点将下关打造成航运要素集聚、服务功能完善的省级航运物流服务集聚区。进一步强化港航数据、物流数据、口岸数据等的交换、整合和共享，加快航运交易流域化发展，以指数定制化服务为基础，实现交易服务流域化发展。武汉力争交易流域化服务网点达到5个，完成交易额78亿元；南京将构建江海联运数据交互中心，研究构建航运物流江海联运指数。武汉将深化“智慧物流”建设方案，适时推动实施1~2个示范性项目。加快近洋直航船队建设，武汉启动2艘日本直航船舶建造，开展2艘韩国直航船舶建造准备工作，探索商品化造船模式，研究定型近海直航、三峡、汉江船型。舟山将持续优化江海联运运输体系，推广应用江海联运公共信息平台，扩大长江沿线物流数据共享交互，大力推进铁矿石、粮食、化工品、LNG等大宗货物多式联运发展，建成运营首支规模化江海直达运输船队，谋划推进江海直达准班轮化运输。

提升服务对外开放能力。深入研究RCEP签约国贸易、流通需求，加强国际国内货运航线统筹，强化运输组织方式创新，以航线网络为载体，做大做强集装箱国际中转业务，优化近洋远洋航线运输布局，促进航运与贸易深度融合发展，打造服务构建新发展格局的创新品牌。积极开拓日本、韩国、东南亚等市场。创新多样化内贸运输新通道，巩固长江中上游—长三角、长江—大运河、中三角等省际航线，开辟武汉至宁波舟山直达航线，延伸武汉城市圈“城际水上穿巴”；拓展长江上游地区水运市场，促进重庆—四川（宜宾、泸州、广元、广安）、重庆—云南（水富）等航线集装箱水运发展。发挥综保区对外开放新优势，拓展电子口岸服务功能，深化“区港联动”模式，大力发展保税加工、保税物流、保税服务和跨境电商，推动国际贸易分拨业务集群化发展。加大口岸监管制度创新，制定通关监管创新任务清单，深化船舶通关一体化改革，推动上下港口岸查验单位间监管协同、信息共享。深化国际海事服务智慧通关2.0版，加快推进浙石化、新奥LNG等重大项目口岸开放，争取六横LNG等项目对外开放纳入国家口岸规划。

（上海航交所、武汉新港管理委员会、江苏省交通运输厅、舟山市港航和口岸管理局、长江航运发展研究中心）

附录篇

附录 1

2020年14省市航运基础数据表

内河航道通航里程及构成

表1

省市	总计（公里）	长江干流				支流及其他水系							等外航道
		一级	二级	三级	四级	一级	二级	三级	四级	五级	六级	七级	
合计	96519.5	1140.1	1283.5	384.1	30	192.7	1192.9	5517.9	8350.7	5157.6	13601	12526.5	47142.5
上海市	1871.1	119.9				139.6		215.5	23.1	93.0	431.5	117.4	731.1
江苏省	24353.8	369.9					514	1538.8	773.5	1015.6	2063.7	2475.1	15603.2
浙江省	9765.7					14.4	12.0	416.9	1187.0	455.6	1542.9	1401.2	4735.7
安徽省	5784.6	342.8						614.8	851.5	459.1	2224.3	707.0	585.1
江西省	5638.0	78.0					175.0	206.0	87.0	237.0	406.0	1160.0	3289.0
山东省	1415.0					38.7	8.0	378.7	26.0	74.4	477.9	364.8	46.5
河南省	1725.0								583.0	299.0	460.0	278.0	105.0
湖北省	8676.9	229.5	688.1					1052.5	289.7	811.2	1787.9	1211.0	2607.0
湖南省	11967.7		80.4				454.4	604.0	274.0	67.0	1549.2	1190.2	7748.5
重庆市	4467.8		515.0	159.8			29.5	402.0	171.5	189.0	126.2	350.5	2524.3
四川省	10540.0			224.3				74.7	1233.0	535.0	415.0	1738.0	6320.0
贵州省	3957.8								988.2	547.4	790.0	395.7	1236.5
云南省	5138.5				30.0			14.0	1711.3	364.9	1178.0	889.6	950.7
陕西省	1217.6								151.9	9.4	148.4	248.0	659.9

注：上海市支流一级航道包括黄浦江53.6公里及长江口12.5米深水航道南槽5.5米航道86公里；安徽省支流三级航道包括长江干线支汊航道87.5公里。

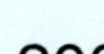

港口生产用码头泊位和能力基本情况

表2

省　市	泊位长度（米）	泊位个数（个）	泊位设计年通过能力					
			散装件杂货物	集装箱		旅客	滚装汽车	
			（万吨）	（万TEU）	（万吨）	（万人）	（万标辆）	（万吨）
总计	1368669	17554	635517	9222.7	76623	41024	1855	20639
沿海合计	370376	2437	242638	6286.7	52303	14444	1429.3	14842
上海市	75817	560	31557	2627	21629	3482	540	5330
江苏省	30375	159	25048	284.7	2251	0	23	46
浙江省	142117	1105	104036	1872	15159	7030	419	3606
山东省	122067	613	81997	1503	13264	3932	447.3	5860
内河合计	998293	15117	392879	2936	24320	26580	425.7	5797
上海市	38645	814	10782			18		
江苏省	451232	5541	191330	1186	9597	13	79.7	797
浙江省	120443	2470	39163	139	1591	2174		
安徽省	69003	831	53648	137	625	727	14	140
江西省	33177	628	17554	129	1397	1085		
山东省	15610	213	7937					
河南省	3213	71	187			30		
湖北省	80939	828	37250	502	4115	2612	136	2117
湖南省	31224	650	9401	88	740	1938	10	120
重庆市	59411	610	15265	505	3855	5304	135	2085
四川省	49332	1548	5667	250	2400	4977	30	38
贵州省	24379	441	3303			4261	21	500
云南省	10558	214	1033			2923		
陕西省	11127	258	359			518		

水路交通固定资产投资完成情况

表3

省市	内河建设（万元）	同比增速（%）	沿海建设（万元）	同比增速（%）	其他建设（万元）	同比增速（%）
合计	6487820	14.1	2590050	–0.1	914517	–63.5
上海市	317373	18.9	0	0	3875	–97.0
江苏省	1001647	18.2	605464	14.3	44043	17.5
浙江省	824899	–2.2	1211786	–1.5	52961	14.2
安徽省	1107620	3.1	0		6785	951.9
江西省	607101	27.9	0		13002	635.4
山东省	649952	187.7	772800	–7.1	3927	–98.8
河南省	160955	24.4	0	0	238818	–3.3
湖北省	780500	0.1	0	0	64464	–84.3
湖南省	178419	13.5	0	0	54876	–81.4
重庆市	280168	10.6	0	0	1888	–88.6
四川省	370874	–18.5	0	0	167484	–62.2
贵州省	87767	10.2	0	0	238728	–23.7
云南省	119567	19.6	0	0	15030	135.1
陕西省	978	940.4	0	0	8636	–96.4

资源来源：交通运输部2020年公路水路交通固定资产投资完成情况统计。

内河航道维护里程表

表4

省市	维护里程（公里）			
	合计	一类维护	二类维护	三类维护
合计	73839.15	10789.73	15014.6	48037.82
上海市	1671.0	556.5	661.0	453.5
江苏省	23984.5	4922.5	3161.5	15900.5
浙江省	9690.1	1683.9	1982.3	6023.9
安徽省	3821.9	553.7	2922.2	346.0
江西省	5560.0	494.0	537.0	4529.0
山东省	1555.85	420.23	477	658.62
河南省	615.0		89.0	526.0
湖北省	2645.7	658.9	615.2	1371.6
湖南省	9122.0	1304.0		7821.0
重庆市	3649.4	196.0	607.4	2846.0
四川省	4661.3		3131.2	1530.1
贵州省	1123.0		751.8	371.2
云南省	5138.5		79.0	5059.5
陕西省	600.9			600.9

注：贵州省为长江水系乌江、赤水河航道维护里程。

水上运输船舶拥有量

表5

省市	船舶数（艘）	其中		载客量（客位）	净载重量（吨位）	标准箱位（TEU）	总功率（千瓦）
		机动船	驳船				
总计	105349	96784	8565	541997	203001195	2243513	56315483
其中内河	98020	89480	8540	439928	117597594	323930	28597062
沿海	6567	6542	25	92438	49634676	648385	14655162
远洋	762	762	0	9631	35768925	1271198	13063259
上海市	1567	1556	11	36319	31004813	1749075	15568387
江苏省	29122	26473	2649	41038	37065203	140904	9301341
浙江省	13479	13479	0	90138	31264297	66519	7518307
安徽省	24539	23757	782	13905	51426530	138293	10865335
江西省	2273	2271	2	13893	3476468	5810	1032742
山东省	10268	6714	3554	74732	16813618	10551	3632210
河南省	5111	4797	314	15310	10404553	0	2189117
湖北省	3321	3227	94	36219	7413337	3272	1855264
湖南省	4551	4312	239	62091	4359313	9704	1415520
重庆市	2592	2555	37	36014	8076528	115221	1984976
四川省	4718	4024	694	43170	1349890	4122	535746
贵州省	1255	1253	2	31390	115223	0	118700
云南省	1236	1232	4	28813	190233	42	140080
陕西省	1317	1134	183	18965	41189	0	58611

注：贵州省、陕西省为长江水系部分，下同。

客运船舶运力情况

表6

省市	合计		其中					
			内河		沿海		远洋	
	船舶数（艘）	载客量（客位）	船舶数（艘）	载客量（客位）	船舶数（艘）	载客量（客位）	船舶数（艘）	载客量（客位）
合计	10612	539151	9996	437082	605	92438	11	9631
上海市	113	36319	112	35974			1	345
江苏省	383	41038	381	40938	2	100		
浙江省	1277	90138	1115	47820	162	42318		
安徽省	330	13905	330	13905				
江西省	254	13893	254	13893				
山东省	1139	74732	688	15426	441	50020	10	9286
河南省	514	15310	514	15310				
湖北省	308	36219	308	36219				
湖南省	1660	60167	1660	60167				
重庆市	385	36014	385	36014				
四川省	1481	43170	1481	43170				
贵州省	897	31390	897	31390				
云南省	1043	28813	1043	28813				
陕西省	828	18043	828	18043				

货运船舶运力情况

表7

省市	合计		其中					
	船舶数（艘）	净载重吨（吨）	内河		沿海		远洋	
			船舶数（艘）	净载重量（吨）	船舶数（艘）	净载重量（吨）	船舶数（艘）	净载重吨（吨）
合计	93089	202778078	86566	117544742	5771	49507772	745	35668015
上海市	1406	31001572	476	283990	353	5506784	577	25210798
江苏省	28056	37065203	26617	22369556	1330	9956109	109	4711682
浙江省	12150	31254274	9287	5184909	2849	25490563	14	578802
安徽省	24097	51413640	23459	47218631	638	4195009		
江西省	2015	3470364	1954	3149516	61	320848		
山东省	8654	16648956	8253	9040696	351	2533427	43	5021733
河南省	4585	10401787	4585	10401787				
湖北省	2962	7412813	2785	6104031	177	1308782		
湖南省	2887	4359313	2875	4041470	10	172843	2	145000
重庆市	2182	8076366	2180	8076366	2	23407		
四川省	3065	1349890	3065	1349890				
贵州省	356	108898	356	108898				
云南省	190	179712	190	179712				
陕西省	484	35290	484	35290				

集装箱运输船舶运力情况

表8

省市	合计				其中：内河			
	船舶数（艘）	标准箱位（TEU）	净载重量（吨）	总功率（千瓦）	船舶数（艘）	标准箱位（TEU）	净载重量（吨）	总功率（千瓦）
合计	1311	2026089	20536488	1619976	825	133591	2422746	584515
上海市	336	1748825	15895201	223960	63	5441	43402	27464
江苏省	187	48814	787376	239137	138	19153	355960	88829
浙江省	202	58494	913564	391313	158	7018	194334	41511
安徽省	437	129094	2280368	593645	337	70127	1300929	302791
江西省	7	1837	28430	8816	4	738	12611	3498
山东省	9	3747	56745	24561				
湖北省	11	3272	50265	13710	8	2223	35666	8472
湖南省	23	6698	95849	24576	18	3583	51154	11692
重庆市	76	22762	369736	82734	76	22762	369736	82734
四川省	20	2504	57373	13760	20	2504	57373	13760
云南省	3	42	1581	3764	3	42	1581	3764

水路旅客运输量

表9

省市	客运量			旅客周转量		
	全年（万人）	为上年同期（%）	其中：内河	全年（万人公里）	为上年同期（%）	其中：内河
全国	14987	55.0		329856	41.1	
14省市合计	10710	57.1	7372	217510	41.0	138852
上海市	322	73.0	322	5583	72.6	5557
江苏省	1562	75.0	1560	12947	35.3	11385
浙江省	3360	70.2	709	45264	65.1	7008
安徽省	111	50.0	111	1519	50.0	1519
江西省	113	57.1	113	1768	64.3	1768
山东省	825	41.0	140	39535	27.5	721
河南省	172	56.0	172	3417	52.1	3417
湖北省	233	36.9	233	10075	21.2	10075
湖南省	840	51.2	840	18860	54.6	18860
重庆市	523	69.2	523	21432	37.4	21432
四川省	954	49.4	954	10414	57.2	10414
贵州省	1017	44.1	1017	36482	48.6	36482
云南省	505	44.0	505	7436	32.4	7436
陕西省	173	60.7	173	2778	55.6	2778

水路货运量

表10

省市	货运量			货物周转量		
	全年（万吨）	为上年同期（%）	其中：内河	全年（万吨公里）	为上年同期（%）	其中：内河
全国	761630	101.9		1058344426	101.8	
14省市合计	548345	103.9	311768	642101488	104.0	142366647
上海市	92590	131.7	4683	320916649	108.9	2564458
江苏省	93467	103.1	61611	70385794	110.3	20796929
浙江省	106194	99.4	23133	98831407	98.1	3618307
安徽省	123239	98.6	112602	60957622	97.9	51715147
江西省	10697	103.5	10200	2663991	104.3	2113641
山东省	18208	102.5	3794	19901398	105.0	1530042
河南省	15150	87.9	15150	11011150	90.8	11011150
湖北省	40713	104.1	32624	27399407	93.7	20017535
湖南省	19844	98.8	19728	3952832	93.8	3369610
重庆市	19819	94.0	19819	22710380	92.6	22710380
四川省	6527	94.6	6527	2917551	95.5	2917551
贵州省	1231	73.5	1231	375280	83.0	1231
云南省	519	74.6	519	71810	41.2	519
陕西省	147	74.6	147	6217	106.2	147

港口货物吞吐量

表11

省市	总计		沿海港口		内河港口	
	全年（万吨）	与去年同期（%）	全年（万吨）	与去年同期（%）	全年（万吨）	与去年同期（%）
合计	870810	104	407880	97	462930	105
上海市	71104	99	65105	102	5999	113
江苏省	296553	105	32447	97	264106	105
浙江省	185456	106	141447	96	44009	111
安徽省	54095	97			54095	97
江西省	18755	117			18755	117
山东省	174606	105	168881	95	5725	97
河南省	382	221			382	221
湖北省	37976	124			37976	124
湖南省	13580	89			13580	89
重庆市	16498	96			16498	96
四川省	1360	71			1360	71
贵州省	23	85			23	85
云南省	422	63			422	63

港口外贸货物吞吐量

表12

省市	总计		沿海港口		内河港口	
	全年（万吨）	与去年同期（%）	全年（万吨）	与去年同期（%）	全年（万吨）	与去年同期（%）
合计	249388	104	203547	103	45841	107
上海市	38864	98	38864	98		
江苏省	55826	106	15217	102	40609	108
浙江省	56476	105	56219	105	257	145
安徽省	1610	101			1610	101
江西省	379	98			379	98
山东省	93247	105	93247	105		
湖北省	1832	93			1832	93
湖南省	515	101			515	101
重庆市	528	93			528	93
四川省	108	137			108	137
云南省	3				3	

港口集装箱吞吐量

表13

省市	总　计		沿海港口		内河港口	
	全年（万TEU）	与去年同期（%）	全年（万TEU）	与去年同期（%）	全年（万TEU）	与去年同期（%）
合计	13470	103	11267	103	2203	102
上海市	4350	100	4350	100		
江苏省	1895	101	507	100	1388	101
浙江省	3327	105	3219	105	108	114
安徽省	194	108			194	108
江西省	75	106			75	106
山东省	3191	106	3191	106		
湖北省	229	110			229	110
湖南省	67	97			67	97
重庆市	115	92			115	92
四川省	27	61			27	61

港口分航线集装箱吞吐量

表14

省市	箱数（万TEU）		国际航线（万TEU）		内支线（万TEU）		国内航线（万TEU）	
	合计	重箱	合计	重箱	合计	重箱	合计	重箱
总计	13470	8751	7365	5135	1783	1282	4362	2371
上海市	4350	3220	3074	2336	565	430	712	454
江苏省	1895	1146	355	143	495	372	1045	631
浙江省	3327	2041	2306	1478	270	200	751	363
山东省	3191	1883	1593	1141	140	82	1458	660
安徽省	194	116			70	40	125	76
江西省	75	54			30	20	46	34
湖北省	229	138			119	70	110	68
湖南省	67	48	37	37	45	29	22	19
重庆市	115	85			43	34	72	51
四川省	27	20			6	5	21	15

内河港口分货类吞吐量

表15

省市	内河港口吞吐量（万吨）	主要货类						
		煤炭及制品（万吨）	石油、天然气及制品（万吨）	金属矿石（万吨）	矿建材料（万吨）	钢铁（万吨）	粮食（万吨）	滚装汽车（万辆）
合计	462930	90981	13525	86822	151115	27060	10414	201
上海市	5999	5	36	34	4670	226	107	0
江苏省	264106	61674	9333	64595	77256	15506	7874	29
浙江省	44009	2769	514	6	23648	4004	216	0
安徽省	54095	8118	453	6485	19182	2413	386	14
江西省	18755	4622	368	1429	5323	884	242	0
山东省	5725	4321	23	29	1168	55	2	0
河南省	382	707	0	159	1307	44	262	0
湖北省	37976	3154	822	6979	12918	2154	445	91
湖南省	13580	3499	941	5237	591	977	244	19
重庆市	16498	1918	965	1722	4665	789	566	48
四川省	1360	160	70	104	343	7	70	0
贵州省	23	23	0	0	0	0	0	0
云南省	422	11	0	43	44	1	0	0

沿海港口货物吞吐量（分港口）

表16

港口	货物吞吐量		其中：外贸货物吞吐量		集装箱吞吐量	
	全年（万吨）	比上年增长（%）	全年（万吨）	比上年增长（%）	全年（万TEU）	比上年增长（%）
上海港（不含内河）	65105	-1.9	38864	-2.0	4350	0.4
连云港港	24182	3.1	13243	2.6	480	0.5
盐城港	8265	1.8	1974	-1.0	26	-0.1
嘉兴港	11715	7.3	1483	10.9	196	4.8
宁波舟山港	117240	4.7	53679	4.7	2872	4.3
宁波港域	60098	2.9	35697	1.3	2705	3.4
舟山港域	57142	6.6	17982	12.2	167	22.2
台州港	5091	3.9	562	6.0	50	17.5
温州港	7401	-1.8	494	51.4	101	26.0
滨州港	3665	4.5	3			
东营港	6022	6.1	648	18.2		
潍坊港	5324	-1.6	631	70.0	52	14.8
烟台港	39935	3.4	14414	1.7	330	6.4
威海港	3863	3.6	1185	-11.1	122	19.0
青岛港	60459	4.7	44458	5.9	2201	4.7
日照港	49615	7.0	31909	5.1	486	8.0

长江干线港口货物吞吐量（分港口）

表17

港口	货物吞吐量		其中：外贸货物吞吐量		集装箱吞吐量	
	万吨	比上年增长（%）	万吨	比上年增长（%）	万TEU	比上年增长（%）
苏州港	55408	6.0	16033	9.4	629	0.3
镇江港	35064	6.5	4355	1.3	37	-10.3
南通港	31014	-7.8	5300	5.9	191	24.0
泰州港	30111	6.6	2655	-4.5	33	-7.1
南京港	25112	-2.2	3209	-3.1	302	-8.6
江阴港	24705	10.3	6388	22.4	51	-6.2
重庆港	16498	-3.7	528	-6.8	115	-8.3
芜湖港	13537	5.9	327	2.6	110	9.6
九江港	12047	6.1	378	6.8	61	17.2
武汉港	10539	15.0	1045	-14.7	196	15.2
马鞍山港	10226	1.3	1114	2.3	19	25.6
池州港	10139	4.0	35	-28.8	2	-6.1
扬州港	9759	3.0	1034	-0.5	52	1.6
岳阳港	8748	-19.1	420	2.7	51	0.4
铜陵港	8430	-12.4	31	-11.0	3	0.2
宜昌港	8119	1.9	60	-18.9	13	-28.3
常州港	5442	1.7	1383	15.3	35	9.6
黄石港	4713	4.5	689	9.7	6	-21.1
荆州港	3556	3.0	38	-14.0	12	5.4
安庆港	2066	-17.7	49	2.9	17	9.9
泸州港	694	-27.1	89	62.4	16	-27.3
宜宾港	521	-42.7	20	-19.9	12	-46.9
昭通港	419	-37.3				

注：数据来源于交通运输部网站。

内河重点港口吞吐量（分港口）

表18

省市	港口	货物吞吐量		集装箱吞吐量	
		万吨	比上年增长（%）	万TEU	比上年增长（%）
上海市	上海内河港	5999	12.6		
江苏省	徐州港	4391	9.5	6	59.6
	无锡港	6895	8.5	5	9.2
	宿迁港	2050	35.7	12	25.6
	淮安港	7152	-8.4	26	6.1
	扬州内河港	373	-37.6		
	镇江内河港	964	-12.0		
	苏州内河港	11514	17.9	8	70.9
	常州内河港	4704	109.4		

续上表

省市	港口	货物吞吐量		集装箱吞吐量	
		万吨	比上年增长（%）	万TEU	比上年增长（%）
浙江省	杭州港	15414	11.0	10	33.0
	嘉兴内河港	13111	14.7	31	13.6
	湖州港	12215	5.1	56	5.9
	宁波内河港	216	84.0		
	绍兴港	2437	7.6	10	40.0
	金华港	86	20.4		
	青田港	236	–0.8		
安徽省	阜阳港	398	–43.5		
	合肥港	3611	–31.8	37	–4.0
	六安港	297	10.4		
	滁州港	1394	–3.7	1	450.0
	淮南港	992	19.2		
	蚌埠港	1731	6.5	5	19.8
	亳州港	50	–48.6		
江西省	南昌港	4866	27.2	14	–25.8
山东省	济宁港	4180	–10.5		
	枣庄港	1234	5.7		
湖北省	襄阳港	7	–42.4		
	潜江港	105	88.7		
	汉川港	7	–88.8		
湖南省	长沙港	1350	6.9	15	–12.3
	湘潭港	1977	114.8		
	株洲港	109	43.9		
	沅陵港	3	–67.0		
	常德港	109	–6.7	2	–9.0
四川省	乐山港	27	–36.1		

附录2

长江干线（宜宾至长江口）航道维护尺度标准表

<table>
<tr><th colspan="2">起止区段及里程</th><th>航道尺度
（深×宽×弯曲半径，单位：m）</th><th>航道维护水深年保证率</th></tr>
<tr><td colspan="2">宜宾合江门—重庆羊角滩（长江上游航道里程1044.0公里—660.0公里，384公里）</td><td>2.9×50×560</td><td rowspan="13">≥98%</td></tr>
<tr><td colspan="2">重庆羊角滩—涪陵李渡长江大桥（长江上游航道里程660.0公里—547.6公里，112.4公里）</td><td>3.5×100×800</td></tr>
<tr><td colspan="2">涪陵李渡长江大桥—宜昌中水门（长江上游航道里程547.6公里—3.5公里，544.1公里）</td><td>4.5×150×1000</td></tr>
<tr><td rowspan="4">其中</td><td>三峡船闸航道</td><td>4.5×180×1000</td></tr>
<tr><td>三峡升船机航道</td><td>3.5×80×600</td></tr>
<tr><td>葛洲坝三江航道</td><td>4.0×110×1000</td></tr>
<tr><td>葛洲坝大江航道</td><td>4.5×140×1000</td></tr>
<tr><td colspan="2">宜昌中水门—宜昌下临江坪（长江上游航道里程3.5公里—长江中游航道里程615.0公里，14.5公里）</td><td>4.5×100×750</td></tr>
<tr><td colspan="2">宜昌下临江坪—枝江昌门溪（长江中游航道里程615.0公里—543.0公里，72公里）</td><td>3.5×100×750</td></tr>
<tr><td colspan="2">枝江昌门溪—荆州港四码头（长江中游航道里程543.0公里—478.0公里，65公里）</td><td>3.5×150×1000</td></tr>
<tr><td colspan="2">荆州港四码头—岳阳城陵矶（长江中游航道里程478.0—230.0公里，248公里）</td><td>3.8×150×1000</td></tr>
<tr><td colspan="2">岳阳城陵矶—武汉长江大桥（长江中游航道里程230.0公里—2.5公里，227.5公里）</td><td>4.2×150×1000</td></tr>
<tr><td colspan="2" rowspan="2">武汉长江大桥—黄石上巢湖（长江中游航道里程2.5公里—长江下游航道里程844.0公里，201.7公里）</td><td>4.5×200×1050</td></tr>
<tr><td>5.0×200×1050</td><td>试运行，不计保证率</td></tr>
<tr><td colspan="2">黄石上巢湖—安庆吉阳矶（下游航道里程844.0公里—669.0公里，175公里）</td><td>5.0×200×1050</td><td>≥98%</td></tr>
</table>

续上表

<table>
<tr><th colspan="3">起止区段及里程</th><th>航道尺度
（深×宽×弯曲半径，单位：m）</th><th>航道维护水深年保证率</th></tr>
<tr><td colspan="3">安庆吉阳矶—芜湖高安圩（长江下游航道里程669.0公里—475.0公里，194公里）</td><td>6.0×200×1050</td><td>≥98%</td></tr>
<tr><td rowspan="3">其中</td><td rowspan="2">安庆南水道</td><td>黄湓闸以上</td><td>2.5×100×1050</td><td rowspan="2">试运行，不计保证率</td></tr>
<tr><td>黄湓闸以下</td><td>4.5×100×1050</td></tr>
<tr><td colspan="2">成德洲东港（铜陵东港）</td><td>4.5×150×1050</td><td>≥98%</td></tr>
<tr><td colspan="3">芜湖高安圩—芜湖长江大桥（长江下游航道里程475.0公里—438.0公里，37公里）</td><td>7.5×500×1050</td><td>≥98%</td></tr>
<tr><td colspan="3">芜湖长江大桥—南京燕子矶（长江下游航道里程438.0公里—337.0公里，101公里）</td><td>9.0×500×1050</td><td>≥98%</td></tr>
<tr><td rowspan="4">其中</td><td colspan="2">裕溪口水道</td><td>3.0×100×1050</td><td>试运行，不计保证率</td></tr>
<tr><td rowspan="2">太平府水道</td><td>姑溪河口以上</td><td>3.0×100×1050</td><td rowspan="3">≥95%</td></tr>
<tr><td>姑溪河口以下</td><td>3.5×150×1050</td></tr>
<tr><td colspan="2">乌江水道</td><td>4.5×200×1050</td></tr>
<tr><td colspan="3">南京燕子矶—南京新生圩（长江下游航道里程337.0公里—331.4公里，5.6公里）</td><td>10.5×500×1050</td><td>≥98%</td></tr>
<tr><td>其中</td><td colspan="2">宝塔水道</td><td>4.5×100×1050</td><td rowspan="2">≥95%</td></tr>
<tr><td colspan="3">南京新生圩—江阴长江大桥（长江下游航道里程331.4公里—153.6公里，177.8公里）</td><td>12.5×500×1050</td></tr>
<tr><td rowspan="2">其中</td><td colspan="2">仪征捷水道</td><td>4.5×150×1050</td><td rowspan="2">≥95%</td></tr>
<tr><td colspan="2">太平州捷水道</td><td>3.5×100</td></tr>
<tr><td colspan="3">江阴长江大桥—南通天生港（长江下游航道里程153.6公里—104.4公里，49.2公里）</td><td>12.5×500×1050
（理论最低潮面下）</td><td>≥95%</td></tr>
<tr><td>其中</td><td colspan="2">福姜沙南水道</td><td>10.5×200×1050</td><td rowspan="2">≥95%</td></tr>
<tr><td colspan="3">南通天生港—太仓浏河口（长江下游航道里程104.4公里—25.4公里，79公里）</td><td>12.5×500×1500
（理论最低潮面下）</td></tr>
</table>

续上表

<table>
<tr><th colspan="3">起止区段及里程</th><th>航道尺度（深×宽×弯曲半径，单位：m）</th><th>航道维护水深年保证率</th></tr>
<tr><td rowspan="7">其中</td><td colspan="2">白茆沙北水道</td><td>4.5×150×1050</td><td>≥95%</td></tr>
<tr><td rowspan="6">北支水道</td><td>北支口—灵甸港</td><td>维护自然水深</td><td rowspan="6">试运行，不计保证率</td></tr>
<tr><td>灵甸港—启东引水闸</td><td>2.5×100</td></tr>
<tr><td>启东引水闸—三条港</td><td>3.0×100</td></tr>
<tr><td>三条港—五仓港</td><td>4.0×100</td></tr>
<tr><td>五仓港—戤效港</td><td>5.0×100</td></tr>
<tr><td>戤效港—连兴港</td><td>6.0×100</td></tr>
<tr><td colspan="3">太仓浏河口—长江口（长江下游航道里程25.4公里—长江口灯船，125.2公里）</td><td>12.5×（350～460）×（W1：1500、W2：3000、W3：6500、W4：4500、Y3：2000）（理论最低潮面下）</td><td>≥95%</td></tr>
<tr><td>其中</td><td colspan="2">长江口南槽航道</td><td>5.5×250</td><td>≥90%</td></tr>
</table>

注：（1）枝江昌门溪—荆州四码头，条件受限河段航宽不小于100米；安庆吉阳矶—芜湖高安圩，条件受限河段航宽不小于150米；芜湖高安圩—太仓荡茜闸，条件受限河段航宽不小于200米；南京新生圩—南通天生港，优良河段通航宽度为500米，受限河段单向航道通航宽度为230~260米，双向航道为350~500米，其中福姜沙中水道最小航宽260米；福姜沙北水道最小航宽260米；鳗鱼沙河段左、右汊最小航宽230米；落成洲左汊最小航宽350米（其中92号～94号红、黑浮航段最小航宽450米）；和畅洲右汊最小航宽250米；世业洲右汊最小航宽为500米。

（2）2018年5月8日零时起，长江南京以下12.5米深水航道二期工程（南京新生圩—南通天生港段）开通试运行，维护主体为长江南京以下深水航道建设工程指挥部；长江南京以下12.5米深水航道二期工程竣工交付后，维护主体为长江航道局。

（3）江阴以下为理论最低潮面下水深。

附录3

2020年长江航运大事记

一月

1日　2020年长江航务管理工作会议在武汉召开。总结了新中国成立70年来长江航运所取得的成绩和长航局2019年主要工作完成情况，对长航局推进交通强国建设长江航运发展的目标、着力点和主要任务进行了明确阐述。

9—11日　交通运输部党组书记杨传堂先后到安徽省蚌埠市、合肥市、六安市、安庆市，就春运服务保障、交通扶贫、长江经济带交通绿色发展等工作开展调研和座谈。

10日　长江航道局和上海交通大学、中交天津航道局有限公司等单位联合开展的《海上大型绞吸疏浚装备的自主研发与产业化》项目荣获2019年度国家科技进步特等奖。

15日　长江海事局宜宾海事局翠屏海事处获交通运输部2019年十大“最美搜救人”殊荣。

16日　长江上首艘通过CCS系统认证的18米级纯电动推进航道维护快艇——“长江航道电001”船正式装备长江航道。

17日　长航局新冠肺炎疫情预防应对领导小组成立，组织指导做好疫情防控工作。

23日　为全力做好新冠肺炎疫情防控工作，有效切断病毒传播途径，武汉市采取全面“封城”措施。武汉地处长江黄金水道与京广铁路大动脉的十字交汇点，是中国内陆最大的水陆空交通枢纽，长航局迅速落实疫情防控工作要求，及时启动战时机制，全面进入战时状态。

二月

1日　《内河过闸船舶标准船型主尺度系列》（GB38030）正式实施。

13日　重庆航运交易所在国内率先采取“线上预约审核、线下办结邮寄”进行船舶交易鉴证的方式。

25日　交通运输部发布《长江三峡——葛洲坝水利枢纽两坝间航道汛期通航流量标准》，自4月1日起施行。

三月

5日　长江三峡通航管理局牵头承担的“三峡—葛洲坝梯级通航运行关键技术与应用”荣获2019年度中国航海学会科学技术奖特等奖，该研究团队同时获得科技创新团队奖。

20日　国家统计局批复同意交通运输部执行《长江航运价格统计调查制度》，明确由长航局负责组织实施长江航运价格统计调查，并编制发布运价指数。

31日　张家港海事局创新应用无人机挂载尾气检测装置对船舶尾气开展检测，实现了长江江苏段船舶大气污染防治的海事监管新途径。

四月

1日　泰州海事局执法艇“海巡06515”正式安装船舶尾气移动遥感监测系统。这是该系统在全国范围内首次正式应用。

7日　经国务院批准，《长江干线过江通道布局规划（2020—2035年）》正式印发，到2035年，长江干线将建成过江通道240座左右。

8日　武汉“重启”，湖北全面“解封”。在疫情防控阻击战中，长江航运严格落实交通运输部“一断三不断”、水运“四优先”的工作要求，至4月8日，保证了4.9万余艘重点物资船舶，近1.3亿吨货物运输保障服务，全力保障煤炭、矿石等重要物资供应，大米、冻肉等民生物资供应。

9日　长航局53个在建项目全部复工，包括航道整治类8项，支持保障类27项，船舶建造类18项。

13日　重庆冠泰船务有限公司与重庆水上污染物接收单位签订了“船舶污染物接收转运委托服务合同”，标志着长江上游首家实现船舶所有污染物“零排放全接收”的航运公司正式运行。

25日　湖南岳阳城陵矶港环保提质改造项目主体工程——巨型“胶囊”型全封闭散货仓库投产，仓库长470米、宽110米，高46.5米，总面积5.1万平方米，是湖南省同类型单跨跨径最大、最高的网架结构散货料仓，也是长江流域首个巨型“胶囊”形散货仓库，单跨跨度居全国第二。

五月

6日　长江航运总医院奋勇投身于疫情防控人民战争、总体战、阻击战，为保卫湖北、保卫武汉作出了重大贡献，被授予“湖北五一劳动奖状”荣誉称号。

15日　长江干线船舶水污染物联合监管与服务信息系统在长江干线江苏段和中上游20多个港口开展测试运行。

20日　长江中游新洲至九江河段航道整治二期工程鳊鱼滩生态固滩工程完工，是长江航道整治首个完工的生态固滩工程，标志着生态固滩施工工艺首次在长江航道整治工程中应用取得实效。

29日　　交通运输部印发《内河航运发展纲要》。

六月

2日　　2020年长江港航工作视频会召开。

22日　　内河第一艘长江下游12.5米深水航道维护疏浚4500方自航绞吸挖泥船“长狮18”建成并交付使用。

23日　　长江口南槽航道治理一期工程交工试运行。

30日　　江西省赣江、信江两个船闸通航中心举行挂牌仪式。

七月

1日　　长江干线船舶水污染物联合监管与服务信息系统上线试运行。截至12月底，该系统基本覆盖长江经济带所有港口和60%以上船舶，初步实现船舶污染物来源可溯、去向可寻，构建了交通、海事、港航、住建、生态环境等部门联合监管和互联网监管的新格局。

武安段6米水深航道整治工程建设取得阶段性成果，Ⅲ标段官洲夹护底带工程、Ⅳ标段马当水道左槽中段潜坝工程等首批5个单位工程顺利通过交工验收。

《长江引航中心引航服务标准》实施。

4日　　交通运输部副部长刘小明主持召开部专题会议，研究部署长江干线区域性应急救助基地筹建工作。

9日　　长航局、湖北省交通运输厅共同启动汉江电子航道图应用，实现汉江与长江电子航道图无缝对接。

14日　　长江海事局完成全局公务船舶及长江干线客船、客渡船北斗船载AIS智能终端全覆盖及全系统所有公务车辆北斗车载终端全覆盖。

八月

3日　　云南省金沙江溪洛渡至水富高等级航道建设工程全面开工建设。

12日　　《贵州省航务管理局航道行政执法社会监督员制度（试行）》印发。

27日　　长江干线首架全自主智能巡航无人机在宜昌海事局港区海事处首飞成功。

28日　　安徽省皖江首条内贸集装箱直航航线“芜申快线”开通运营。

九月

8日　　长航局二级巡视员徐开金、武汉阳逻海事处龙口海巡执法大队队长孙玉国、长江航道测量中心党群办公室副主任蔡飞等3名长航系统同志被授予全国抗击新冠肺炎疫情先进个人称号。长江航运总医院抗疫一线临时党支部被授予“全国抗击新冠肺炎疫情先进集体”称号。

15日　　我国首个海上风电智能监管平台在江苏南通上线运行。

26日　由交通运输部政策研究室与长航局联合主办的“我家住在长江边”主题宣传活动在武汉启动。

十月

17日　湖南省首批60个水铁联运下水箱于岳阳城陵矶新港发出。

21日　四川省与民生轮船公司、港投集团交流共推嘉陵江水运发展。

22日　汉江碾盘山至兴隆段航道整治工程竣工验收。汉江碾盘山至兴隆段航道整治工程是汉江航道荆门境内110公里Ⅲ（2）级航道。

十一月

1日　三峡工程完成整体竣工验收全部程序，三峡工程建设任务全面完成，工程质量总体优良，运行持续保持良好状态，防洪、发电、航运、水资源利用等综合效益全面发挥。

13日　交通运输部部长李小鹏到南京海事局考察调研，主持召开在宁部属单位座谈会。

14日　中共中央总书记、国家主席、中央军委主席习近平在江苏省南京市主持召开全面推动长江经济带发展座谈会并发表重要讲话，强调要贯彻落实党的十九大和十九届二中、三中、四中、五中全会精神，坚定不移贯彻新发展理念，推动长江经济带高质量发展，谱写生态优先绿色发展新篇章，打造区域协调发展新样板，构筑高水平对外开放新高地，塑造创新驱动发展新优势，绘就山水人城和谐相融新画卷，使长江经济带成为我国生态优先绿色发展主战场、畅通国内国际双循环主动脉、引领经济高质量发展主力军。

十二月

1日　长江上游涪陵李渡至三峡大坝上游禁航线段非汛期航道维护水深试运行提高至5.5米，试运行期为一年。

18日　国内首个长江（内河）航运标准合同在武汉发布。

22日　重庆港务物流集团投资改造的重庆珞璜港专用铁路开通。

24日　长江口航道南坝田挡沙堤加高完善工程通过交工验收，开始进入试运行阶段。

26日　十三届全国人大常委会第二十四次会议表决通过《中华人民共和国长江保护法》，自2021年3月1日施行。该法是我国首部以国家法律的形式为特定流域制定的法律。

28日　长江上游朝天门至涪陵河段航道整治工程开工。